영남대학교 인문학 육성총서 12

조선국민문학집

옮긴이 소개

노상래

영남대학교를 졸업하고, 동대학원에서 「카프문인전향연구」로 문학박사학위를 받은 뒤, 현재 영남대학교 국어국문학과 교수로 재직하고 있음. 「한국문인전향연구」가 문화관광부 우수학술도서로 선정되기도 함.

김양선

이화여대 영어영문학과를 졸업하고, 계명대 대학원에서 문학석사, 일본 칸사이외국어대학 대학원에서 언어학 박사학위를 받은 뒤, 현재 영남대학교 일어일문학과 교수로 재직하고 있음.

조선국민문학집

초판발행 2015년 1월 20일

엮은이 조선문인협회
옮긴이 노상래·김양선
펴낸곳 영남대학교출판부
펴낸이 노석균

출판등록 1975년 9월5일 경산 제 16-1호

주소 경북 경산시 대학로 280
전화 053) 810-1801~3 | FAX 053) 810-4722
홈페이지 book.yu.ac.kr
ISBN 978-89-7581-500-3 93810

이 도서의 국립중앙도서관 출판예정도서목록(CIP)은 서지정보유통지원시스템 홈페이지(http://seoji.nl.go.kr)와 국가자료공동목록시스템(http://www.nl.go.kr/kolisnet)에서 이용하실 수 있습니다. (CIP제어번호 : CIP2015000066)

영남대학교 인문학 육성총서 12

조선국민문학집

조선문인협회 엮음
노상래 · 김양선 옮김

영남대학교출판부

옮긴이의 말

1943년 1월 조선문인협회에서 편집하고 동도東都서적주식회사가 발간한 이 선집은 1939년에 결성된 조선문인협회가 처음 세상에 내놓은 작품집이다. 사실 이 단체는 1943년 4월 조선문인보국회로 바뀌었으니, 결국 조선문인협회가 발간한 처음이자 마지막 선집인 셈이다.

그런데 여기서 눈여겨 볼 것이 두 가지 있다. 하나는 이 선집을 편집한 조선문인협회이고, 다른 하나는 선집 서문의 내용이다. 조선문인협회는 '시국 하 문필보국文筆保國', '내선일체 수행', '황국皇國의 신문화 창조'라는 기치 아래 결성된 어용문학단체였다. 이 단체가 결성된 때는 일본이 중국과 전쟁을 일으킨 지 2년 째 되던 해인 1939년 10월 29일이었다. 전쟁이 길어지면서 전후방에서 모두 육체적, 정신적 피로감이 누적되어 갔고, 전쟁의 승리를 위해서는 총력전 양상을 띨 수밖에 없었다. 이런 시대적 분위기 탓으로 모든 전선에서는 전쟁 승리를 위한 새로운 정신 무장이 필요했다. 후방이라고 예외일 수는 없었다. 황도정신의 대이상으로 수렴되는 신동아 건설과 신문화 창조라는 시대적 요구가 문인들에게 시대적 과업으로 떠오른다. 조선문인협회의 결성은 이런 시대적 요구에 대한 부응이었다.

이 협회는 1942년 9월 5일 상임간사회를 소집하여 기구 혁신 문제와 간부 개선 문제를 논의한 뒤, '문단의 일본어화 촉진', '문인의 일본적 단련', '작품의 국책 협력', '현지 작가 동원' 등의 실천 요강을 채택하였다. 이 요강은 조선문인협회, 나아가서는 조선 문단 전체의 향후 진로나 글쓰기 양상과 관련하여 몇 가지 점에서 아주 중요한 의미를 띤다. 1)창작의 일본어화, 2) 문인의 대일 협력 체제의 공고화, 3) 국책 협력—대동아공영권과 내선일체—이라는 주제 설정이 그것이다. 이 선집은 이와 같은 조선문인협회의 실천 요강을 충실하게 따른 결과물이다.

이 선집은 서문에서 밝히고 있듯이 '어떤 의미에서 일단 문제시 된 것들'로 '오늘을 대표하는 조선문학'으로 보아도 좋다. '문제시 된 것'이라는 말은 시국을 가장 잘 호흡한 작품이라는 말이며, 시국에 부응하는 작품들 중 엄선하여 실었기 때문에 '조선문학의 대표작'이라고 추정할 수 있다. 이 선집의 발간은 단결하여 흥아興亞의 문화 추진을 위해 협력하고자 애쓴 결과이지만, '시국의 급진전'이라는 외적 요인도 무시할 수는 없었다. 즉 조선문학의 변화를 요구하고 있는 외적 요인을 수렴한 결과 이 선집이 발간되었던 것이다. 그 외적 요구란 구체적으로 일본어로서의 글쓰기이며, 역사에 대한 적극적인 긍정의 태도였다. 역사에 대한 적극적인 긍정의 태도란 '씩씩한 일본의 신문화 건설 방향에 발맞추어 반도의 문화나 문단'도 궤를 같이 해야 함을 의미한다. 달리 말하면 애국주의였다. 결국 『조선국민문학집』의 발간 배경에는 전시동원체제라는 국가이데올로기가 거대한 산처럼 자리하고 있었던 것이다. 엄선의 책임은 이광수 몫이었는데, 그 몫만큼 이광수는 비판을 감수해야 했다.

이 선집에는 조선인 작가의 작품 7편과, 일본인 작가의 작품 2편, 도합 9편이 일본어로 실려 있다. 한글로 발표된 후 번역을 거쳐 이 선집에 실린 『민며느리』를 제외하면 모든 작품이 처음부터 일본어로 창작되었다. 즉, 조선문인협회의 실천 요강에 충실한 작품들이었음을 알 수 있다.

이 선집이 발간된 후 많은 시간이 흘렀다. 몰입교육이니 어학연수니 하는 단어가 난무하는 지금, 60여년 전에 발간된 이 선집에 작품을 실었던 조선인 작가들이 〈지금 여기서〉 이런 현상을 목도한다면 어떤 심정일까? 억울하다는 생각이 들지 않았을까? 무거운 마음으로 이 선집을 번역하였다. 역사의 책무를 되새겨본다.

이 선집의 번역은 영남대학교 인문학 육성기금의 지원이 있었기에 가능하였다. 감사할 일이다. 그리고 어려운 환경에도 불구하고 좋은 책으로 만들어 준 영남대학교 출판부장 허창덕 교수와 이종백 선생에게 이 자리를 빌려 감사드린다.

- 옮긴이

朝鮮國民文學集

朝鮮文人協會編

東都書籍株式會社

서(序)

1939년 가을, 조선문인협회가 결성된 이후 협회의 이름으로 작품집이 나오기는 이번이 처음이다. 여기에 실린 작품은 어떤 의미에서 일단 문제시 된 오늘의 조선 문학의 대표작이라고 보아도 좋을 것이다.

조선문인협회는 조선에 있는 내선內鮮 문단인文壇人, 평론가 그 외 모든 문인을 망라한 단체로, 단결을 통해 흥아興亞의 문화 추진을 위해 협력하고자 애쓰고 있다. 이러한 단결과 시국의 급진전으로 오늘의 조선 문학은 상당히 변화하고 있다. 그 첫 번째 특징은 일본어로 문학하려는 경향이고, 두 번째는 역사에 대한 적극적인 긍정의 태도이다. 이 현상은 조선에 문학 운동이 일기 시작한 이후에 생긴 것으로, 문화사적으로 하나의 획기적인 전환이다.

돌아보면 예전에는 민족주의, 공산주의가 문단의 왕좌를 차지한 일도 있었지만, 오늘날의 동향이 이 작품집에 가장 단적으로 나타나고 있듯이 씩씩한 일본의 신문화 건설의 선을 따라 반도의 문화나 문단도 빛나는 출발선에 서 있다.

우리 협회가 목표로 하는 부분도 여기에 있기 때문에, 점점 뜻을 강조하게 되는데, 그렇다고 해서 이들 작품으로 만족하는 것은 아니다. 우리들이 희구希求하고, 창조하려고 하는 국민 문학과는 거리가 먼 것을 스스로 느끼는 바이다.

그렇지만 이미 아름답게 돋아나는 싹을 이 작품집을 통해 볼 수 있을 것이다. 만족하지는 않더라도 일단 기쁘다. 그리고 이들 새싹이 부단한 노력과 정진에 힘입어 결국에는 크게 꽃 피우리라는 것을 믿는다.

마지막으로 이 선집은 동도東都서적주식회사가 폭넓게 조선에 관한 출판을 기도企圖해, 앞으로도 계속적으로 이런 종류의 간행을 하고자 하는데, 이번이 첫 시도이다. 부족하나마 동사同社의 심심한 호의에 감사하는 바이다.

- 1943년 1월

조선문인협회朝鮮文人協會

차 례

제1장
산사의 사람들(山寺の人々) 이광수 (李光洙) • 13

제2장
문서방(文書房) -미야무라(宮村) 제7화- 이무영 (李無影) • 29

제3장
청량리 근처(淸凉里界隈) 정인택 (鄭人澤) • 59

제4장
오왕도(吳王渡) 타나카 히데미츠 (田中英光) • 89

제5장
남곡선생(南谷先生) 유진오 (兪鎭午) • 119

제6장
아버지의 다리를 들고(父の足をさげて) -박 선생 이야기- 미야자키 세이타로 (宮崎淸太郎) • 143

제7장
배 안에서(船の中) 조용만 (趙容萬) • 191

제8장
민며느리(ミインメヌリ) 아오키 히로시 (靑木洪) • 215

제9장
동쪽으로의 여행(東への旅) 마키 히로시 (牧洋, 이석훈) • 245

일러두기

1. 각주는 모두 역주임을 밝혀둔다.
2. 인명과 지명, 연호, 신문명 등 연속성이 강한 고유명사는 일본식 발음 표기를 원칙으로 하며, 초출인 경우에는 발음 표기를 한자를 병기하며 이후에는 일본식 발음만 표기한다.
3. 작품명이나 잡지명, 기타 서지 관련어들은 한국식 한자음으로 표기하는 것을 원칙으로 하며 일본어 원문 제목을 병기하도록 한다. 다만 경우에 따라서 일본어 읽기 방식이 필요하다고 여겨질 경우는 일본식 발음으로 표기한다.
4. 장음은 달리 표시하지 않는다.(예, 오오에 → 오에)

제1장

산사의 사람들(山寺の人々)

이광수(李光洙)

병이 막 나은 아이와 함께 내가 원고지를 끼고 동소문東小門 밖 홍천사興天寺에 정양靜養하러 간 것은 3월 5일이었다. 봄이라고는 해도 아직 이름뿐이어서 산의 그늘진 곳에는 녹다 남은 얼음도 있었고, 홍천사에 간 뒤에도 매우 많은 눈이 두 번이나 내릴 정도였다. 그 유명한 만금萬金의 눈이라 불리는 눈도 그 중 하나였다.

우리 모자가 묵고 있었던 곳은 어느 스님 집으로, 다다미 3장 정도의 작은 방이었다. 스님 집이라는 것은 왠지 익숙하지 않은 말이다. 출가한 스님에게 가정이라든가 집이 있을 리가 없다. 옛날부터 초막이라고 해서 나이가 들거나 병이 든 경우, 사원의 고행 생활을 견디지 못하는 승려들에게 허락된 별거別居로써의 집이었다. 그런데 오늘날에는 늙으나 젊으나 처자를 얻어 서로 금슬 좋은 가정을 이루었다. 가정이기 때문에 탐욕의 고기나 질투의 떡도 굽지 않을 수 없을 것이다. 단 세속의 조선 가정과 다른 점은 마루에 불단을 놓아두고(그것조차 없는 모던한 곳도 있다) 법의나 가사가 걸려 있는 것이다.(이것만은 먹고 살기 위한 도구로 모두 준비해 두고 있는 것 같다.)

우리가 묵고 있는 곳의 주인은 아직 젊고 무척 순수한 스님이었는데, 아침에 일어나면 법의를 입고 절 사무실에 나가서는 한 시간 정도 대강 뭔가 사무를 보는 것 같았다. 그러나 그의 부인은 물론이고 그 자신도 특별히 신자로부터 법요法要를 부탁받지 않는 한 예불 드리는 것을 본 적이 없다. 이 절에도 50명가량의 승려가 있는데 아침, 저녁으로 근무를 하는 사람은 4명으로 정해져 있고, 나머지 45명 정도의 스님들은 우리들과 다름없는 가정생활을 영위하고 있다. 아침, 저녁으로 근무를 하는 4명은 각각 월급을 받고 있는 노전爐殿들*로, 금당金堂인 아미타阿彌陀불

* 원래 대웅전과 그 밖의 법당을 맡아보는 사람의 숙소를 지칭하는 말이나 이 소설에서는 법당 일을 보는 사람으로 쓰였음.

에 한 명, 본당本堂의 관음觀音불에 한 명, 명부전冥府殿에 한 명, 나한전羅漢殿에 한 명씩이었다.

아침 4시쯤이 되면 탁탁 목탁 소리에 맞춰 송頌이나 진언眞言을 하는 목소리가 들려오는데, 이 소리를 듣고 금당의 노전 역시 부인 이불 속에서 기어 나와서 금당으로 나온다. 목탁 소리가 그치면 종이 울리고 그 후에는 본당이나 명부전 등에서 방울소리, 북소리, 진언, 염불 소리가 들려와서 한층 더 경내는 시끌벅적해진다. 큰 종을 치는 사람은 은돌銀乭이라는 나이 어린 스님으로, 이 어린 스님은 제법 소탈하고 익살스럽고 재주가 있으며, 범패梵唄든 승무僧舞든 뭐든지 잘하는 대단히 귀한 어린 스님이다.

그것이 한차례 끝나면 본당에서 건암建庵이라는 노스님의 염불 북소리가 울려 퍼져 온다. 나는 혼자 혹은 아이를 데리고 이곳저곳 아침, 저녁으로 일하는 모습을 돌아보았지만, 이 건암 스님이 가장 열심이고 속된 마음에서 먼 것 같았다. 그는 벌써 일흔을 넘긴 노승으로 눈이 어두웠지만 그 용모며 예법에 맞는 옷차림이며 목청껏

"나무아미타불"

하는 그 음색하며, 또 한 시간의 염불을 끝낼 쯤 양손을 머리 위에 높게 올려 허공에 원을 그리고 절을 하면서

"나무대자대비서방교주무량수여래불南無大慈大悲西方教主無量壽如來佛"

할 때의 떨리는 목소리 하며, 가장자리에서 보고 있어도 들뜬 마음이 움직여지지 않을 수 없었다. 이 스님은 저녁에도 한두 시간 염불을 하는데, 조용한 경내에서 그의 북소리와 염불을 듣고 있으면 이상하게 마음이 맑아지는 것을 느꼈다.

안타까운 것은 이 스님도 십 수 년 전부터 처가 있었다고 하는데, 그가 살고 있는 암자를 엿보면 뜰이나 마루가 그렇게 깨끗한 것 같지도

않았다.

노승이라고 하면 명부전冥府殿의 경하景河 스님도 일흔을 넘긴 사람이긴 하지만 보기에 무척 기운 찬 할아버지로, 어린 스님들과 자주 놀기도 하고 농담을 하기도 했다.

이 절로 와서 얼마 되지 않은 어느 날 십 수 명의 어린 스님들이 절 마당에서 땅치기 놀이를 하며 왁자지껄 떠들고 있는 것을 본 나는, 가만히 있었으면 좋았을 것을

"너희들은 염불은 제쳐두고 땅치기만 하고 있는 거냐?"

고 했다.

그러자 긴 지팡이에 턱을 받치고 서서 보고 있던 심술궂어 보이는 한 노승이,

"땅치기도 선禪입니다. 여자와 놀아나는 것도 삼매경에 들어서면 선이지요."

하는 것이었다. 나는 정곡을 찌르는 따끔한 충고를 받은 꼴이 되었는데, 나중에 그 분이 경하스님이라는 것을 알았다. 이 스님은 입버릇처럼 참견을 해서 곤란하다. 이제 이승에서 득도하는 것은 그만둔 지 오래라고 한다. 벌써 일흔 둘이나 되었으니 그렇게 말하는 것인지도 모르겠지만, 늘 얼굴이 빨간 걸 보면 어쩌면 술을 끊지 못해서 일지도 모르겠다. "아무래도 아랫배가 아파서"라고 푸념하는 경우도 있지만, 결코 걱정스러운 얼굴을 한 적이 없다. 언제나 명랑하고 활기차다. 명부(冥府:지옥)에서 심판하는 열 명의 왕 앞에서 매일 수도 없이 절을 하는 명부전의 노전이기 때문에, 염라대왕이 조금도 무섭지 않겠다고 했더니 무척 유쾌하게 웃으셨다.

실제로 스님들은 젊을 때 염불을 해 두면 그 공덕이 정기예금처럼 쌓여 후반생에 다소 나쁜 짓을 해도 극락왕생함에 틀림없다고 믿고 있는

듯했다. 그 때문인지는 모르겠으나 경성 부근의 스님들은 만년을 대개 부인을 찾거나 술과 고기를 먹으며 보내고 있다. 자신만 그렇게 하는 것이 아니라 술을 파는 장사까지 하면서도 태연한 사람이 있다. "음주와 식육은 반야에 방해 받지 않는다(飮酒食肉無妨般若)"라는 한 구절만은 모두 외우고 있는 것이다.

그다지 명예로운 일이 아니므로 이름은 좀 감추겠지만, 어느 노승은 오십이 넘어서까지는 계행청정戒行淸淨으로 이름을 구가했지만, 부자인 어느 과부와 함께 살기 시작하면서 지금은 일각의 자산가가 되어 있다. '탐욕방주'라고 다른 스님들로부터 욕을 먹어도 아무렇지도 않게, 정사情事 이야기가 나오면 이 빠진 입을 오물거리면서 제법 이야기를 잘하는 무척 활기찬 노인이다.

그런데 내가 어느 날 아침 일찍 산책하러 나오자 독성각獨聖閣 앞에서 계속 합장 예배를 하는 사람이 있었다. 글쎄 요즘 같은 때에 기특하구나 싶어 가까이 다가가 보았더니, 이건 또 무슨 일인지, 예전의 탐욕스럽던 스님이 예법에 맞게 법의를 단정하게 하고 예불을 드리고 있는 것이 아닌가? 그렇다면 이 노스님은 의외로 나후나존자羅睺羅尊者같은 밀행가密行家였단 말인가? 불도 수행 능력이 부족한 중생을 위해서 일부러 탐욕한 모습을 보이고 있는, 소위 안으로는 보살행을 숨기고 밖으로는 수행자의 모습을 나타내는(內秘菩薩行外現是聲聞) 것이 아닐까 하고, 그 얼굴을 엿보지 않을 수 없었다.

그러나 뭐라고 해도 적조암寂照庵의 염불행자야말로 홍천사 제일의 선지식善知識임에 틀림없다고 나는 감탄하고 있다. 나는 이 스님의 성도 이름도 모른다. 염불을 하고 있는 것을 직접 본 것이 두 번, 단壇 밖에서 들은 것이 몇 번, 얼굴을 보고 이야기 한 것은 단 한 번뿐이지만 왠지 번뇌에서 멀어진 행자와 같은 느낌을 받았다. 나이는 예순 셋, 집도 없고,

처자도 없고, 출가한 지 45년, 염불만 했다는 사람이다. 검은 옷에 짙은 홍색의 가사를 걸치고 북을 치면서 염불을 하고 있는 모습은 실로 고요함 그 자체인 것 같았고, 한 톨의 먼지도 없는 신성함이다. 건암建庵의 염불에는 숙성의 힘이 깃들어 있지만, 이 스님의 염불은 그 경계를 넘어선 고담枯淡과 같았다. 그러나 이 스님의 평상시 사람을 만날 때의 옷매무새가 건암보다도 훨씬 떨어지는 것 같아 안타까웠다.

흥천사 스님들에 관해 쓸 때 이 서방과 박 서방을 빠뜨리고 쓸 수는 없다. 이 서방이라는 사람은 스님이 아니다. 경내 청소를 하기도 하고 가정을 가진 스님들의 심부름을 하기도 하는 마흔 내외의 남자로, 인간적인 지위에서 보면 이 절에서 가장 꼴찌이다. 그런데 이 사람은 아무래도 보통 인간으로 생각되지 않는다. 아침부터 밤까지 정말로 일을 잘한다. 나는 이 절에서 50일이나 머물고 있었는데, 만날 때마다 이 서방이 어디선가에서 일하지 않는 것을 본 적이 없다. 묵묵히 일만 하는데, 누구에게 명령을 받은 것도 아니고, 자신이 일한 것을 누군가에게 보고하는 것도 아니다. 언제나 청소를 하거나 흙을 파기도 한다.

"이 서방, 수고하시네요."

내가 지나가면서 붙임성 있게 말하면 그는 부끄러워하듯 살짝 웃고 합장을 한다.

"당신, 염불 할 줄 알아요?"

라고 물어 보면, 그는

"예, 염불 같은 거 몰라요."

라고 말한다.

"일하면서 고요히 늘 뭔가를 생각하나요?"

"예, 생각 같은 거 전혀 안 해요."

그래도 그는 언제 봐도 기쁜 듯이 웃음을 짓고 있다. 태어나서부터 이

때까지 불평불만이라는 것을 해본 적이 없는 듯한 얼굴이다.

"스님, 이 절에서 제일 먼저 성불할 사람은 이 서방일 겁니다."

라고 나는 집주인 스님에게 말을 했는데, 그는 조금 불만인 듯했다. 만약 경하 스님에게 그리 말했다면,

"그럼! 그럼! 그렇고말고."

하며 껄껄 웃으면서 긍정했을 것이다. 그러나 이 절에서 이 서방을 나쁘게 생각하고 있는 사람은 한 명도 없다. 그렇다고 해서 물론 존경하는 사람도 없을 것이다. 어쩌면 정말 바보라고 생각하고 있을 지도 모른다.

이 서방은 좌선도 하지 않고 염불도 하지 않는다. 또 자신이 말한 것처럼 생각하는 일도 없다. 다만 아침부터 밤까지 뭔지 몰라도 묵묵히 일만 할 뿐이다. 스님 부인들의 빨래까지도 부탁받기만 하면 날라 준다. 그렇다고 해서 일해 준 보답을 그가 원한 적은 없다.

"이 서방, 밥 다 됐어요."

라는 말이라도 들으면,

"예, 고맙습니다."

라고 토방이든 부엌이든 아무렇게나 주저앉아 밥그릇을 비운다. 먹고 나면 또 가서 일을 한다.

그 사람이야말로 모양을 만들고 지음(做模打樣)을 잊고, 임제臨濟*가 말하는 일 없는 이가 가장 존귀한 사람(無事是貴人)이라는 경지에 있는 사람인지도 모른다.

"인연 따라 묵은 업을 녹이며 형편 따라 옷을 입는다(隨緣消舊業 任運着衣裳)"는 경지에 있는 것일 지도 모른다. 적어도 모든 욕심을 멀리 한 사람

* 중국 당나라 때 선승으로 임제종의 창시자

은 이 서방처럼 될 것 같은 느낌이 든다.

박 서방은 이 서방과는 조금 다른 유형의 사내다. 그는 오십 고개를 넘었을 것이다. 누덕누덕 기운 한복 바지에 낡은 양복 윗도리를 입고, 제법 스마트한 로이드 안경*을 쓰고, 터키 모자 같은 것을 머리 위에 얹고 있다. 그것은 낡은 학생모자의 창이 떨어져 나간 것임을 알 수 있다. 그는 아침부터 밤까지 마른 가지를 줍고 있었다.

"그것을 주워서 어떻게 합니까?"

"판두방板頭房**에 때죠. 그러면 온돌이 무척 따뜻해져요."

"그렇게나 많이 땝니까?"

"때다 남으면 팔죠."

"그 돈은 어떻게 합니까?"

"창호지를 사거나-돈이 있으면 어딘가 쓸 데가 있겠죠."

박 서방은 돈을 버는 것까지는 알고 있지만 쓰는 것까지는 생각해 본 적이 없는 것 같았다. 그도 그럴 것이 판두방에 있으면서 굶지 않고, 스님들이 입던 옷을 기워 붙여서 옷을 만들면 피복을 살 일도 없었다.

"박 서방은 부인이 없으세요?"

"그런 거 없어요."

"부인이 있는 게 싫어요?"

"한 번 결혼해서 아이도 있었는데, 임술壬戌년에 죽었습니다."

"또 결혼할 마음은 안 드세요?"

"귀찮아서 그만둬 버렸어요."

제법 머리 좋은 답변이다.

* 렌즈가 원형인 안경으로 미국 희극인 로버트 로이드가 애용해서 붙여진 이름

** 판도방(判道房)을 지칭함. 절에서 불도를 닦는 스님이 모여서 공부하는 방으로 절에서 가장 크고 넓은 방

"박 씨는 스님은 아닌가요?"

"한 번은 스님이 되어 십여 년 염불도 했어요. 하지만 그것도 귀찮아서 그만둬 버렸어요."

실로 대단하다고 생각했다.

그렇다고 해서 박 씨가 결코 게으름뱅이는 아니다. 그도 근면함에 있어서는 이 서방과 잘 맞는 한 쌍이다. 정말 잘 돌아다니고 정말 마른 가지를 잘 모아 온다. 물론 하나라도 결코 나무에서 꺾지는 않는다. 단지 떨어져 있는 것을 주울 뿐이다.

박 서방 때문에 생각이 났다. 나는 아이를 데리고 자주 정릉貞陵의 송림松林 속을 거닐었다. 대도시 근처라고는 생각되지 않을 정도로 그윽하고 조용한 곳이다. 소나무의 수령은 아직 어리지만 계곡이나 숲의 모양새도 상당했다. 게다가 철쭉의 명소로 도처에 철쭉이 많다. 계곡물 흐르는 소리는 물론 작은 새의 울음소리도 들린다.

헌데 이 정릉의 송림에서 꼭 만나는 한 명의 노인이 있다. 그는 암만해도 여든이 넘었음에 틀림없다. 이 노인은 매일 낫을 들고 정릉의 송림에 몰래 들어가서는 마른 가지를 줍는 척 하고는 여러 가지 관목을 베는 것이다. 아직 잎이 나오지 않았기 때문에 살아있는 나무라도 마른 가지로 보이게 하려는 속셈일 것이다. 세 그루 중에서 한 그루를 베는 방식인 것 같은데, 그러나 그 노인은 매일 오기 때문에 결국 한 그루도 남기지 않고 전부 베어 버리는 셈이 되는 것이다.

그런데 어느 날 나는 이 노인이 정말로 잔인한 짓을 하는 것을 보았다. 그것은 낫 끝으로 싹둑싹둑 지면에 나온 소나무의 뿌리를 베는 것이었다.

"할아버지. 그러시면 소나무가 말라 버리지 않습니까?"

나는 나도 모르게 분개했다.

"땅 위에 나와 있는 것만 베는 것이라서 소나무가 마를 일은 없어."

라고 이 노인은 나를 노려보며 목청껏 내뱉고, 한층 더 활발하게 소나무 뿌리를 계속 베는 것이었다.

"여보세요. 땅 위에 나와 있는 뿌리를 베어 버리면 땅 밑에 남은 뿌리도 제 역할을 못하지 않습니까?"

나도 끈질기게 대들었다.

이 잔인한 노인은 내 얼굴에서 온화하지 않은 그 무언가를 보았을 것이다. 이미 베어 버린 소나무 뿌리만을 마른 가지에 싸듯 해서 한 다발로 만들어 손에 들더니 비실비실 그 자리에서 물러가 버리는 것이었다. 두 번 정도 내가 서 있는 쪽을 뒤돌아보고는 무언가 중얼거렸는데 들리지는 않았다. 아마 독설이었을 것이다.

아이는 노인에게 잘린 뿌리의 단면을 들여다보면서

"어머니. 잘린 곳에서 이슬 같은 것이 나와요."

라고 소리쳤다.

"피란다. 아파서 피를 흘리고 있는 거란다."

나는 50년생쯤일 것이라고 여겨지는 정정한 소나무를 우러러보았다. 소나무는 묵묵히 아무 말도 하지 않았지만 올해 안에 가지의 반은 말라 버릴 것이라는 생각이 들었다. 그러나 그것도 내일부터 그 노인이 다시 뿌리 베는 일을 하지 않을 것을 전제로 했을 때의 이야기이다.

"얘야. 너는 그 노인이 왜 저렇게 가난하다고 생각하니? 80년이나 이 세상에 살면서 왜 살아있는 소나무 뿌리를 베지 않으면 생활을 할 수 없을 정도로 가난한지 알겠니?"

나는 돌아오는 도중에 열 두살인 아이에게 물었다.

"저런 나쁜 마음을 가지고 있기 때문에?"

아이는 내 얼굴을 올려다보았다.

"응. 말하자면 자신의 소원이 성취된 거란다."

"소원이 성취되었다고요?"

"그래. 그 사람은 80년 동안 가난해지는 수행을 해 와서 그것이 드디어 결실을 맺은 거란다."

가난 수행이라고 하면 이 절 근처 마을 사람들은 정말로 가난 수행에 여념이 없다. 바꾸어 말하면 일체 복을 만드는 일은 과감하게 전폐한 것 같다.

정릉 뒷산 길을 걸어 보면 손에 잡힐 듯한 가지나 혼자 힘으로 꺾을 수 있을 것 같은 가지 중에서 꺾여 있지 않은 것은 하나도 없다고 해도 좋을 것이다. 그것은 땔감이 없어서 한 짓이라고 할 수도 있다. 실제 이 주변의 빈민굴 주민은 그 정도로 생활하기 어려운 것임에는 틀림없다. 여자나 아이 할 것 없이 어두운데도 산에 가서 가지를 가져 와 머리에 이거나 등에 지고 내려오는 것을 매일 몇 십 명씩 본다. 그들은 땔감을 가져오는 것에 열중해 손에 잡히는 대로 나무를 꺾는 것이 습관이 되어 버린 것이다. 살아있는 나무는 꺾었다고 바로 집으로 가져 갈 수 있는 것은 아니지만, 꺾어 두면 언젠가는 그것이 마른 가지가 되는 것이다. 그것이 과연 자기 손에 들어올지 어떨지 확실하지는 않지만 만일의 요행을 바라며 우선 살아있는 나무의 가지를 꺾어 두는 것이다. 가끔 어른의 힘이 아니면 절대 움직일 수 없는 소나무를 뿌리까지 뽑아 버린 것도 볼 수 있다. 이것은 밤중에 몰래 와서 알맞은 크기로 잘라 옮길 속셈일 것이라고 생각되었지만, 삼일씩 사일씩 그대로 있는 것을 보면 그것을 뽑은 남자가 병이라도 들었든지, 아니면 너무나 큰 죄를 저질러 괜히 공포를 느낀 것일까? 바라건대 그 남자가 갑자기 마음을 고쳐먹어 가난도貧乏道를 버리고 수복修福의 정도正道에 눈뜨길 간절히 바란다.

그러한 사람들은 마실 물도 궁해서 새벽이 되기 전부터 석유통 두레박을 차고 웅덩이를 찾아다니기도 하고, 혹은 다른 사람 집의 우물물을 푸다가 집주인에게 들켜서 크게 야단을 맞고 있는 모습을 접할 때마다, 연민의 정과 함께 그들이 생애에 옮겨 심은 가난의 씨를 수확하고 있는 것이라는 인과因果의 느낌도 떨쳐버릴 수 없었다.

중요한 것은 내 자신뿐이다. 내 물건뿐이다. 다른 사람의 것이라면 눈에 띄지만 않는다면 가질 수 있는 만큼 가져도 좋다라는 잘못된 생각을 가난도道라고 한다. 이것은 과연 이 절 근처 사람들에게만 한정되는 것일까? 이런 사람들을 정말로 구하는 도道란 입고 먹을 것과 동시에 수복의 도를 주는 것이라고 생각한다. 수복의 도라는 것은 악을 멈추고 선을 행하는 것이다. 인과의 이치를 분별하는 것이다.

일반적으로 말해 오늘날의 조선 민중만큼 종교적 관념이나 정감이 결여되어 있는 경우는 드문 일이다. 신이나 부처는 말할 것도 없고 인과의 생각도 물론 없으며, 단지 바라는 것은 명예와 이익뿐이고, 두려워하는 것은 법률과 자연의 힘뿐이다. 신을 잊고 혼을 잊는다면, 진짜 도덕이나 신의는 바랄 수 없지 않는가?

나도 모르게 이야기가 설교조로 되어 버렸다. 홍천사 명물 중에 으뜸인 관음굴觀音窟 노인에 대해 기술하고 글을 끝내기로 하겠다.

홍천사 입구의 천하대장군 동북 쪽 언덕 중턱에 암벽을 따라 낡은 가마니를 두른 물건이 있다. 물건이라고 하는 것은 그것이 집이라는 말에는 포함되지 않을 것 같기 때문이다. 이것이 관음굴인데, 관음굴이라는 것은 그곳에 살고 있는, 그 해로 여든 셋인 노승의 자칭이다. 다른 사람은 아무도 그것을 관음굴이라고 우아한 이름으로 불러주지 않았다. 걸식굴乞食窟이라든가 꼬부랑 할아버지의 오두막집이라는 것이 통칭이다.

이 노승이 주인이라고 알고 있는 사람도 적은 것 같았다. 그는 놀리러 온 젊은이들을 붙잡고서는 열심히 불법을 설명한다. 요즘 세상에 노승의 설법을 끝까지 듣고 기뻐해 줄 기특한 사람도 없기 때문에, 잘 들어주는 척 하다가 도중에서 한 마디 인사도 없이 사라지지만, 그는 나중에 온 사람에게도 앞 사람에게 들려주던 설법을 계속해서 설명하는 것이다.

"너희들은 지금 불타고 있는 집 속에 있는 것이다. 오욕五慾에 열중하고 있는 동안에 무상살귀無常殺鬼는 너희들을 불꽃 혀로 태워버릴 것이다. 나무아미타불이라고 여섯 자 염불을 하는 것이 좋아."

등등 입이 닳도록 설명하는 것이다.

이 노인은 60년 전에는 군인으로 가회동嘉會洞에서 훌륭한 저택에 살고 있었다고 한다. 뜻한 바 있어 서른 다섯에 출가해 법랍法臘이 바야흐로 48년인데, 이규완李圭完 씨가 함남지사咸南知事로 있을 때 함주의 귀주사歸州寺 주지를 한 경력도 있다고 한다. 지금부터 8년 전 경성 전기회사의 전차(노인은 꼭 이렇게 말하고 있다)가 뒤에서 허리를 치어 허리가 구부러져 버렸다는 것이다.

한 때 이 노인이 모습을 감추었기 때문에, 글쎄 어찌된 영문인지 근처 사람들에게 물어보았지만, 누구 한 사람 그의 행방을 아는 사람이 없었다. 그리고 예전 관음굴의 가마니는 누군가에 의해 벗겨지고, 서까래라고 할 수 있는 통나무마저 없어진 모습은 눈물을 불러일으키게 하는 폐허의 광경이었다.

그런데 어느 날 나는 아이를 데리고 그 앞을 지나갔는데, 관음굴에 새롭게 지붕이 이어져 있는 것이 아닌가? 그리고 예전의 노승이 공사장에서 주운 것인지 고철과 나무 조각을 두 줄 정도 새끼줄로 묶어서 한손에 들고, 지팡이에 매달려 거의 지면에 닿을 정도로 허리를 구부리고 오는 것이 아닌가?

"스님, 오래간만이네요. 어디에 가셨었어요?"

나는 정말로 기뻤다.

"아, 양로원에 끌려들어 가서 말이지."

노승은 작은 눈을 빛내고 빙그레 웃었다.

"양로원? 그것 참 다행이군요. 양로원에 계시면 좋을 텐데, 왜 또 이런 곳에 돌아오셨어요?"

"아휴, 그 곳에 있으면 먹을 것은 걱정 없지만-모두 참 잘해 주었어. 그러나 아무 도움도 안 되는 사람이 다른 사람의 보살핌으로 편하게 있다는 것이 사실 불편한 겁니다. 역시 관음굴에서 걸식하는 편이 나에게는 편했다고 생각했어요. 그래서 도망쳐 나왔어요."

그는 무척 만족하고 있는 듯한 얼굴이었다.

어느 날 내가 관음굴로 그를 방문하자,

"여기는 좋은 곳이지요. 겨울에는 햇볕이 무척 잘 들어 따뜻합니다. 게다가 여름은 시원하지, 밤에는 달빛도 무척 잘 듭니다. 관음님의 도장道場이지요."

라고 관음굴 예찬을 한 마디 하는 것이었다. 방이라고 할 만한 곳은 반 평 정도나 될까, 노인이 허리를 구부려서 겨우 누울 정도의 넓이밖에 안 된다. 뭐 관이라고 생각하면 딱 맞을 것이다.

"식사는 어떻게 하세요?"

"언제나 배고프니까 언제나 맛있지요. 배고플 때 먹는 것이라서 모두 피가 되어서 말이야, 병 같은 건 날 리 없지. 똥이 될 것도 없어. 하하하."

나도 덩달아 웃어 버렸다.

그로부터 수일 후이다. 봉선사奉先寺의 운허당耘虛堂 대사가 학인 두 명을 데리고 내가 머물고 있는 홍천사를 방문했기 때문에, 나는 대사를 관음굴로 안내했다. 마침 해질녘이어서 노승은, 밥 세 그릇 정도가 들어가는, 걸식하는 사람들이 자주 차고 다니는 듯한, 철사를 붙인 양철 두레박에 물을 퍼오는 참이었다.

"이 분이십니다."

라고 내가 노인을 가리켰더니, 대사는 합장을 하고 이마가 땅바닥에 닿을 정도로 정중하게 절을 하면서,

"봉선사의 용하龍夏입니다."

라고 이름을 밝혔다.

"아, 그러십니까? 이것 참 대단하신 선지식을 가지신 분이."

노인은 답례를 하는 마음이었던 것 같은데, 그것 이상 굽힐 허리가 없었기 때문에 고개를 몇 번이나 흔드는 듯한 모습이었다.

"물이 든 두레박을 소승이 옮기도록 해 주십시오."

라고, 대사가 노인의 손에서 두레박을 뺏으려 하자,

"아니요, 이것은 저의 힘으로 옮길만한 무게입니다."

라고 말하며, 노인은 그것을 허락하지 않았다.

"스님, 봉선사에 오시면 어떨까요? 꼭 오시길 바랍니다."

"아니요, 저는 몸이 보시는 바와 같아 승려로서의 일도 못 하고, 또 스스로 자신의 몸을 깨끗하게 하지도 못 하면 도장 내에 있을 수 없는 터라, 단지 절의 종소리가 울려 퍼지는 곳에 있으면, 그것만으로 고마울 따름입니다."

대사가 매우 정중하게 권해도 노승은 언젠가는 봉선사로 들어가라는 권고를 받아들이지 않았다.

"스님, 한 번 더 사바세계로 돌아오시길 바랍니다."

라고 대사가 말씀드리자, 노인은 잠시 생각하는 듯했지만,

"어떻게 될 지 아직 모르겠습니다."

라고 대답하고, 관음굴을 향해 비틀비틀 걷기 시작했다.

정릉의 바위 철쭉은 지금이 한창이다. 가만히 귀를 기울이고 있으면, 고려高麗 꾀꼬리, 무조巫鳥(오색 종달새라고도 한다)의 맑은 소리도 들려온다.

제2장

문서방(文書房)

-미야무라(宮村) 제7화-

이무영(李無影)

1

"빨리 가거라. 나는 한 대 피우고 바로 쫓아가마."

나물 그릇을 마지막으로 지게에 얹으면서 문서방文書房은 말했다.

장남인 중식重植은 그래도 철이 들려고 할 때라서, 아버지의 안색을 힐끗힐끗 몰래 살피면서도 한 쪽 다리를 굽히더니, 양 어깨를 지게 아래에 꾹 하고 밀어 넣었다.

"흘리면 안 돼. 조심해야지. 비탈을 내려갈 때에는 몸을 앞으로 쑥 굽히는 거야, 알았지?"

"예."

"그리고 창식昌植이, 너는 집에 있어. 분이粉伊의 상대라도 하는 게 좋아."

막걸리가 든 맥주병을 손에 들고 기침을 하는 차남을 달래는 듯한 말투로 문서방이 말하자, 굽힌 다리를 Y자형의 버팀 막대에 으응 하고 힘을 넣어 일어선 장남이 끼어들어,

"그렇게 해. 어여, 막걸리병은 나한테 주고, 간난干蘭이나 돌봐!"

"그 딴 거 싫어. 나도 갈 거야."

"이 녀석! 또 고집 부리네."

창식은 어떻게 해서라도 형의 위엄을 보여주려는 듯 어깨에 힘을 주고 눈동자를 부라렸다.

"말을 듣지 않으면 가만 안 둘 거야……"

"간난이는 누나가 돌보잖아! 분이도 진작부터 간다고 하는데."

"으응, 가고 싶어!"

그렇게 말하자마자 분이는 벌써 병아리처럼 달려가기 시작했다. 중식은 분이 등에 대고 찢어질 듯한 목소리로 소리쳤다.

"어디 가! 이 못된 계집애야!"

문서방은 마당 가운데에 그루터기처럼 기운 없이 우뚝 서 있었다. 이 싸움도 자신과는 아무 상관이 없다는 듯한 무표정한 모습이었는데, 간신히 기어들어 가는 목소리로,

"내버려두렴. 그렇게 대단한 거리도 아니고."

이렇게 장남을 달래면서

"철이 들고 나서의 일이면 차라리 좋으련만."

누구에게 말하는 것도 아니고 혼자 중얼거렸다.

문서방이 죽은 아내의 삼우제三虞祭를 지내러 뒷산 묘지에 가는 가슴 아픈 광경이었다. 열여섯 살을 앞세우고, 열한 살, 아홉 살의 삼남매가 앞서거니 뒤서거니 몇 개의 묘지를 돌아 뒷산에 올라가는 귀여운 모습에 그는 넋을 잃은 것처럼 보였지만, 그의 시선은 꼭 아이들의 모습에만 집중되어 있는 것도 아니었다. 그 증거로는 아이들의 모습이 아카시아 숲을 지나, 계곡 사이를 건너, 좌송座松이 점점이 자란 산 중턱을 누비며 아장아장 산정 쪽으로 늘어진 가는 산길을 따라서 언덕을 넘어간 뒤에도, 미동도 하지 않고 멍하게 회색 공간을 계속 바라보고 있었던 것이다. 젊을 때는 맑은 눈동자로 통했던 그의 눈빛도 최근 10년 사이에 눈사태처럼 덮쳐온 수많은 불행으로 어쩔 수 없이 잃어버렸다. 눈동자는 올빼미처럼 패이고, 눈 주위에는 언제나 회색 그늘이 확연했다. 최근 두 번째 아내를 잃고는 한결 눈에 띄였다.

그는 멍하게 하늘을 바라보고 있다. 그러나 눈은 능동적으로 뭔가를 바라본다기보다도, 무한한 회색 공간에서 뭔가 이렇게 번뜩임을 닮은 빛을 탐구하고 있다는 느낌이었다. 홀쭉하게 여윈데다 그저 넓은 어깨는 뚝 하고 부러진 날개처럼 쳐져 있었다. 혈기 없는 사각의 얼굴도 부자연스럽고 무표정했다. 골격이 굵은 것 치고는 살이 없어서 그런지 턱은 주걱턱(조선의 주걱은 턱이 뾰족하다)이 되었다. 게다가 아무렇게나 흩어진 숱 없

는 수염으로 덮여 있어 흡사 매우 굶주린 빈대를 확대한 형상이었다.

한 마디로 말해 그것은 빈상貧相이었다. 곰치 같은 얼굴, 붉은 빛이 도는 적은 수염, 또 본인에게는 1년에 두세 번밖에 입지 않는 귀한 두루마기(周衣)이긴 했지만, 4, 5 일 후면 음력 11월인데, 그것은 홑겹이었다. 게다가 소매는 짧게 올라가고, 옷자락은 무릎까지도 오지 않았으며, 폭도 좁아서 오늘의 나들이옷은 골격이 굵은 문서방을 특히 빈상으로 보이게 하였다. 옷깃이 올라간 탓인지 고름이 목을 조이고 있다.

문서방은 아이들의 모습이 사라지고 나서도 오랫동안 그곳에 우두커니 서 있었다. 무한한 회색의 공간에서 빛을 찾을 기력조차도 잃어버리고 모든 것을 단념한 실의에 찬 모습이다.

이미 태양도 상당히 높이 떴을 텐데 오늘 아침은 견딜 수 없을 만큼 침울하다. 잎도 거의 떨어진 가는 감나무 가지의 맑고 깨끗한 서리꽃의 흰색도 오늘만은 흐려져 있었다. 산기슭에 쓸쓸하게 늘어선 3채 뿐인 구송 마을은 모든 음향이 회색에 휩싸여 은밀히 흐르고 있다. 소는 물론이고 문서방의 집에서 기르고 있던 흰둥이도 바로 10일쯤 전에 읍내 술집에 팔려갔기 때문에 소리 하나 없이 조용했다. 언뜻 보면 더할 나위 없이 조용하고 평화로운 마을로 보이기도 하지만, 쓸쓸하다고 느낄 정도로 빈농만이 모여 있어 오히려 폐촌廢寸처럼 보이곤 한다.

문서방은 가볍게 한숨을 쉬고 잠시 후 그 자리를 떠나 싸리문을 거쳐 안마당으로 들어갔다.

이미 5월부터 채소창고의 바람막이로 이어 놓은 거적 사이로 입분立粉이는 아버지의 모습을 몰래 엿보고 있다. 어쩜 우리 아버지는 운이 그리도 없는 사람일까? 하느님이 있다는 건 엉터리야. 그녀는 자신이 철이 들기 시작했을 무렵부터 근 10년 동안 아버지가 너무나도 무기력하게 일하는 모습을 떠올리면서, 옷고름으로 눈을 살짝 닦고 있었는데, 문서

방이 안에 들어오자 재빨리,

"아버지. 이제 슬슬 나가야 할 시간 아니에요?"

부드러운 목소리로 맞이했다.

"죽이라도 조금 드시고 가면 좋은데."

"괜찮아."

"어젯밤도, 오늘도, 제대로……."

말을 걸었나 싶었더니, 입분은 기둥에 얼굴을 대고 훌쩍이고 말았다.

"괜찮다니까, 울지 마라. 걸핏하면 울어."

"다른 사람보다 일은 몇 배나 하고……저는 곁에서 못 보겠어요, 아버지."

"바보 같은 소리 마라."

문서방은 아직도 허공을 바라보고 있었다. 그러더니,

"미안하구나. 나는 그럴 마음이 아니었는데, 이번의 너희 어머니에게는 아무리 해도 미안한 마음이 들어 어쩔 수가 없구나. 네 어머니는 아마도 지금 저 세상에 가서 나를 원망하고 있겠지."

"그런 일은 없을 거예요. 어머니는 그런 분이 아니에요. 잘 이해해 주실 거예요."

"그래 좋은 여자였어."

문서방은 이렇게 감상에 젖어 혼잣말을 하고는, 처마 밑에 놓아 둔 볏짚을 터는 돌에 털썩 주저앉아 한 번 더 같은 말을 반복했다.

"정말로 좋은 여자였어."

문서방은 매우 느린 동작으로 담배 도구를 갖추기 시작했다. 우선 왼쪽 조끼 주머니에서 한 뼘도 안 되는 담뱃대를 꺼내어 무릎에 놓고, 옷의 오른쪽 소매에 손을 넣어 쌈지를 꺼내어 엄지와 검지로 서툴게 집어 그것을 손바닥에 올리고, 두세 방울의 침으로 적셨다. 그것을 둥글게 해서 담뱃대에 넣고, 뒤적뒤적 조끼를 더듬어 잠시 후 성냥을 찾자, 성냥개비 밑동을 움켜쥐고 불을 붙였다. 불을 다 붙이자 이번에는 엄지와 검지 끝으로 불을 비벼 끄고, 비벼 끈 성냥개비는 사용하지 않은 성냥개비와 반대로 해서 성냥갑에 꼼꼼히 넣는다. 이 이유 없는 동작에 정말로 4, 5분이나 긴 시간을 쓰고 있었다.

문서방이 천천히 담배를 피우고 있는 동안, 입분은 아버지에게 등을 돌린 채 기둥에 얼굴을 대고 훌쩍이고 있었다. 어머니 배를 아프게 하고 태어난 지 18년, 그동안 매서운 굶주림에 몇 번이나 울었는지, 몸이 감당할 수 없는 격한 노동에 위협을 받으면서 자란 입분이였지만, 거짓말처럼 발랄했다. 돌아가신 어머니의 골격으로 보면 입분은 왜소倭小해야 할 테지만, 늘씬한 키에 살도 적당하고, 노동 덕택으로 열여덟 살 여자애에게 딱 어울리는 씩씩함이 전신에 넘치고 있었다. 특히 올해 들어서는, 마치 가혹한 설한雪寒에 위협을 받아 움츠리고 있던 새싹이 봄의 소리를 듣고서 분연히 싹을 틔우 듯, 18세의 봄을 맞은 입분은 무서울 정도의 기세로 모든 재난災難 -가난과 고통과 도전하는 많은 불행도 단숨에 차 버리고, 천부적인 아름다움을 마음껏 발휘하고 있었다. 긴 속눈썹의 검은 눈동자는 대담하게 맘껏 빛나고 있었다. 4, 50근斤의 무게도 거뜬한 듬직한 양 어깨는 사내 하나 정도는 끄떡없다는 듯 거만하게 넓은 하늘을 향해 펼쳐져 있었다. 영양이 불량해서 다소 얼굴이 창백한 것은 부정할 수 없어도, 조각처럼 정연한 얼굴의 윤곽과, 특히 확연히 동양적인 조신함과 단정함을 나타내는 코, 늘 대지에서 단련된 야생적인 거무스름한 피부색은 물론, 이들의 환희歡喜를 충분히 보듬고 있던 그녀가 가진 아름다움은, 하늘의 도움을 받아 대지에 의해 만들어진 것이다. 서툰 화장술이나 정원사에 의해 정리된 아름다움이 아닌, 어디까지나 대자연의 바른 법칙에 의해 만들어진 아름다움인 것이다.

입분(아름답다는 형용사에서 나온 여성명사)의 성장 과정을 보아온 사람들이 오늘의 그녀를 봤을 때, 누구나 보옥寶玉 중의 보옥임을 알게 될 것이다. 시궁창에 빠진 옥이라도 옥임에는 틀림없다. 두부 한 모를 사더라도 십 리理, 성냥 한 개비에도 오 리씩 가야하는 산 속의, 상여 오두막보다도 못한 조그만 오두막에 살면서, 진흙과 그을음투성이로 문명에 대해 아무것도 모른 채 살아온 입분이지만, 외부 세계의 압박에 본연의 아름다움이 훼손되기는 커녕 초여름 날 아침 이슬의 상쾌한 아름다움을 점점 더해 가는 것이었다.

입분은 분명 뛰어나게 아름다웠다. 생모를 잃고 얼마 되지 않아 맞이한 계모(그녀도 착한 여자였지만)로 인해 어쩐지 조신한 성격으로 바뀌기는 했지만, 그것이 도리어 그녀의 미칠 것 같은 생명의 격정을 조종해 주었다. 그 계모까지 잃고 나서는 발랄한 그녀의 아름다운 얼굴에 회색 그림자가 덮이기 시작했다. 그러나 사실 이 그림자라는 것은 그녀의 아름다움에 요즘 세상의 분위기를 더해 주었다고 표현하는 것이 마땅하다.

"너희 어머니 둘은 다 인정이 없어."

라고, 문서방은 발에 닿을 듯한, 검고 아름다운 딸의 머리채를 바라보면서 혼잣말을 했다.

"어디 좋은 곳에 시집을 보내고 가도, 늦지 않을 텐데……"

그는 겨우 일어섰다. 돌의 냉기가 배에 전해져서인지 심한 복통을 느껴 손바닥으로 아랫배를 가만히 눌렀다.

"입분아, 이제 울지 마라. 울지 마. 울어도 소용없는 일이야. 응, 입분아."

그 말을 듣고 입분은 점점 크게 울기 시작했다.

"어여, 그만 울라니까. 울어서 될 일 같으면 이 애비도 땅을 치며 통곡하겠다. 자, 이제 그쳐라. 네가 그렇게 울면 아버지도 울고 싶어진다. 응, 입분아, 부탁하마. 그것보다도 아버지 모자라도 가져오렴."

"네."

입분은 우는 것을 잊어버린 듯 사뿐이 안방으로 들어갔다.

"그래. 이제 울지 마라."

그렇게 말은 하지만 문서방은 눈가가 뜨거워져 오는 것을 느꼈다.

문서방은 입분이에게서 완전히 색이 바란 적동색赤銅色의 중절모를 받아들자 서툴게 머리에 쓰고,

"그럼, 다녀오마. 아이들은 산에 갔을지도 모른다."

"조심하세요, 아버지."

"알았다. 너도 뭔가 먹는 게 좋아."

느릿느릿 문서방은 문 밖으로 갔다.

2

눈이라도 내리려는지 하늘은 의연하게 회색에서 전혀 바뀌지 않았다. 보리밭의 인분뇨 거름을 한 무리의 까마귀가 모여서 파헤치고 있었는데, 인기척이 싫었는지 까악까악 울어대며 감나무 위로 날아올랐다. 산기슭까지 와서 무심히 뒤를 돌아보니, 입분이는 아직 처마 기둥에 기대어 울고 있는 것이 보였다. 바보 같이! 왜 걸핏하면 우느냐. 이제 와서 울어도 소용없어, 라고 중얼거리면서 좁다란 산길을 따라 올라갔다. 하지만 아무래도 이상하다. 분명히 웅덩이라고 생각하고 깊이 발을 집어넣자 의외로 들리어 올리는 듯 높아서 멈칫해 버렸는데, 이번에야말로 높다고 생각하고 발을 짧게 집어넣자, 심연처럼 깊기도 했다. 그 때 마다 문서방은 깊은 계곡에라도 밀려 떨어질 때처럼 현기증까지 느껴 비틀거렸다.

"어찌 이런 일이 있을 수 있나. 나는 아직 눈이 좋은데."

문서방은 기를 쓰고 손바닥으로 눈을 비벼본 뒤, 비로소 그는 자신이 울고 있었던 탓이라는 것을 알아챘다. 바보 같이! 뭣 하러 울어, 쓸데없이. 깨끗하고 확실하게 잊는 거야!

쏴 하고 소나무를 스치고 한바탕 세찬 바람이 불었다. 그러자 소나무 바람 사이사이로 상여의 종소리가 들렸다. 문서방은 튕기듯 우뚝 멈춰 섰다.

잠시 귀를 의심했지만, 역시 그것은 상여에 달린 종소리 같았다.

"또, 누가 죽었구나."

문서방은 삼일 전에 죽은 아내의 장례식을 떠올리고 있었다. 미성美聲으로 알려진 윤춘길尹春吉이 상여 앞에서 작은 종을 흔들며 불러준 상여 소리가 단장의 슬픔으로 되살아났다. 그날 상여가 나간 것도 딱 이 때쯤이었다. 창식은 삼베로 된 상복을 입고 생모를 묻을 때보다도 한층 격하게 통곡을 했다.

> 인생 본래 칠십인데 어-흐 어-흐
> 이리 일찍 죽어 무엇하나 어-흐 어-흐
> 조죽粟粥은 싫어하건만 어-흐 어-흐
> 저승 가면 그것조차 없어……어-흐 오-흐

윤춘길이 앞서 부르자 상여꾼들이 화답했다.

> 그런 말 하지 마오 하지 마오 어-허 어-흐
> 내가 먼저 죽어서 잔뜩 싣고 어-허 어-흐
> 쌀밥에 고깃국에 비단옷에 어-허 어-흐
> 너 맞으러 오네 가마 타고……어-허 어-흐

춘길의 상여 소리를 떠올리고 있는 사이에 그 모습이 현실이 되어 문서방의 앞에 나타났다. 멀리 보이는 오봉산五峯山의 그늘을 지금 막 상여 하나가 쓸쓸하게 지나가고 있었다. 잘은 들리지 않았지만, "이제 가면 언제 오나"라든가, "봉룡鳳龍 고개 높다 해도" 등의 소리가 바람에 실려 들려왔다.

문서방은 부르르 몸을 떤 뒤, 뭔가를 흔들어 털어내듯 머리를 강하게 좌우로 흔들었다. 그리고 구원을 바라듯 눈앞에 우뚝 솟아 있는 오봉산을 드높이 올려다본 뒤, 잠시 멍하게 있더니만 퍼뜩 정신을 차리고 공손히 머리를 숙였다.

문서방은 오봉산에 공경하는 마음을 품고 있다. 이 근처 마을 사람들은 모두 오봉산을 영산靈山이라며 받들고 있다. 그리 된 것은 이 오봉산에 세 개의 보물이 숨겨져 있는데, 산신령을 잘 모시면 언젠가 보답을 받을 수 있을 것이라는 이야기 때문이기도 하지만, 문서방에게는 더 현실적인 의미가 있었다. 그는 몇 안 되는 사람에게 소작만 부치고 있는 형편이기에, 겨울 동안 오봉산의 장작이 그들 양식의 거의 반을 메워 준다. 그러나 그가 산을 숭상하는 마음이 오직 오봉산에 한정된 것만은 아니었다. 그는 언제부터인지 자신도 모르지만 우주의 모든 것은 신(하느님)의 뜻에 의한 것이라고 굳게 믿고 있어서, 말하자면 하느님에 대한 감사의 의미를 갖고 있었다.

문서방은 다시 걷기 시작했다. 삼일 전의 가슴 아픈 흔적을 밟는 마음은 역시 괴로웠다. 그는 몇 번이나 우두커니 서서 몇 번이나 복받쳐오는 울음을 참았다.

"성질도 급하지, 그리 서두르지 않아도 되는데……"

그는 죽은 아내의 죽음이 뭔가 그녀의 자유의사에 의한 것이기라도 한 듯, 이렇게 원망하는 말을 해 보았다. 물론 죽을 때의 변심에서였겠지만, 몸져눕기 바로 전부터 그녀는 이상할 정도로까지 죽粥을 싫어하거나 조그만 일에도 불평을 해서 그를 성가시게 했다. 그녀의 본마음은 그런 성질이 아니란 것을 십여 년 동안 같이 생활을 해 온 그는 잘 알고 있었다. 알고 있지만 죽에 숟가락을 넣은 채로 계속 해대는 불만을 듣다보면, '부처님 가운데 토막'이라고 불리는 문서방도 역시 화가 날 때가 있었다. 그러나 대개의 경우 그는 울컥 치밀어 오르는 감정을 표면에 드러내는 일은 거의 없었다. 그는 아내를 남들처럼 소중히 여겼다. 아내를 사랑한다고 하기보다는 오히려 감사하는 마음이었다. 처자는 모두 신(하느님)이 내려주신 이상 소중히 여겨 감사하지 않으면 안 되지. 그러나 아내에 대한 이런 관대함이 그녀를 버릇없이 굴게 만들어, (문서방은 그것도 죽기 전의 변심이라고 믿고 있는데) 몸져눕기 시작한 즈음에는 이미 웬만한 욕도 아무렇지 않게 할 정도였다. 소중하게 돌보아오던 전처 아이들에게 회초리를 휘두른 적도 있었다.

문서방은 이것도 너무 가난한 탓이라고 생각했다. 3년이나 계속 된 큰 가뭄으로 올해는 조죽조차 하루에 두 번도 먹지 못하는 때가 많았다. 그래서 그는 화를 내지 않았다.

"그렇게 구시렁거리지 마. 나도 말야, 가끔은 백옥 같은 밥을 먹고 싶지. 그래도 여보, 먹는 것만은 사람 뜻대로 안 돼, 신의 뜻인 거야. 사람의 욕심은 끝이 없어, 쌀밥을 먹을 수 있으면, 이번에는 고기를 먹고 싶어져, 비단옷을 입고 싶어져. 그러니까 사람이란 말이야, 뭐든 신한테서 받은 대로 하는 것이 좋아, 그러니까 그것으로 감사하게 생각하지 않으면 안 돼, 알았지 여보."

"또 한숨을 쉬네. 이제 괜찮아. 당신의 한숨 소리는 내 귀에 이미 딱지가 앉을 정도로 들었어."

"이봐, 또 죄 받을 소리 하네."

문서방은 아내가 이렇게 나오면 얌전하게 물러나는 것이 보통이었다. 그러나 어느 날 마침 그날은 문서방이 논에서 빈손으로 돌아온 밤이기도 했다.

"시끄러워, 이제 딱딱거릴 건 없잖아. 어디선가 쌀밥에, 고기까지 항상 먹여 준다면 가면 되겠네. 난 당신에게 그런 것도 못해 주는 주제에, 그런 명당자리를 알면서 당신을 보내지 않을 만큼 악당은 아니야."

문서방은 그녀가 그런 것은 꿈에도 생각하고 있지 않다는 것을 믿고 있었지만 그렇게 말해 보는 것이었다. 아니, 문서방은 그녀가 좋은 사람을 잃고 재혼을 하긴 했지만, 지금 다시 새롭게 건강한 남자를 버리고, 다른 남자 집 문지방을 넘는 일은 전혀 상상할 수도 없었다. 그러한 그녀의 정절을 믿을 수 있었기에 그런 말도 할 수 있었는지도 모른다.

그렇게 문서방이 말을 하자 그녀는 남자처럼 소리를 지르며 통곡했다. 얼마나 운이 없는 여자인가? 전생에 무슨 죄를 지어 사내로 태어나지 못 해 이런 낭패를 당하는가? 라며 울며 쓰러졌다. 그런가 싶더니 이번에는 화살을 죽은 남편의 혼령에게로 돌려 삼십 즈음에 그리 빨리 죽을 거였다면, 왜 삼신할머니한테 태어나게 해달라고 했는가? 죽을 때도 모르면서 왜 결혼했느냐? 라며 말도 안 되는 소리를 하는 것이었다. 그 정도가 심하면 심할수록 그녀의 정절은 저절로 증명되는 셈이었다.

그래서 문서방은 그렇게까지 화를 내는 아내에게 몰래 감사했다. 그녀로서는 문서방에 대한 애정을 이 이상 단적으로 표현하는 방법이 없었던 것이다. 전처의 아이를 둘이나 키우는데다가, 글자 그대로 초라한 옷에 형편없는 음식(粗衣粗食)으로 간신히 생명을 유지하면서도, 이 집에서 한 발도 밖으로 나가고 싶어 하지 않는 아내의 마음 씀씀이를 생각하고는 문서방은 울고 싶어지는 것이었다.

"이런 마누라를 얻은 것도 하느님의 뜻이야."

문서방은 아내에 대한 감사의 마음으로 하느님에게 감사했다.

그런 그녀가 병이 들어 자리를 차지하고 누웠을 때에는 눈앞이 깜깜했다. 딱 십 년 전 역시 늦은 가을 이맘 때, 조강지처를 공동묘지에 묻고 돌아온 가슴 아픈 추억을 문서방은 가지고 있었다. 그러나 전처를 잃었을 때 문서방은 젊었다. 인명은 하느님의 것이다. 조금 앓는다고 해서 모두 그렇게 덜컥 죽지는 않는다. 이렇게도 생각했지만, 점점 손발의 온기가 사라지고, 침을 헐떡 헐떡 삼키기 시작한 때조차 그는 뭐 그렇게 쉽사리 사람이 죽는 게 아니라고 비교적 침착할 수 있었다. 입관을 끝내고도 또 죽은 지 칠일이 지나서도 느닷없이 되살아난 예도 있다며 그는 단념하지 못하고 있었다.

그러나 그의 아내는 문서방을 배신했다. 무덤을 파고, 석회를 뿌리고, 땅을 밟으며, 붉은 흙의 작은 무덤이 완성되고서도, 그에게는 아내가 죽은 느낌이 도무지 들지 않았다. 이 착각은 매우 오랫 동안 그의 뇌리를 떠나지 않았다.

다만 전처의 죽음에 대한 하나의 위로는, 할 수 있는 한 최선의 치료를 했다는 것이다. 기껏 다른 사람의 소작이긴 했지만 이십 두락* 정도의 논에, 삼일갈이**의 밭을 가지고 있어서 당분간 먹을 것이 없는 것도 아니었기 때문에, 약도 먹이고 무당에게 굿도 했다. 침도 놓았다. 그는 병든 아내를 위해서 신주처럼 소중하게 생각하던 소나 돼지까지도 팔아가면서까지 할 것은 다 했기 때문에 사후에도 후회는 없었던 것이다.

그러나 후처가 병이 들었을 때에는 젊음도 저축도 3년이나 계속된 천재天災로 그는 완전히 고갈된 상태였다. 게다가 아내에 대한 사랑도 전처보다는 후처 쪽에 집착하였다. 전처는 민며느리로 열 살 때 맞이해서 철이 들기 시작하자 덜컥 죽어버렸다. 아내에 대한 애정을 안 것도 그녀를 맞이하고부터이고, 아내의 고마움을 느낀 것도 그녀를 얻을 때까지 2년 동안의 홀아비 생활을 맛보고 나서의 일이기도 했다.

* 1 두락은 이백 평 내외

** 하루갈이는 육백 평

결국 후처까지 숨을 거두자 문서방은 아이처럼 울부짖었다. 오봉산을 흔들 정도의 큰 목소리로 아내를 부르짖으며 땅바닥과 가슴을 치며 울었다. 관에 매달려 머리를 쥐어뜯었다. 어머니를 잃은 5명의 아이들을 안고 흐느껴 우는 문서방을 보고 있던 마을 사람들은, 여자들 뿐만 아니라 모두 덩달아 울어버렸다.

"하느님도 무정하시지. 아이들이 5명이나 있는데."

마을 사람들은 제각기 말했다.

"한 번이라도 사람이 겪을 일은 아닌데, 두 번이나. 저런 얌전한 사람이. 하느님도 무심하시지."

"문서방도 이번에야말로 하느님의 무정함을 알겠군. 하느님이 정말로 있다면 저런 믿음 깊은 사람에게 이렇게 심한 일을 당하게 하다니 방법이 없나보네. 안 그래 수돌壽乭이?"

그러나 문서방은 마을 사람들의 예상을 완전히 뒤엎고, 하느님에 대한 원망 섞인 말은 한 마디도 하지 않았다. 그는 그저 전처처럼 약도 못 쓰고 굿도 못 해준 것이 못내 슬펐다. 인명은 재천이라고는 하지만 약 한 번 못 쓰고 하느님에게 목숨을 바라는 것은 하느님에 대한 모독이라고까지 생각한 문서방이었다. 게다가 전처는 불치의 병이라고 했던 폐종肺腫이었지만, 후처는 감기가 폐렴이 되었는데 손을 늦게 쓴 탓에 몸져누운 것이었다. 사람이 죽는 것은 하느님의 뜻이다. 그렇기 때문에 사람이 죽었다고 해서 몹시 슬퍼할 것도 아니지만, 이것은 자신이 죽인 것이나 마찬가지였다. 그 싼 한약도 제대로 쓰지 못하고 죽게 했다고 하느님이 들으시면 얼마나 화를 내실까? 그것이 슬펐다. 단념하지 못하는 것도 그 때문이었다. 부富도 하느님의 뜻에 의한다고 완전히 믿고 있는 문서방에게 병든 아내에게 약 하나 사주지 못할 정도의 불운이 주어졌다는 것을 입으로야 말하지 못했지만 역시 원망스러웠다.

그러나 그가 원망하고 있는 것은 오히려 사람이었다. 하느님은 사람에게 누구나 똑같이 생활해 나가도록 해 주셨을 것인데, 첩의 털외투를 팔백 원이나 주고 사면서도, 집을 저당 잡혀 기껏해야 30원을 빌려달라고 청하고 또 부탁해도 들어주지 않던 마을 지주에 대한 반감은 지금도 여전하여 완전히 없어지지 않았다.

게다가 또 그녀는 얼마나 어리석은 여자였던가? 문서방은 그렇게 생각을 바꾸어 보았다. 그는 아내가 점점 위험하다는 것을 알았을 때, 한이라도 남기지 않으려고 돈을 마련하는데 혈안이 되어 나다녔다. 그런데 구레 마을의 두붓집 처녀가,

"아저씨 부인에게도 10원 쯤 돈이 있을지도 몰라요. 물어보세요."

라고 해서 재빨리 집에 돌아왔다. 그런데 그런 큰돈이 그녀에게 있을 리가 만무했다.

그러나 의외로 역시 그녀에게는 20원 가까운 큰돈이 깊숙이 숨겨져 있었다. 문서방에게 시집왔을 때, 그녀의 쌈지주머니에는 공들여 접은 5원짜리 지폐가 신문지로 싸이고 그 위에 천 조각으로 또 싸여 실에 감겨 있었다. 그것이 10년 동안에 40원이라는 큰돈이 되었는데, 3년 전에 전처의 차남이 심한 신경통을 앓았을 때에 아낌없이 15원을 내주었다. 문서방은 알 턱이 없지만, 남은 돈이 옷장 속 깊숙이 들어있었던 것이다.

그렇다고는 하지만 그 돈이 발견된 것은 그녀가 숨을 거두고 나서의 일이었다. 20원 가까운 돈을 앞에 두고, 중식, 창식, 입분은 새삼스럽게 계모의 마음씀씀이에 울며 쓰러졌다.

"바보 같은 짓은 했어도 좋은 여자였어……"

문서방은 그녀의 심정을 생각하니 이렇게 눈물짓지 않을 수 없었다.

벌써 장군 바위에 도착해 있었다. 문서방은 그곳에서 허리를 조금 펴 주먹을 뒤로 돌려 굽은 허리를 가볍게 두드리면서, 회색 하늘에서도 더

욱 또렷이 아름다운 선을 보여주고 있는 오봉산을 우러러보았다. 온 산이 검은 소나무로 덮여 있었다. 군데군데 아직 잎이 떨어지지 않은 단풍나무가 불타는 듯한 색으로 물들어 있었다. 북쪽에 방사림防砂林을 심은 언덕이 조금 보이는데 마치 아라비아 말의 등줄기를 연상시켰다. 깊은 계곡 사이에서는 작은 새소리가 주판을 튕기듯이 가까이에 들렸다.

"좋은 산이야. 어디, 오봉산이여. 올해도 겨울에는 내가 너에게로 가니까, 낙엽을 잔뜩 주렴. 하느님은 고마우신 분이야."

문서방은 멀리 묘지를 내려다보면서 미끄러지듯 모래 언덕을 내려갔다. 아이들도 아버지를 발견했는지 손을 흔들면서 말을 걸었다.

그러나 그것은 너무나도 먼 거리였다.

3

산에서 내려온 그날 밤의 일이었다. 지금까지 문서방의 품행만을 보아온 독자들에게는, 콧바람에도 느릿느릿 흔들리는 원시적인 등잔 아래 오도카니 혼자 양반다리를 하고 앉아 깊은 한숨을 쉬는데 여념이 없었다고 해도, 구례 마을 주막에서 맥을 못 출 때까지 막걸리를 들이 마시고 비몽사몽간에 콧노래를 흥얼거리고 있는 문서방의 주정을 들려준다고 해도, 새삼스레 깜짝 놀랄 것도 없을 것이다. 그러는 것이 사람이 하기마련인 실수이기도 하고 또 자연스럽기도 하니까.

그러나 사실은 그날 밤도 문서방은 아내가 살아있던 여느 날과 같이 가마니 짜기에 여념이 없었다. 오른쪽에는 입분, 왼쪽에는 차남인 창식이 볏짚을 지피자, 문서방은 낮 동안에 있었던 죽은 아내의 묘지에서 있었던 일은 염두에도 없는 듯 바디질에 여념이 없었다.

“창식아……네 것은 볏짚이 너무 많아.”

“입분아. 세 번 넣었으면 창식이한테 말을 해줘야지. 그것, 그건 썩은 볏짚이잖아, 검사에 통과 못해.”

새끼줄을 꼬고 있는 장남인 중식에게도 그는 주의를 게을리 하지 않았다.

“중식아, 빨리 꼬지 않으면 못 따라와.”

“괜찮아요, 아버지. 저는 지지 않을 거예요.”

“아버지도 너한테는 지지 않을 거다.”

문서방은 바디질을 하면서도 믿음직스러운 듯 장남을 힐끔거렸다. 가는 볏짚이면 두세 개, 굵은 것은 한두 개씩, 가마니의 중심이 되는 새끼줄 틈에 넣는데, 입분이의 손에서는 바람이 일었다. 창식이도 이젠 거뜬히 가마니 짜는 일을 해낼 수 있게 되었다. 명색뿐인 등잔불은 켜져 있긴 하지만 동굴 같은 실내에는 너무나도 약한 빛이었다. 그렇지만 그들은 암흑 속에서 자신의 코 위치를 맞출 만큼 솜씨가 좋았다. 볏짚이 새끼줄에 스칠 때마다 가벼운 금속성 소리가 났다. 쑤욱 볏짚이 통과하면 철컥 바디가 내려친다. 쑤욱, 철컥, 쑤욱, 철컥, 점점 익숙해지면, 이 둘의 소리가 거의 똑같은 순간에 난다.

“아버지. 이제 주무시는 게 좋아요.”

입분이가 어리광을 부리듯 아버지에게 말했다.

“입분이, 너 피곤하구나. 나는 조금 더 하고 잘 테니 너 먼저 자거라.”

“으응, 저는 아직 괜찮아요. 추려내는 것도 이제 얼마 안 남았어요. 이 정도는 창식이랑 둘이서 곧 정리할 수 있어요.”

“그러면 좋다. 모두 정리하고 같이 자자꾸나. 너희들에게 시켜놓고 내가 잠이 오겠니?”

“그럼, 중식아, 넌 먼저 자도 된다. 창식이도 자! 나는 아버지와 이것을 정리하고 잘 테니까."

"으응, 우리도 괜찮아. 잠이 안 와."

"괜찮아?"

"응."

"중식아, 누나가 시키는 대로 하는 게 좋아. 너는 아침에 일찍 일어나야지. 내일은 안 갈 거니?"

"아, 갈 거야."

"무자비한 일이야. 모두 무기력한 아버지의 죄다. 너는 늘 잠들 때 우우우 하고 신음을 하는데……, 용서해 주렴. 칠칠치 못한 아버지한테서 태어나 너희들도 불쌍하구나."

"무슨 말씀이세요, 아버지. 우린 이 세상에서 아버지가 제일이라고 생각해요. 마을 사람들이 다 그렇게 말해요. 좋은 사람이라고."

"어쨌든, 됐다."

문서방은 조근조근 말했다.

"힘들 때는 힘들겠지만 사람으로 태어나서 일하지 않으면 부끄러운 짓이야. 일복이라는 건 누구에게나 그렇게 주어지는 게 아니야. 아무리 일하고 싶어져도 일자리가 없어서 우는 사람도 있어. 열심히 일하는 거야. 하지만 너무 오래 쉬어서 해고당하는 거 아니냐? 보란 듯이 일자리를 얻었는데 이런 일이 생겨 버렸어."

"괜찮아요. 어머니가 돌아가신 걸요. 내지인(일본인)은 그런 일, 잘 이해해 줘요. 게다가 인부가 많이 있으니까, 누가 와 있는지도 잘 몰라요. 아침에 나가서 호명을 끝내면, 저탄고 그늘에서 놀다가 돌아올 때 점호에 불쑥 나와 있는 놈도 있어요."

"죄 받는다. 죄 받아."

문서방은 신음하듯 말했다.

그들의 근처 마을에서는 30명이 넘게 용산역 구내 석탄고로 돈벌이를 하러 갔다. 모두 상당한 소작을 하고 있지만 3년 동안의 가뭄으로 누구라고 할 것 없이 힘들었다. 역까지 거의 십 리는 되고 게다가 K역에서의 첫출발은 오전 6시였기 때문에, 그들은 늦어도 4시까지는 집을 나서지 않으면 안 되었다. 돌아오는 것도 7시 반이 넘어야 되기 때문에 집에 도착하는 것은 대개 8시를 넘어서였다. 오전 7시부터 오후 7시까지 줄곧 삽으로 기관차에 석탄을 쌓아 넣는 일이라서 보통일은 아니었지만, 1원 2, 30전에서 5, 60전까지나 되었고, 무임승차권을 받을 수 있어서 다소 생활의 보탬은 되었다.

문서방도 그런 이야기를 듣자, 겨울 동안 석탄고에라도 나갈까 하고 망설였는데, 죽음을 앞둔 병든 아내를 아이들에게만 맡길 수도 없는 상황에, 중식이가 가겠다고 말을 꺼냈다. 어렸을 때부터 거친 일에 단련되었다고는 하지만, 기껏해야 16살의 아이인데, 어른도 한 달을 일하고 코피를 흘린다는 소리를 듣고서는, 그래라 하고 보낼 수만은 없었다. 그러나 중식은 한 번 말을 꺼내자 어떻게 해서라도 가겠다고 고집을 부렸다. 아이라서 6, 70전 정도 받는다고 하더라도 월 20원은 된다고 생각하면, 말릴 용기도 한풀 꺾였다.

"그럼 너, 정말로 갈 생각이냐?"

"아, 보내주세요. 해 볼게요. 해 보고 안 되면 아버지와 함께 오봉산 장작을 패죠."

"아, 그러는 게 좋겠다. 안 되겠다고 생각되면 바로 그만두는 거야. 백성에겐 몸이 자본이니까."

임금도 의외로 1원 10전이나 나와 기뻐할 때, 계모의 죽음으로 2주 상간에 5일이나 쉬었다.

"저, 중식아! 너도 두 세 번 정도는 십장 눈을 속이고 논 적이 있지?"

문서방은 벌써 아까부터 그것이 신경 쓰여서 견딜 수가 없었다. 그는 바디에서 손을 떼고 있었다. 은근한 어조였다.

"아니요, 아직 시작해서 한 달도 안 되는데, 그런 짓해서 어떡하려고요."

"그럼, 길어지면, 너도 할 거냐?"

"무슨 소리에요, 아버지. 제가 그렇게 보여요?"

중식은 버럭 말했다.

"응, 그래! 사람이란 말이야, 사람의 눈을 속이는 것이 가장 나빠. 한 번 속이면 꼭 두 번 속이게 돼. 하느님은 언제나 사람이 하는 일을 지켜보고 계신다. 사람을 속이고 잘 된 사람을 난 아직 본 적이 없다."

이렇게 엄하게 타이르고, 쓸쓸하게 혼잣말을 했다.

"난 어머니 배를 아프게 하고 태어나서, 아직 한 번도 사람한테 거짓말한 적이 없지만, 대단한 일도 못했어."

자기 아이를 훈계하기 위해서라기보다도 문서방은 사실 그런 성품이었다. 오십 평생 특별히 다른 사람에게 폐를 끼친 기억도 없지만, 다른 사람을 해치려고 자신의 이익부터 챙긴 기억 비슷한 것도 없었다. 젊었을 때의 혈기는 아무것도 아닌 것에 도전하기 마련인데, 문서방은 이상할 정도로 다른 사람한테 손을 댄 적도 없고 다른 사람한테 당한 적도 없다.

"사람이란 말이야 누구라도 자신의 잘난 맛에 빠져서 살아가기 마련이다. 다른 사람이 자신의 위대함에 반해서 살아가고 있다면, 나는 스스로 바보라고 생각하면 싸움 같은 것은 생길 일이 없어. 절하고 맞는 일은 없으니까."

이렇게 문서방은 사람을 만나면 말했다. 말하자면 이것이 그의 도세철학渡世哲學이었다.

"감미로운 것은 양보하고 일에는 욕심을 내. 그런 사람한테 싸움을 거는 녀석은 하느님이 언젠가는 벌하실 거야."

말만이 아니다. 그는 매사에 그랬다. 그러나 세상 사람들은 그런 그를 조소했다. 그의 별명은 '생불生佛'이다. 이 생불이라는 별명이 꼭 그를 존경하는 의미로만 쓰이는 것은 아니었다. 그러나 그는 그것을 치욕이라고도 생각하지 않았다. 자랑스럽게도 물론 생각하지 않았지만……

문서방은 생에 대해 확고한 신념이 있었다. 그것은 '선은 언젠가는 번영한다'는 것이다. 세간에는 착한 사람이 죽은 예도 있긴 하지만, 그것만으로 하느님을 원망할 수는 없다. 그것은 하느님에게 잘못이 있는 것이 아니고, 그 자신의 선량함이 부족하여 생긴 당연한 결과이다.

'선한 사람은 번영한다'는 진리에 대해서 그는 지론을 하나 더 가지고 있다. 즉 선한 사람은 꼭 번영하지만, 그것이 꼭 그 본인에 한정된 것은 아니다. 아니, 오히려 선한 사람에 대한 하느님의 칭찬은 그 다음 대의 자손에게 있다는 것이다. 그가 언제부터 이런 지론을 펴기 시작했는지 알 수는 없지만, 마을 사람들은 전처를 잃고 나서부터라고 한다. 게다가 불행이 겹침으로써 굳은 신조로 삼게 되었다고 한다. 그것이 사실이라면 문서방도 하느님에 대한 자신의 신념에 상당한 의혹을 가졌었던 것 같다. 어느 각도에서 보더라도 그는 자신이 나쁜 사람이라고는 생각되지 않았다. 사람을 속인 적도 없고 해친 적도 없다. 자신은 언젠가는 반드시 하느님에게 인정받을 것이라고 그는 굳게 믿고 있었다. 그런데 그에게 보답은 두 번의 상처喪妻와 몇 번인지 알 수 없는 재난과 불행의 연속이었다. 더군다나 어머니 없는 자식을 다섯이나 안고서 생활고의 밑바닥에 내팽겨 쳐져 보니, 그는 자신의 신조는 진리가 아니었는가, 선한 사람이라고 꼭 번영하는 것은 아닐지도 모른다. 이렇게 새로운 의혹을 가졌음에 틀림없다. 이런 식으로 마을 사람들은 말하였다. 그리고 그것은 사실이기도 했다. 그는 하느님의 뜻에 의혹을 품고 몸부림치며 잃어버린 신념에 매달렸다.

당연히 하느님은 그에게 쫒겨날 만한 처지이기는 했지만, 하느님을 업신여기기에는 그의 신념이 너무 강했다. 그런 신념 없이 그는 잠시라도 살아갈 수가 없는 사람이었다. 한 방울의 비, 한 송이의 눈도 하느님 덕택으로 믿고, 물 한 잔 마시는 것이나 죽이라도 먹는 것도 중생에 대한 하느님의 하나의 애정이라는 것에는 조금의 의심도 하지 않는 문서방이었다. 그 무변광대無邊廣大한 은의恩誼를 아내의 죽음과 바꾸어도 좋은가?

"나는 죄스러운 생각을 했었어. 좋은 일이라는 것은 다른 사람을 위하는 거야, 난 일생 자신만을 위해서 일해 왔지 않는가?"

그는 또 생각을 바꾸었다.

"그래. 다른 사람을 위해서 힘쓰지 않으면 안 돼. 당대에 그 보답을 바라는 것은 욕심이야."

구차한 변명이긴 하지만 그것이 문서방의 본심이었다. 그는 오직 하느님에 대한 감사로 살았다. 비를 내려주시는 것에 감사하고 병을 주시는 것은 나쁜 짓에 대한 벌이라고 여겼다.

물론 문서방은 교육을 받지도 않았다. 그는 종교를 의심한 적도 없지만 포교사布敎師의 강화講話는 고사하고 교회 건물에도 발을 들인 적조차 없었다. 그의 하느님에 대한 신앙은 그저 50년 동안 그가 흙과 생활하며 보낸 결과였다. 흙에 종자를 뿌리면, 싹을 틔우고 비를 내려 꽃을 피우고, 열매를 맺어 중생으로 하여금 안도의 세월을 보내게 해준다. 벼 베기가 끝날 때를 보아 보리를 뿌리게 하고, 혹한이 오면 눈을 내려서 따뜻하게 보리를 보호해 주신다. 이것은 추위에 떠는 우리 자식에게 이불을 덮어 주는 어머니의 자애와 어디가 다르겠는가? 봄이 되면 눈을 녹여 농사용 물로 만들어 주신다……

우주에서 생을 누린 온갖 생물은 하느님에게 귀일歸一해야 한다고 믿고 있다. 생명도, 재물도, 재물을 주시는 것도 빼앗는 것도 하느님의 자유이고 또 그래야만 한다. 이것을 탐내는 것은 물론 불평을 말하는 것은 당치도 않다. 죄이다.

문서방은 그대로 살아간다. 그는 아직 예전에 단 한 번도 나라에 내는 세금을 늦춘 적이 없었다. 많다는 둥 어쩌고 하는 불평을 말한 적도 없다. 어느 해인가 면사무소 옆에 있는 국민학교가 증축을 하고 있는 때였는데, 소작으로 겨우 입에 풀칠을 하는 문서방에게 웬일인지 47원이라는 기부 할당이 통고되었다. 그것은 분명히 직원의 착각이었는데도 그는 기일에 맞춰 확실히 납부했다. 나중에 그 할당이 부당했음을 면사무소에서도 알아차렸다. 그래서 그의 생활 상태를 재검토하여 비로소 기부금 때문에 그가 집을 저당 잡힌 것을 알고, 면장으로부터 상장과 상품을 수여하겠다는 통지가 왔다.

그 소식을 듣고 문서방은 말했다.

“면장님은 일 처리는 잘하시는데, 아무래도 서민들의 사정에는 어두운 모양이군요.”

마침 봄 경작이 시작된 지 얼마 되지 않아서 그가 미적거리고 있자, 드디어 면에서 상장과 삽 한 자루가 도착했다.

문서방이 아내를 잃은 지 삼일 째 되던, 묘지에서 돌아온 그날 밤부터 이렇게 일에 열심히 노력하는 것도, 그의 하느님에 대한 강한 신념 덕택이었다. 죽은 아내에 대한 집착도, 미래에 대한 불안도, 그는 하느님에게 다 맡겼다. 옆에서 볼 때 그는 이 세상에서 제일 불행한 남자임에 틀림없었지만, 그 자신은 그렇지도 않은 듯 보였다. 가난도 재난도 하느님의 뜻이라고 믿었기 때문이다.

산을 내려올 때는 정말 단장이 끊어지는 슬픔이었다. 그러나 그는 단단히 생각을 고쳐먹을 수 있었다. 사람의 수명은 하늘에 달렸다. 자신이 아무리 애가 타더라도, 하늘의 뜻이 그렇게 정해져 있다면 어떡하더라도 소용이 없다. 하늘에서 받은 여자를 하늘이 데려간 것이다. 자신에게 지금 남겨진 의무는 남아있는 5남매가 하늘을 섬기도록 키우는 것이다. 그러기 위해서는 다른 사람보다 배로 일을 하지 않으면 안 될 것이다. 한탄만 해서 무슨 소용인가? 한탄한다고 해서 5남매가 붕어처럼 물만 마시고 살 수는 없는 것이다.

"열심히 다른 사람보다 두 배 더 일할 거야. 마누라를 거두어 가셔도 그렇게 해 나갈 거야. 그렇게 하느님께 보여 주는 거야. 고맙게도 나는 아직 일 할 수 있어……"

문서방은 이렇게 해서 그날 밤부터 일을 시작했다. 그는 일하는 것이 유쾌했다. 일하고 있으면 모든 것을 잊을 수 있었다. 자신에게 주어진 의무를 깨끗하고 깔끔하게 했다. 이보다 더한 기쁨이 어디 있을까? 하느님은 사람에게 생명과 일을 주셨다. 목숨은 부여해주신 일을 해 나감으로써 가치가 있는 것이다. 그는 고생보다도 일하고 싶어도 일 못 할 날이 오는 것을 더 겁냈다.

그러나 그에게 있어 하느님은 반드시 하늘에만 있다고 할 수는 없다. 면사무소의 서기도 주재소의 순사도 그에게는 하느님이었다. 금융조합의 서기도, 아니 마을 이장도 그에게는 거역할 수 없는 하느님과 같은 존재였고, 진흥회 소사, 관공서 급사 등의 명령도 그는 하느님의 명령으로 받아들였다.

그가 지금 열심히 하고 있는 가마니 짜기도 사실을 말하면 이장 공문계公文係의 13살 난 아이에게 전달받은 명이었다. 아무리 생각해도 백 장은 너무 많았지만, 그는 한 마디도 하지 않았다.

"아, 하고말고. 이장님에게 그렇게 전해 주렴."

13살 아이라도 이장님의 명을 전해 주러 온 것이다. 이장은 면장의, 면장은 군수의, 군수는 또 그 위의 명령에 의해 시행된다고 보면, 우동과 같은 콧물을 흘리고 있는 칠성이도 나라의 명령자인 것이다.

가마니 일로 마을 안이 들끓었다. 면 서기인 모 씨가 자신의 연고에는 적은 수를 할당하고, 그 여분을 다른 사람에게 할당했다는 것이다. 사람인 이상 다소 정에 끌린 불공평은 인정한다고 해도 모 서기의 하는 짓은 조금 심했다.

중식도 어디선가 그 말을 듣고 와서 이러쿵저러쿵 말했다.

"중식아, 입을 조심해라. 그건 사람이 하는 일이라서 실수가 있더라도 이상한 일이 아니야. 하나님이 하시는 일이라도 잘 안 되는 경우도 있어."

"하지만 × 서기가 교활해요."

"응, × 서기는 나빴다. 하지만 중식아, 그 정도 일로 투덜거리지 마라. 그게 더 나빠. 위에서 한 일에 뭐라 하는 게 아니다. 먼저 이해해라. 이미 지나간 것은 아무 의미가 없어. 미리 준비해야 한다."

"하지만 만성이는 반밖에 안 한다고 했어요."

"만성이? 그건 안 돼. 그 아이는 학교에 좀 다닌다고 해서 뭐든지 혼자 다 아는 듯한 얼굴을 하고 있어. 만성이 놈, 이장님에게 고무신 표를 두 장이나 받아 챙기지 않았냐? 좋은 것은 배로 받고 싶으면서 가마니는 반이라고? 후후후, 좋은 걸 배웠구나."

"가마니는 어디에 써요?"

"그런 건 알아서 뭐해. 위에서 필요하니까 바쁜 백성에게 부탁하는 거야. 묵묵히 일만 하면 돼."

문서방은 짚신을 만들고 있는 창식의 손을 쉬게 하고, 바쁘게 바느질을 하고 있는 입분에게,

"입분아, 잘 들어라, 창식이도. 사람이란 모름지기 다른 사람의 노고를 잊어선 안 돼. 선조의 공, 부모의 공, 이웃의 공, 나라의 공을 말이야. 너

희들도 생각해 봐라. 최근 3년 동안 흉년에 나라에서 가만히 있었으면 모두 굶어 죽었다. 너희들은 모르겠지만 을축乙丑년 대홍수로 몇 만이나 되는 사람이 굶어 죽었다. 만주, 베트남 등지에서 쌀을 사 와서 먹여 준 은혜를 생각하면, 가마니 2, 3장 더 짠다고 분할 게 뭐가 있냐? 안 된다. 죄야. 말이지, 중식아, 입분아, 잘 듣고 마음에 새겨 둬라. 그러고 보니 작년 배급 쌀이 모자란다고 불평한 것도 만성이었지……"

계속해서 자기 자식을 설교하고 있을 때, 길에서 누군가가 큰 목소리로 소리쳤다. 입분이가 재빨리 듣고,

"뭐라 하는데요."

"어디?"

중식을 부르고 있었다. 중식은 서둘러 나갔다. 꾸벅꾸벅 졸고 있던 창식은 슬며시 누웠다.

"동룡東龍인가?"

"나다. 너 내일 가?"

"가."

"그럼, 전표 가지고 와."

"아, 미안, 일부러 오게 해서."

"내일 월급이지?"

입분이는 빙그레 웃었다. 중식이도 바로 돌아와서는,

"아버지, 내일 월급 받아요."

"좋겠구나, 중식아."

문서방은 무척 만족스럽게 장남을 내려다보고 있었다. 이 애가 이제 돈도 벌어오는구나 라는 생각에 눈가가 뜨거워졌다. 문서방은 농담도 한 두 마디 던지고 싶어졌다.

"중식아, 첫 월급이니 아버지한테 뭔가 선물이라도 사 와라."

"아, 그러죠, 아버지."

"아버지, 손해에요."라고 입분이가 웃었다.

"뭐가?"

"가만히 계셔도 사드릴 텐데, 중식이가 진작부터 월급을 받으면 아버지께 방한모를 사드리려 한다고 했거든요."

"그래? 하지만, 뭐 괜찮다. 난 필요 없다. 그 대신 누나한테 분이라도 사 주렴."

"누나는요, 머리핀과 크림과"

이어서 말하려고 하다가 "아야……"하고 소리를 질렀다. 입분이가 손목을 비튼 것이다.

"크림? 그것도 분 아니야?"

"분이라도 괜찮지. 누나도 참……"

입분이가 화난 얼굴로 째려보았다.

"난 가만 있을테니, 누나, 내 말 들어줄래?"

"중식이가 말하지 않아도 잘 알고 있어. 맞혀 볼까?"

"좋아. 맞혀 봐."

"밥이 먹고 싶은 게지?"

"후후후."

중식은 소처럼 웃었다.

"누나는 역시."

"하하하."

문서방도 큰 소리로 웃었다.

"밥하면 되지, 두말하면 잔소리지."

문서방은 쿵쿵 허리를 두드리고 담뱃대에 담배를 넣었다.

"슬슬 허리가 아파온다."

"아버지. 이제 쉬시는 게 좋아요. 제가 치울게요. 팔자 좋은 사람은 아랫목에 누워서 담뱃대나 두드리고 있을 때인데."

중식은 갑자기 어른 같은 말을 하고 가볍게 한숨을 쉬었다.

"무슨 소리냐, 너. 아랫목에 누워서 담뱃대나 두드리며 거드름 피우는 것이 팔자 좋은 사람이라고 생각하냐? 아니다. 일을 하지 않는 사람은 사람 축에도 안 들어. 일에 둘러싸인 사람이 행복하지. 아침부터 밤까지 담뱃대만 두드리고 있는 것은 생각하는 것만으로도 참을 수 없는 일이다. 불쌍한 일이지. 일을 계속하는 것이 제일 고마운 일이야. 아, 그러고 보니 입분아, 나도 아침엔 중식이와 같이 밥을 먹으련다."

"어디 가시게요?"

"아, 아주 큰 벌이가 있어. 나 김태봉金泰奉 씨네 산에 나무하러 간다. 기둥용은 하나에 2전이란다. 하루벌이 1원 3, 40전은 돼. 기둥 하는 데에 붙으면 2월은 살만하지."

"좋은 가격이네요. 우리 마을에서 사용할 것 같지는 않지만."

김태봉은 경성이나 읍내에 공출하면 암거래가 안 된다고 내놓기를 매우 꺼렸다. 아무리 그래도 반은 벌써 역전 사람들에게 1평에 16원씩, 거의 배나 되는 금액으로 선금을 받아 챙겼다는 것이었다. 문서방도 그것을 이미 들어서 알고 있었다.

"마음에 잘 새겨 둬라. 사람살이라는 것이 서로 다를 게 없다. 우리 백성들은 도시에 쌀과 장작을 대주고, 도시로부터 옷감, 비누, 고무신 등을 받는다. 너희는 학교에 못 간다고 자주 불평하지만, 무슨 상관이냐? 우리 같은 무식꾼도 없으면 세상 사람들이 쌀밥을 못 먹어. 생각해 봐라. 너나 할 것 없이 학문만 하고 있는 날이면 조합 서기와 면서기만 넘쳐날 것이 아니냐? 물정 모르는 사람은 우리 농사꾼을 바보 취급하지만, 정말로 훌륭한 윗사람은 농사꾼이라고 바보 취급하지 않는다. 올해

부터 왕겨 1섬에 5원이나 되는 장려금도 준다지 않니?"

문서방은 기운이 난 듯 요란스럽게 성냥을 그어 빼끔빼끔 담배를 피웠다. 중식도 구원받은 기분이 들었다. 낫 놓고 기역자도 모르는 식충이라고 자신을 줄곧 폄하해 왔지만, 세상 보통 사람들만큼의 역할을 하고 있다는 생각에 새삼 유쾌했다.

입분도 기운이 난 얼굴로

"비빔밥으로 할까요?"

"그것 좋구나. 밥은 있느냐?"

"많이 있어요."

"그럼 맛있는 밥이 되겠구나. 김치를 잘게 썰고 참깨라도 뿌리면 좋겠구나. 그리고 맛있게 누룽지를 만드는 거야."

"덕준德俊 씨가 지난 번 빌려준 참기름을 갚았어요. 콩나물도 조금 있구요."

"와, 진수성찬이네. 빨리 해 갖고 와라. 아버지도 배가 고파졌다."

입분은 사뿐히 일어나, 문을 연 채로 외쳤다.

"어머, 저 별! 예쁜 별이 총총한 밤이네."

"무슨, 누나가 뭘 안다고. 우리가 별인지 뭔지 봐줄게."

"나도 내일 돈을 벌어 오마."

문서방도 등 뒤에서 고개를 내밀고 별이 총총한 하늘을 바라봤다.

제3장

청량리 근처(淸凉里界隈)

정인택(鄭人澤)

여유로워서 마음이 안정될 것이라고 입으로는 강한 체 했지만 청량리로 이사 온 당분간은 마치 유배라도 당한 기분이라, 아직 미비한 경성 교외선郊外線을 탓하기도, 이사하자고 말을 꺼낸 아내에게 화풀이하기도 했다. 내심 매우 불안했다.

그러나 살면 익숙해진다고 나는 언제부터인가 분뇨 구덩이의 이상한 냄새에도 익숙해지고, 한적함에도 익숙해지고, 고양이 이마처럼 비좁은 공터에 풀과 꽃을 심어보기도 하고, 결핵 요양소를 쏙 뺀 방이 밝다며 기뻐하게도 되었다.

그 후부터 나는 이 일대의 진흙 냄새까지에도 이상하게 마음이 부드러워지고, 귀찮은 풍물을 따뜻한 배려로 바라봐 줄 수 있었다. 그 무렵부터 나의 이 이야기는 시작된다.

1

일과인 원예가 끝나고, 정원 앞에 등나무 의자를 가져 와서 석간에 눈을 두고 있자, 우르르 아이들이 정원 앞에 뛰어들어 와서

"아저씨, 안녕하세요?"

입을 모아 그렇게 말하고, 일제히 모자를 벗어 머리를 숙였기 때문에, 나는 적잖이 수줍었다.

"이런"

나는 조금 당황했으나 끄덕이면서 답례를 하자, 즉각 골목대장 같아 보이는 나이 든 녀석이,

"아저씨, 죄송하지만, 마실 물 좀 주십시오."

깍듯이 격식을 차린 말씨로 그렇게 말하고, 모두 함께 한 번 더 꾸벅

머리를 숙였다.

“아, 모두 인문학원人文學院의 학생이구나?”

내가 그렇게 묻자

“그렇습니다. 저희들은 목이 마릅니다. 그리고 얼굴도 씻고 싶습니다.”

골목대장이 또 모두를 대표하여 당당하게 대답했다.

“늦게까지 학교 뜰에서 왁자지껄 떠든 애들이 너희들이구나?”

“우리들은 축구했습니다. 시끄럽게 해서 죄송합니다.”

“뭐, 시끄러워도 괜찮아. 그 편이 씩씩해 보여 좋아. 그럼, 뒤뜰 우물 있는 곳에 아주머니가 있으니까 얼마든지 퍼달라고 하렴.”

“고맙습니다.”

아이들은 와아하고 환성을 지르면서 뒤뜰 쪽으로 물밀 듯이 뛰어갔다.

그 천진난만함이 묘하게 흐뭇하여 나는 조용하게 의자에서 일어나 잠시 즐거운 기분으로 뜰 안을 어슬렁거렸다.

구름처럼 무리 지어 핀 개나리도 이미 푸른 잎만 남은 관목으로 변해, 나팔꽃 덩굴로 겹겹이 얽혀 있다. 이사 올 당시에는 파밭이었는데, 그 밭도 가래로 흙을 파 뒤집어서 호박이 한 면을 뒤덮고 이미 이곳저곳 노란 꽃이 피기 시작했다. 형태뿐이던 우리 마당의 화단도 정성을 들인 보람이 있어 슬슬 꽃봉오리가 부풀기 시작했다. 햇볕을 정면으로 받으며 서 있자 벌써 촉촉하게 땀이 날 정도이다.

갑자기 뒤뜰이 시끄러워져서 나도 덩달아 그쪽으로 이끌려갔다. 아이들이 떠드는 소리에 섞여 아내의 가늘고 높은 웃음소리도 들렸다.

“무슨 일이야?”

내가 얼굴을 내밀자 일순 그들은 소리를 죽였지만, 잠깐 얼굴을 마주치나 싶더니, 한 번 더 갑작스러운 웃음소리가 울려 퍼졌다. 영문도 모른 채 나도 휩쓸려 잠시 동안 계속 웃었다.

아이들은 셔츠까지 벗어던지고 머리부터 첨벙 물을 뒤집어쓰고 있었다. 바지를 넓적다리까지 걷어 올리고 발을 씻는 아이도 있었다. 수건으로 쓱쓱 등을 밀고 있는 아이도 있었다. 아내는 저녁 식사 준비도 잊어버리고 열심히 아이들을 돌보고 있었다.

"차갑지 않니?"

내가 참견을 하자,

"차갑기는요, 땀을 흘려서 기분이 좋아요."

라고, 가장 작은 아이가 얼굴을 닦으면서 으스대며 대답했다.

이윽고 아이들은 타월도, 비누도, 대야도 우물가에 던져 놓은 채 다시 무언가를 이구동성으로 떠들며 학교 쪽으로 달려갔다.

갑자기 쥐 죽은 듯 조용해져 버린 우물가에서 아내는 쭈그리고 앉은 채로, 나는 일어선 채로 잠시 아무 말도 하지 않았다. 즐거운 순간이었다.

이윽고 아내가 불평할 때 하던 투로 불쑥 말을 꺼냈다.

"저 학교에는 수도도 우물도 없다네요."

그것은 처음 듣는 말이었다.

"그래? 그럼, 마실 물 같은 건, 어떻게 하고 있지?"

"소사小使가 늘 집으로 길으러 와요."

"몰랐네."

"아이들도 오늘이 처음이 아니에요. 하지만 앞으로 정말로 더워지면 큰일이죠. 매일, 저럴 걸요, 필시."

"그야 어쩔 수 없지."

그렇게 말은 했지만 나나 아내도 아이들을 시끄럽다고 생각한 것은 결코 아니었다. 불평하는 것이 한층 이 순간을 즐기게 해주기 때문이었다. 도리어 내심 시끌벅적해서 좋다는 생각까지 들었다.

이런 일로 나는 완전히 인문학원 아이들과 친해졌다. 아이들은 또 "아저씨, 아저씨." 하며 나를 잘 따랐다. 서쪽의 6조疊 방*에서 보면 아이들의 노는 모습이 손에 잡힐 듯이 보였다. 나는 테이블을 그쪽 창가로 옮겼다. 글쓰기나 독서에 지치면 나는 자주 멍하니 테이블 위에 턱을 괴고 뛰거나, 튕기거나, 고무공처럼 좁은 학교 뜰 안을 뛰어다니는 아이들을 바라보았다. 그것은 아내는 물론 나에게도 둘만의 생활이 주는 쓸쓸함을 얼마간 없애주기도 했다.

낮은 울타리를 사이에 두고 뜰이 이어져 있었지만, 우리 집 뜰은 어느새 인문학원의 일부처럼 되어 버렸다. 아이들이나 소사도 그렇게 생각하고 있는 듯 했고, 나도 또한 그렇게 생각하게 되었다. 그리 여기는 것은 아이들이 보채러 오는 것이 물만은 아니었기 때문이다. 친해지자 그들은 연필을 잊었다며 연필을 빌리러 왔고, 노트가 없다며 종잇조각을 사심 없이 요구해 왔다. 개중에는 용감하게 수업료를 먼저 내달라고 오는 녀석도 있었다. 아무 때나 태연스레 방에 들어와 내가 돌아가라고 말할 때까지는 수다를 떨거나, 레코드를 틀기도 하며 놀았다. 다만 이것은 한 번 아내가 차와 함께 과자를 대접한 이후부터의 일이긴 하지만…….

나는 원래 아이들을 좋아했고 아내는 아내대로 내가 없을 때 쓸쓸하니까, 언제라도 상대가 되어 주기도 하고 돌봐 주기도 하며, 너무 지나치지만 않으면 그들의 천진난만함을 막으려고 하지 않았다. 그러나 그 방임주의는 정말 그들을 방자하고 거만하게 만들어 버린 것 같았다. 그들의 제멋대로인 행동은 날이 갈수록 눈에 띄었다. 그래도 나에게는 무조건 그들을 야단치거나 매정하게 출입을 막거나 할 용기가 없었다. 아내가 가끔 불평을 호소해도,

"뭐, 괜찮아."

* 일본 전통가옥의 방 크기는 다다미가 몇 개 들어가는가로 표시한다. 어른이 양팔을 벌려 누울 정도인 가로 91cm, 세로 180cm 정도의 다다미가 6개 들어갈 수 있는 방을 말한다.

라고, 나는 웃으며 상대하지 않았다.

그러나 언제까지나 "뭐, 괜찮아."로 끝내버릴 수는 없는 노릇이다. 나조차도 눈썹을 찌푸리지 않으면 안 되는, 악랄한 악행을 그들은 저질러 버렸다.

"당신이 너무 오냐오냐 받아줬기 때문이에요."

아내의 항의에 반박할 도리도 없이, 나는 그저 어찌해야 할지를 모를 뿐이었다.

청량사淸凉寺의 산기슭의 완만한 비탈을 잘라내고 파밭에 둘러싸인 작고 움푹 팬 땅에, 인문학원은 폐교처럼 초라한 모습을 드러내고 있었다. 언제나 너무 조용하고 고요해서 정말로 창고인지 뭔지 착각할 만큼 쓸쓸한 모습이었다. 창고치고는 뜰이 너무 넓다고 이사 와서 한동안 나는 고개를 갸우뚱했었다.

손이 구석구석까지 미치지 못하기 때문에, 뜰은 시골길처럼 돌멩이가 많아 울퉁불퉁했다. 교사校舍도 그다지 낡은 것 같지는 않았지만, 폭우를 맞은 듯한 모습이고, 만족스럽게 유리가 끼워져 있는 곳은 교무실뿐, 겐로쿠元祿 무늬*처럼 꼼꼼하게 벽에 붙인 널빤지는 벗겨지고, 흙벽은 이상한 모양으로 무너져 있고, 녹슨 함석지붕에는 지금이라도 풀이 삐죽삐죽 돋아날 듯 황폐한 모습이었다.

그랬기 때문에 교무실의 처마 끝에 매달려있는 작은 종은 한층 조화롭지 않게 보였다.

그곳이 이 일대에서 유일한 초등교육기관인 인문학원이라는 것을 알았을 때, 나는 비참하고도 쓸쓸한 마음을 금할 수가 없었다. 서당이었다면 시대가 흐른 흔적만큼 애교도 있었을 것이다. 그러나 병든 것 같은 인문학원은 보고 있는 사람의 마음을 우수에 잠기게 한다.

* 겐로쿠(1688~1704)시대에 유행하던 크고 화려한 무늬

먼지투성이인, 상처투성이인 교사를 볼 때마다 그런대로 주위가 넓게 활짝 트인 청량리라서 다행이라고 생각한다. 바로 맞은편에 내려다보이는 동경성東京城역도, 뒤에 늘어서있는 청량사 부근의 나무도 너무 눈이 부실 정도로 밝았기 때문에, 만신창이 인문학원이라도 자기 좋을 대로 보면 훌륭하게 하나의 점경點景이 되는 것을 깨달을 수 있다. 그러나 이 주위에 따닥따닥 붙은 연립주택이라도 생겼더라면, 기가 약한 나는 비명을 지르며 도망쳤을지도 모르겠다.

낮과 밤의 이부제二部制로 나뉜 인문학원에는 백 명 정도의 아이들이 다니고 있었다. 초봄에는 파를, 여름에는 호박을, 가을이 되면 배추를 심어 약간의 생계를 영위하는 이 일대 주민의 자제들이었다. 그러나 국민학교에 갈 수 없는 가난한 사람들의 아이들에게는 인문학원이 더할 나위 없이 고맙고 도움이 되었다. 오히려 실용적이고 검소해서 좋아하는지도 모르겠다.

이리 생각하자 서당과 별 다를 바 없는 시설이나 조직일지라도 주제넘게 왈가왈부할 수 없었다. 뿐만 아니라 철없는 부근의 아이들의 놀이터가 되어 주는 것만으로도, 어딘가 아직 촌스러움 그대로 남아있는 이 마을로서는 과분할 정도라고도 할 수 있다.

어느 날 회사에서 돌아와 보니 이상하게도 오후까지 수업이 계속되기에 나는 몰래 교실을 엿본 적이 있었다.

흙발에 짓밟힌 자국이 있는 판자를 댄, 그저 넓기만 한 토방 위에는 군데군데 방석이 깔려 있을 뿐 책상이나 의자 하나 보이지 않았다. 아이들은 그 방석 위에 털썩 양반다리를 하고 앉아 제각각의 모습으로 연필을 빨기도 하고 목소리를 높여 책을 읽기도 하였다.

조금 지저분한 커튼이 방을 두 개로 나누고 있었다. 상급용과 하급용 두 개로 나뉘어져 있는 듯 했다. 칠이 벗겨진 흑판이 으스스하게 한 쪽

벽에 걸려있을 뿐 선생님 모습은 보이지 않았다.

어두운 교실 안에서 강요하지도 않았는데 한 마음으로 책에 매달려 있는 아이들의 모습은 무척 애처롭고 눈물겨워 나는 황급히 발걸음을 되돌리며, 아이들의 행복을 필사적으로 그 무엇인가에게 빌고 싶은 생각으로 가득 찼다.

이때의 생각이 언제까지나 나의 머리의 한 구석에서 떠나지 않아 아이들의 조금 짓궂은 장난을 대개의 경우 눈감아주었다.

정말로 '너무 응석을 받아준다'며 아내가 항의를 해도 어쩔 수 없는 나였다.

아내는 뭐라고 해도 내가 상대를 하지 않으니까 화가 난 듯 약간 성난 기색을 띄며 말했다.

"당신이 싫으면 내가 말하고 올게요. 도대체 그 학교 선생님들은 무례해요. 그만큼 아이들을 돌봐 주는데도 인사하러도 오지 않잖아요."

"괜찮아, 그런 건."

"아니요, 안 돼요. 뒷울타리가 완전히 부서져 엉망이에요."

나는 쓴 웃음을 지을 뿐이었다.

아내가 화를 내는 것도 무리는 아니라고 생각한다. 그러나 그렇다고 해서 그 애처로운 아이들을 혼내거나 헌신적인 선생님들에게 담판하러 갈 생각도 들지 않았다.

사건의 발단은 아내가 애지중지하는 병아리를 아이들 여럿이 달려들어 장난감처럼 가지고 놀다가 결국 그 중 두 마리를 죽여 버린 것이다. 가을 내 생일까지는 잘 자라서 살도 붙을 것이라며 마치 병아리들을 가족의 일원처럼 대하고 있던 아내는 눈빛이 변하며 화를 냈다.

그렇게 되자 지금까지 아이들의 거동이 모두 악의를 가진 듯 생각되는 것이었다. 재미있는 아이들이다, 천진난만하다는 것만으로 끝날 수 없게 된 것이다.

울타리를 부수고 화초를 뽑고 벽에 낙서를 하고 우물가에서 오줌을 누는 것을 참고 있던 아내의 골칫거리가 한 번에 그 화풀이 대상을 찾아버린 것이었다.

그러나 아이들을 상대로 싸울 수도 없어 당연히 비난의 화살은 선생님들에게로 향했다.

선생님들이라고 해도 젊은 남자와 중년의 여자 둘뿐으로, 두 사람 다 낮과 야간반 모두를 담당하는 듯 아침 8시쯤 되어 와서 대개 10시가 넘어, 야간반이 끝나고 나서야 돌아가는 것이었다.

언제나 길이 어긋나 결국 말을 주고받은 적은 없었지만 두 사람 다 선량해 보이는 온화한 성격인 것 같았다. 어떤 연고로 인문학원이라는 가난한 짐을 짊어지게 되었는지는 모르겠지만, 무척 바쁘고 고생도 많을 것이라고 여겨졌다. 아이들이 신세지고 있다며 격식을 차려 인사하러 오지 않는 것도 낯을 가리는 순수함 때문일 것이라고, 나는 모두를 선의로 해석하여 신경도 쓰지 않았다. 직접 관계는 없었지만 이 마을에 살고 있는 이상 그러한 선생님들의 노력에 대해서 경의를 표하고 존경할 의무가 있다고 생각되었다.

그러나 갑자기 선생님들을 눈에 가시처럼 여기며 격분하는 아내의 말에도 일리는 있다. 나로서는 이도 또 무턱대고 물리칠 수는 없었다.

곤란하게 됐다고 생각하며 조금 더 지켜보자고 아내를 달랬다.

"곧 내가 이야기해보지."

"당신이 하는 말은 믿을 수 없어요."

아내는 토라져 총총히 옆방으로 가버렸다. 나는 뜰로 나가 자포자기하며 모깃불을 피웠다.

병아리가 죽고 나서 2, 3일 지난 일요일 아침이었다.

화나서 높아진 목소리로 아내가 소리치는 바람에 놀라서 벌떡 일어나니,

"이제 용서할 수 없어요."

아내는 아이처럼 발을 동동 구르면서 머리맡 창틀에 딱 붙어있다.

"무슨 일이야?"

"일어나서 보세요. 아 정말 싫어."

"그러니까 무슨 일이야?"

또 아이들이 뭔가 못된 장난을 했구나, 고 눈치채고 귀찮은 듯 눈을 비비며 잠이 부족한 얼굴을 창밖으로 내밀자,

"우물 펌프가 엉망이에요. 밥을 지을 수도 없어요. 세수도 못해요."

아내는 무섭고 사나운 얼굴로 눈에 쌍심지를 켜고 있었다.

"고쳐줄게, 고쳐줄게."

마지못해 뜰에서 신는 슬리퍼를 신고 뒤뜰 쪽으로 돌아가는 내 뒤에서 아내는,

"당신이 고칠 수 있는 그런 게 아니에요. 어쨌든 모두 당신 때문이니까 어떻게든 해주세요."

느릿느릿 뒤따라오면서 원망의 말을 하는 것이었다.

"역시, 이건 좀 심하군."

우물가로 와서 보고 과연 태평스러운 나도 비명을 질러 버렸다. 이래서는 아무리 나라도 아내 편을 들지 않을 수 없을 것 같았다.

과장되게 말하자면 우물의 펌프가 갈기갈기 찢어져 있었다. 애들이 말을 듣고 안 듣고의 문제가 아니었다. 일부러 이리저리 해체했다고밖에 생각할 수 없을 정도로, 손잡이는 손잡이대로 아무데나 꽂아두었고, 나사못은 흔들흔들 느슨해져 있거나 아주 뽑혀져 있었다. 더군다나 거기

전체가 진흙투성이였고 두꺼운 판자 뚜껑까지 깔끔히도 잡아 떼어놓았다. 과연 내 손으로 '고쳐질, 그런 게' 아니었다.

"어때요?"

아내가 내 얼굴을 살폈다.

"음."

나는 신음소리를 내고 말았다. 이것은 손을 댈 수가 없었다.

토요일 밤이어서 집을 비우고 늦게 돌아온 것이 화근이었다. 야학에 다니는 아이들 중에는 중학생 정도의 녀석도 섞여있기 때문에 사람이 없는 것을 알고 마음껏 난리를 친 것임에 틀림없다. 얼굴을 씻는 정도라면 뒤뜰의 바위틈에서 나는 물로 할 수도 있겠지만, 밥을 짓거나 뜨거운 물을 끓이거나 하는 것은 불가능하다. 나는 한 번 더 음~ 하고 신음을 한 후 자못 유쾌한 듯이 하하하 웃고

"어디 가서 두레박을 빌려와."

하고 아내를 뒤돌아보았다.

"뭐 하시게요?"

"두레박으로 퍼 올리면 되잖아."

"모래나 진흙이 잔뜩 들어 있어요. 찝찝해서 못 마셔요."

"그러면 어떡해?"

"그러니까 당신이 어떻게든 해봐요. 당신 때문이잖아요."

"그렇게 내 탓만 해서는 해결이 안 되잖아. 그럼 할 수 없군, 물을 얻으러 갈까?"

"어디에 얻으러 가요?"

"어딘가 우물이 있는 집, 알고 있지? 물 얻는 일은 운치가 있지. 카가(加賀)*의 치요조(千代女)**도 자주 물을 얻으러 다녔으니까."

"그렇게 운치 있으면 당신이 얻어 와요. 양동이 다섯 개는 필요해요."

아내는 어지간히 심술이 났는지 막무가내로 움직이려 하지 않는다. 당혹스러워 하고 있을 때 문득 등 뒤에서 인기척이 있어서 뒤돌아보니 갑돌甲乭이가 서 있었다. 언제나 놀러 오는 아이들 중에서 가장 나이가 어리지만 어른스럽고 영리한 이웃집 아이이다.

"마침 잘 왔어. 잘 왔어."

나는 벌떡 일어나 갑돌의 머리를 쓰다듬으면서,

"너희 집에 우물이 있지?"

"네. 이 펌프는 누가 부쉈어요?"

"너희 학교 애들이. 이번엔 선생님께 이를거라고 전해 줘."

옆에서 아내가 끼어들었다.

"하지만 야학에 다니는 애들이지요?"

"야학이라도 너희 학교지?"

"하지만 내 친구들이 아니에요."

어른답지 않게 아내가 갑돌과 다투고 있는 동안에 나는 양동이를 가지고 와서 살짝 갑돌의 등을 찔렀다.

"물을 길게 해줄래, 응?"

"아저씨가 길으러 가는 거예요?"

"응, 도와줄래?"

갑돌은 갑자기 하하하 하고 웃기 시작했다.

"내가 길러다 줄게요. 어른이 물 얻으러 다니면 이상해요."

"정말? 들 수 있겠니, 이 양동이?"

"정말 들 수 있어요."

갑돌은 거만하게 가슴을 펴고 내 손에서 낚아채듯 양동이를 빼앗아서

* 지금의 이시카와 현(石川縣)의 남부
** 조선통신사에게 하이쿠 21 수를 바쳤던 일본 에도시대 최고의 여류 시인

"뭐 이 정도야!"

말을 마치자마자 이미 쏜살같이 뛰기 시작했다.

"부탁한다. 나중에 상 줄게."

다람쥐 같은 갑돌의 뒷모습에 나는 이렇게 외치고, 이것 보라는 듯 엷은 웃음을 띠며 아내를 뒤돌아보니, 아내는 새침하게 외면하고 부엌 안으로 모습을 감췄다.

내일은 무슨 일이 있어도 선생님들을 찾아갈 거라고 밤새도록 기세가 등등하던 아내는 다음날 아침이 되자 실망하지 않을 수 없게 되어버렸다.

그날부터 인문학원은 여름방학으로 앞 뒤 모두 자물쇠로 잠겨져 있었던 것이다. 선생님들 사정으로 5일정도 여름방학을 앞당겼다는 것이었다.

나는 휴~ 하고 가슴을 쓸어내렸다.

2

호박밭 하나를 사이에 둔 이웃집이라고는 하나 갑돌네 집과 우리 집은 백 미터 가까이 떨어져 있어, 좀처럼 얼굴을 마주칠 기회도 없어서 당연히 왕래도 없었지만, 물을 얻은 일이 있은 후에 우리들은 급속히 친밀도를 더했다.

원래 우리 집은 병자라도 살게 하려고 지은 집인 듯, 오도카니 두고 잊어버린 것처럼 밭 가운데에 있는 한 채로, 좁기는 했지만 일본식과 서양식을 절충한 양식의 깔끔한 구조로 이를테면 문화주택이었다. 그래서 쓰러질 듯한 초가집뿐인 이 일대에서는 특히 눈에 띄었고, 더군다나 높은 지대라서 우리 집의 푸른 지붕은 저 멀리에서도 보였다.

집이 눈에 잘 띄는 것은 그리 대단한 문제가 아니었지만, 그 집에 사는 우리 부부까지 남들에게 뭔가 머리색이 다른 인종인 것처럼 생각되어 어쩔 도리가 없는 듯, 자연스럽게 우리는 좋게 말하면 경원敬遠, 나쁘게 말하면 이단시異端視되었다. 이런 사실은 아주 나중에 알아차린 것이지만, 학교의 아이들이 잘 따라준 덕분에 우리를 눈감아 준 듯한 모양이었다. 삼면이 밭으로 둘러싸여 있고 이웃이 떨어져 있다고는 해도 우리가 제대로 교제하지 못한 것은 이러한 이유였던 것이다.

얻어온 물이 인연이 되어 갑돌네 집과 우리 집의 왕래가 시작된 후, 우리도 자신들과 동등한 인간이라는 것이 갑돌네 집 사람들 입을 통해 전해진 듯, 우리에 대한 그들의 태도는 일변해서, 싹싹하고 애교스럽게 격의를 두지 않았다. 나도 또 기쁘게 그들과 사이좋게 지내고, 웃기는 이야기를 해 보기도 하고, 탁 털어놓고 숨김없이 농담을 주고받기도 했다.

이것으로 간신히 우리도 이 일대 주민 자격을 얻은 것이다.

거기에 한층 우리를 그들에게 다가가게 만든 계기가 하나 생겼다. 그것은 아내가 청량리 애국반愛國班 제×구 제×반장에 선출되었기 때문이다.

아내로서는 과분한 영광스러운 직책이었기에 고사固辭한 듯했지만, 중등교육을 받았고 시간 있고 딸린 식구 적고 젊다는 조건을 내세워 받아들여지지 않은 것 같다. 이제까지의 남자 반장이 갑자기 시내로 이사를 해버려서, 임시변통으로 서둘러 뽑은 후임이라는 것은 나만 아는 일이었지만.

아내는 그 영광스러운 직책을 약간 자만심을 느끼며 들뜬 기분으로 받아들인 것 같았는데, 되고 보니 제법 책임도 무겁고 일을 아무렇게나 해서 될 역할이 아니었다. 아내는 완전히 당황하여 충실히 집회에 나가기도 하고, 집집마다 방문을 다니기도 하고, '국민총력'이니 '애국반'이니 '주보'니 하는 것을 열심히 읽기 시작했다. 겉 보기에도 열심이어서 아내에게 이러한 면도 있었나 하고 나는 흐뭇한 마음으로 아내가 성장하는 모습을 지켜보고 있었다.

부근의 사람들과 접근이 많아짐에 따라 그 사람들도 점점 우리 집에 빈번하게 출입했다. 그 중에서도 갑돌의 집과는 제일 가까웠기 때문도 완전히 마음을 트고 가정의 작은 일까지 숨기지 않고 서로 상담하는 사이가 되었다. 다만 대개는 아내가 갑돌 어머니의 상담 상대이긴 했지만.

쓰러질 듯한 집 모습으로도 갑돌의 집이 유복하다고는 생각되지 않았지만 그 정도까지 궁핍할 줄은 몰랐다. 또 동시에 이 일대 밭 주위에 모여 사는 주민들이 어쩌면 그렇게 서로 똑같은 처지인지도 놀라웠다. 나는 아내로부터 그런 상황을 전해 듣고 인문학원이 그대로 방치되어 있는 것도 무리는 아니라고 혼자 고개를 끄덕였다.

그런데도 그런 가난한 생활에 전혀 기죽지 않고, 그들은 한결같이 소박하고 선량하고 명랑하고 부지런해서 곁눈질도 하지 않고 일만 했다. 아이들이 조금 지저분하기는 해도 모두 밝고 건강한 것도, 짓궂은 장난이 심하긴 하지만 면학에 힘쓰고 있는 것도, 부모들로부터 일하는 기쁨을 배웠기 때문임에 틀림없었다.

그 중에서도 갑돌의 일가는 그러한 사람들의 표본과도 같았다.

가족은 갑돌과 열여섯 살이 되는 갑돌의 누나, 그리고 부모 등 4명인데 방 두 개 딸린 납작한 집과 우리 집 마당과 이어진 삼백 평 정도의 밭이 그들의 전 재산이었다.

어머니는 약해서 언제나 몸져눕는 일이 많았다. 올봄에 인문학원 야학을 나온 16살 난 누나가 방직공장에서 일을 하고는 있지만 뻔한 벌이로 큰 도움은 안 된다. 이 집에서 일손은 역시 중노인인 아버지뿐이었다.

직장도 없는데다 또 병까지 잦은 것을 미안하게 생각하는 어머니는 언제나 봉투에 풀칠을 하거나 백화점 정가표에 빨간 실을 끼우는 부업에 매달려 있지만 생활에 보탬이 된다고는 생각도 못할 형편이다. 갑돌이 수업료나 공책이라도 살 수 있다면 그나마 다행이다. 따라서 아버지 혼자 일을 하여 밭에서 나오는 수입만으로는 겨우 그럭저럭 입에 풀칠하는 것이 고작이었다.

"그런 학교따위 나와도 일이 없으니 2학기부터 그만두게 할까, 라는 등 우리 집 양반은 뭐라 합니다, 부인."

나는 읽던 책을 조용히 덮고 옆방의 이야기 소리에 귀를 기울였다. 갑돌 어머니의 기죽은 불만스러운 목소리였다. 한가할 때에는 아내가 도와주기 때문에, 갑돌 어머니는 밤이 되면 일거리를 앞치마에 가득 싸서 자주 이렇게 우리 집으로 찾아와 늦게까지 이야기하고 돌아갔다.

"일찌감치 지금부터 밭일을 시작하는 편이 낫다고……"

"그렇군요."

"하지만 전 그 아이만은 어떤 일이 있어도 공부를 시키고 싶어요. 아버지의 전철을 밟게 하는 것은 우리 때만으로 족해요. 넌더리가 나요."

쉰 듯한 목소리로 갑돌 어머니는 말을 끊고 거의 들리지 않을 때까지 점점 목소리를 낮추었다.

"갑돌이만은 그렇게 살게 하지 말아야지" 하고, "부인, 전 어떤 일을 해서라도 갑돌이만은 학교에 보낼 거예요."

아내는 대답하기 곤란한 듯 가만히 듣고만 있었다.

"갑돌이 형이라도 제대로 집에서 일을 해주었더라면…… 갑돌 하나 정도는……"

"그렇죠. 그 애는 무척 영리해서…… 학교를 그만두게 하는 것은 아까워요."

"내 입으로 말하기 좀 뭐하지만, 갑돌이만은 부모는 물론 형도 닮지 않은 무척 잘 난 아이에요. 게다가 대단한 효자이고…….내가 조금이라도 몸져누우면 밤새도록 곁에서 자지 않고…… 그만 애처로워서 눈물이 나올 때도 있어요. 개구쟁이 때부터 정말로 손도 안 간 아이였어요. 하지만 지금 제 이 몸으로는 그 아이가 다 클 때까지……"

갑돌 어머니의 코를 훌쩍이는 소리가 들려와서 나는 손에 들고 있던 책을 일부러 거칠게 테이블 위에 던지며,

"어이, 차 좀 끓여 주지?"

라고 옆방에 말을 건넸다.

"예."

아내도 구원받은 것처럼 서둘러 일어서는 모습이었다.

불을 끄자 창에서 스며드는 달빛이 마치 물 밑처럼 방 안을 푸르스름하게 물들여 기분 나쁠 정도로 아내의 얼굴을 희끄무레하게 선명히 드러나게 했다. 아내는 똑바로 천정을 향해 조용히 잠든 것 같았다.

"저기, 여보."

그러나 아내는 잠들지 않았다. 내가 누워서 크게 기지개를 펴자, 아내는 그것을 기다리고 있었다는 듯 말을 걸었다.

"일어나 있었어?"

"네, 여보. 인문학원, 어떻게 안 될까요?"

"느닷없이 무슨 말이야?"

"아까 갑돌 어머니 이야기, 당신도 듣고 있었죠?"

"들었어."

"이 근처 사람들은 모두 그렇게 공부시키고 싶어 하는데도 지금의 인문학원으로는 안타까워요."

"……"

"그 학교는 4학년까지밖에 가르치지 않는다네요. 그러니까 졸업을 해

도 아무 도움도 안 된다는 거예요. 모두 가난한 사람들이라서 그렇겠지만 그대로 놔두기에는 정말 불쌍하다는 생각이 들어요."

내가 가만히 있자 아내도 잠시 입을 다물고 뭔가를 생각하고 있는 모습이었는데,

"저기, 어떻게 안 될까 몰라요. 지혜 좀 빌려줘요."

아이가 뭔가를 조를 때 모습처럼 목소리를 높여서 이쪽으로 얼굴을 돌렸다.

"그렇군. 그 학교 경영자가 누구지?"

"동회 임원 중 누구래요."

"우선 그것부터 알아봐야지. 그런 다음 어째서 그렇게도 학교가 쇠퇴해졌는지 어째서 그대로 방치해 두는지도 조사해야지. 그것도 모르고 그저 어떻게 하라는 건 말이 안 돼."

"내일 알아볼게요."

"그리고 이번 정기모임에 제안해 보는 거야."

"그렇군요, 그게 좋겠어요. 당신이 도와줘요, 부탁해요."

"응."

문득 커튼 사이를 쳐다보니 먼 밤하늘에서 몇 개의 탐조등 빛이 가까워졌다 멀어졌다 하면서 반짝반짝 깜빡이고 있었다. 돌발적으로 실시될 방공훈련이 임박한 것이다.

아내는 거의 매일 녹초가 되어 돌아왔다. 때에 따라서는 늦게 돌아오는 나보다도 더 늦게 돌아오기도 했다. 이 일대에서는 회람판이 도움이 되지 않았다. 읽지 못하는 집이 많았기 때문이다. 마을 회의 지시사항이나 다른 것도 모두 아내가 구두로 전달했다. 가정 방화훈련을 주로 하는 방공연습이 임박해 있어서 지시사항도 빈번했고, 방화기재 준비 하나만도 일일이 손으로 지도하지 않으면 안 되었기 때문에 아내는 혼자서

고군분투하고 있었다.

상대가 가난한 사람들이라서 물질상의 문제도 있었다. 국민방공에 대한 이해 부족도 사무 진행을 상당히 방해했다. 아내는 가는 곳마다 불평 섞인 질문 공세를 받지 않으면 안 되었다.

시국을 차근차근 설명해 주거나 국민 방공의 필요를 가르치거나 현장 지도를 하거나-한 집 한 집 이런 일을 반복하며 십여 집을 돌고나면 아내의 표정은 '피곤해' 그것이었다.

저녁에 아무리 녹초가 되어 돌아와도 다음날 아침이 되면 아내는 잘못 보지 않았나 싶을 만큼 생기를 되찾는 것이었다. 그리고 서둘러 반의 여러 귀찮고 어려운 일을 해치워갔다.

"요즘 너무 힘이 넘치는 거 아니야?"

내가 놀리자,

"하지만 매우 보람 있는 일이에요."

라며, 피곤하지만 기죽지 않는 아내였다.

"처음에는 모르는 사람들뿐이어서 사실 힘들었어요. 정말로 비행기가 날아오느냐는 둥, 날아와도 설마 이런 시골에 폭탄을 떨어뜨리지는 않겠지라는 둥, 그런 것만 귀찮게 묻는 거예요. 여하튼 그런 것이 해결되면 이번에는 나를 잡아 생활 상담이에요, 그게 제일 무서워요. 호호호."

그 후 아내는 그날 있었던 이야기 중 화젯거리가 될 만한 반에서 있었던 일을 전부 나에게 들려주었다. 그 중에는 다분히 자랑이 섞여 있기 때문에, 나는 선량한 남편이므로 흥미를 가지고 그 이야기에 귀를 기울이는 척을 해야 했다.

아내가 열심히 일한 덕에 여하튼 이번 방공훈련은 큰 과실 없이 끝날 것 같았다.

내심 적잖이 위태하다고 생각하고 있던 나는 안심하며 가슴을 쓸어내렸다.

"지치면 안 돼."

내일이 훈련이면 그 전날 밤, 나는 아내를 격려했다.

"지치지 않아요, 의욕이 있으니까요. 진짜 내 일은 지금부터예요."

아내는 당당하게 대답했다.

바빠서라기보다는 아이들의 악행이 여름방학으로 중단된 때문에, 갑돌이네의 일이나 인문학원 문제는 아내의 뇌리에서 잊혀져가고 있었다. 그러나 아내의 열심히 노력하고자 하는 마음은 언젠가 꼭 그 문제에 봉착하게 될 것이라 생각하고, 나는 온화하게 기회가 무르익기를 기다리고 있었다.

나에게는 나 나름의 각오도 계산도 있었지만, 아내를 더 건강하게 성장시키기 위해서 그 문제는 꼭 아내의 손으로 해결하게 하고 싶었다. 그렇게 함으로써 비로소 아내는 애국반장이라는 영광스러운 직책을 더럽히지 않고 끝낼 수 있기 때문이다.

3

방공훈련 마지막 날이었다. 나는 아내 상태가 걱정되어 조금 일찍 돌아와 보니 아내는 아직 몸빼 바지를 입은 채 툇마루에 앉아 있었다.

"어땠어?"

나란히 앉으면서 내가 미소를 짓자, 아내는 살짝 상기된 얼굴을 들어 올려,

"내 명령 하에 일사분란했어요. 칭찬받았어요."

힘들지 않은 척 말을 하며 무리하게 볼을 움직여 웃어보였지만, 짙은

피로의 그림자가 아내의 몸 전체에 퍼져 있는 것을 놓칠 수 없었다. 그렇다고 갑자기 적당한 위로의 말도 생각나지 않아 우리는 진실로 서로 통하는 서로의 따뜻한 기분을 느끼면서 오랫동안 아무 말도 않고 가만히 있었다.

"요즘 갑돌이가 전혀 놀러오지 않는군."

이윽고 아내의 기분을 돌리기 위해서 내가 먼저 이야기를 꺼냈다.

"그렇군요. 그러고 보니 전혀 놀러오지 않았네요. 뭘 하고 있을까?"

"게다가 요즘 그 집은 이상하게 조용하지 않아?"

지려고 하는 석양이 갑돌네 집의 칙칙한 초가지붕에 비스듬히 걸쳐져 무너지기 직전의 흙벽이나 찢어진 창호지, 그을은 굴뚝 등이 한층 초라했다. 그러고 보니 정말로 어제 오늘 갑돌네 집은 빈 집처럼 조용했고, 부지런히 일하는 갑돌 아버지 모습도 보이지 않았던 것 같았다.

"어머!"

아내는 내 말에 갑자기 뭔가를 떠올린 듯 벌떡 일어나면서

"잊고 있었어요. 갑돌 어머니가 상태가 안 좋으세요. 아주 오래 전부터 그랬네요."

"하지만 어제도 연습에 나오지 않았어?"

"네, 무리해서 나왔어요. 몸이 약하니 그만두라고 해도, 몇 번이나 내가 말했는데도 부인이 일하고 있는데 누워있으면 벌 받는다면서 아무리 해도 듣지 않았어요. 그런데 맞아, 맞아, 오늘 갑돌 어머니 모습이 보이지 않았어요. 몸져누운 것이 틀림없어요."

"도진거야. 무리하면 안 되는데."

"걱정이네요…… 당신, 아직 저녁 괜찮죠?"

아내는 밭을 가로질러 갈 셈인지 울타리 쪽으로 걷기 시작하면서,

"저, 잠깐 가보고 올게요."

"아, 괜찮아. 다녀와."

마침 그 때 석간이 와서 나는 그것을 받아 옷도 벗지 않고 온돌방에 길게 누워 신문을 펼쳤다.

내가 석간 1면을 구석구석까지 다 읽어도 아직 아내는 갑돌네 집에서 돌아오지 않았다.

오늘 아침 무렵 갑돌 어머니는 다량의 각혈을 했다고 했다. 역시 무리하게 몸을 움직인 것이 안 좋았던 것이다. 가난한 사람들의 강한 의리가 가끔 이러한 불행을 만든다.

아내는 간단한 저녁식사를 나에게 적당히 챙겨주고 또 허둥지둥 갑돌네 집으로 갔다.

그러는가 싶더니 또 당황스럽게 아내는 뛰어 돌아왔다.

"저, 의사를 불러올게요."

마치 불덩어리처럼 열이 있고 호흡하는 것도 힘들고 혼수상태에 빠졌어, 큰 일 났어, 큰 일 났어, 라며 아내는 혼이 빠져 어쩔 줄을 몰라 했다.

나도 서둘러서 저녁식사를 끝내고 유카타로 갈아입고 밖으로 나왔다. 얼굴만이라도 내밀지 않으면 미안할 것 같았다.

이 근처는 구석진 곳이라서 해가 지는 것도 빨랐다. 어느 틈엔가 잿빛으로 가로 길게 뻗쳐 있던 저녁밥 짓는 연기까지 완전히 황혼 속으로 녹아들고, 밭이랑도 잘 보이지 않았으며, 동경성역 구내의 등불이 별처럼 멀리서 반짝이고 있었다.

가늘고 긴 호박밭을 가로지르자 바로 그곳이 갑돌네 집 뒤뜰이었다. 나는 거기까지 와서, 문득 갑돌네 집 담벼락 아래에 납작 엎드린 이상한 물체를 발견하고 나도 모르게 우뚝 서 버렸다. 그리고 나는 소리를 죽이고 귀를 기울였다.

그 기이한 작은 물체는 학질에라도 걸린 듯 몸을 떨면서 가느다랗게 훌쩍훌쩍 울음소리를 내고 있었다. 얼마 떨어져 있지도 않은데 내 귀에는 잘 들리지도 않을 정도로, 저승에서도 슬프게 들릴 정도로 소리 죽여 흐느끼는 울음이었다. 그 슬픔은 나도 모르게 사무치게 내 가슴에 전해져 마치 공포나 알 수 없는 무엇인가가 내 전신을 꽉 조이는 것 같았다.

나는 그것을 이기기 위해서 다리에 힘을 주고 숨을 고르며 뚫어지게 바라보았다. 이상한 물체는 갑돌이었다.

어머니가 누워 있는 방 창문 아래에 달라붙어, 갑돌은 몸을 내던져 울고 싶은 것을 필사적으로 참고 있는 모습이었다.

나는 나도 모르게 달려들었다.

인기척을 느낀 갑돌은 벌떡 일어나서 공격적인 자세를 취하며 증오스러운 듯한 격렬함으로 잠시 나를 응시하더니만, 다음 순간 몸을 돌려 앞으로 달리기 시작했다.

"갑돌아! 갑돌아!"

뭔가에 부딪혀 튕겨 나가듯이 나는 열심히 갑돌의 이름을 부르면서 그 뒤를 쫓았다.

왜 도망가는지도 왜 쫓아가야만 하는지도 나는 생각할 겨를이 없었다.

"갑돌아! 갑돌아!"

이름을 부르다 나는 앗 하고 외쳤다. 걱정되어 빨리 뛰었다. 갑돌은 돌에 걸려 큰길로 나가는 다리 기슭에서 넘어진 채 도대체 일어나려고도 하지 않았다.

"갑돌아, 무슨 일이야? 아저씨잖아, 왜 도망쳐?"

숨을 헐떡이며 내가 다가가 어깨에 손을 얹으려고 하자, 갑돌은 뜻밖에도 세게 나를 뿌리치고,

"싫어, 싫어, 아앙."

돌연 비명 같은 소리를 지르면서 큰 소리로 통곡하기 시작했다.

"무슨 일이야? 갑돌아, 진정해야 한다. 자, 일어나, 일어나."

그러나 갑돌은 고집스럽게 양손을 가슴 아래 받친 채 몸부림을 치면서,

"싫어, 싫어, 내버려둬요, 놔."

분한 듯 계속 울뿐이었다.

아이에게 어울리지 않는 이 광적인 태도는 대체 무엇인가? 나는 갑돌의 이상한 태도에 잠시 멍하게 그 옆에 우뚝 선 채 있었는데, 문득 갑돌의 가슴 부위를 쳐다본 나는 한 번 더 앗 하고 외치며 달려들었다.

상의 옷자락에도 소맷자락에도 그리고 땅바닥에도 여기저기 엄청난 양의 혈흔이 묻어 있었다.

나는 급히 갑돌이 몸에 달려들어 억지로 잡아 일으켜 세웠다. 그러자 갑돌은 와락 내 가슴에 달려들며 놀랄만한 힘으로 떼밀면서 더욱 격렬하게 흐느껴 울었다.

"상처는 어찌 된 거냐? 보자!"

나는 일부러 거칠게 말하며 갑돌의 몸을 밀쳐 바로 세웠다. 그러나 갑돌은 필사적으로 왼손을 내 몸에 감고 달라붙는 것이었다.

다리 건너 2층 창문에서 새어 나오는 희미한 불빛이 있었다. 나는 갑돌을 그 불빛이 있는 데로 질질 끌고 갔다. 그리고 서둘러서 몸을 살펴보았다.

어디에도 상처는 없었다. 이상하다, 그런 생각이 들자마자 나는 갑돌이 왼손을 감추고 있는 것을 알아챘다.

"어서 보이지 못할까, 요녀석"

나는 한 번 더 거칠게 갑돌의 몸을 다리 난간에 강하게 밀어붙이고 왼손을 들어 올려 불빛 속에 비추어 보았다.

하마터면 나는 으악 하고 외치며 그 손을 놓을 뻔 했다. 손발이 덜덜 떨리고 온몸의 털이 곤두섰다. 온 몸에서 핏기가 싹 가셨다.

갑돌의 왼손 약지가 첫 번째 관절 부위부터 완전히 잘려나간 것이다. 예리한 칼로 단숨에 단칼에 깨끗이 잘라낸 흔적이었다. 상처 부위에는 새까만 핏덩어리가 시든 장미꽃처럼 응고되어 있었다.

나도 모르게 나는 덮어씌우듯 단단히 갑돌의 몸을 감싸고 있었다.

수혈을 하지 않으면 위험하다고까지 한 갑돌 어머니의 병은 그 다음 날부터 기적적으로 회복이 되어 씻은 듯이 좋아졌다. 불치병이라서 단지 조금 안정된 것뿐이라는 것을 잘 알면서도, 불치병이니까 정말 기적이 일어날 지도 모른다며, 같은 반 사람들의 근심 어린 얼굴을 활짝 피게 해준 애처로운 갑돌의 '단지斷指' 사건은, 마치 회오리바람처럼 반 사람들의 심금을 울려 갑돌 어머니 병에 대해 모두 동정과 관심을 가지게 만들었다.

손가락을 잘라 피를 빨리면 죽은 사람도 살아난다고 한다. 자식의 도리를 역설하기 위해 언제부터인가 끊임없이 이어져온 이 이야기는 하나의 속설이고 미신일 것이다. 근래에 이르러 이 이야기는 거의 단절되었다. 그런데 갑돌이 그것을 어디에서 들었을까, 우선은 모두 그것이 의아했다. 갑돌이 나이로는 이런 속설이 있는지조차 모를 것이기 때문이다.

그 때 어머니를 구하고 싶다는 일념으로 단지를 하긴 했으나, 손가락을 자르고 사람 앞에 나서는 것은 어린 마음에 부끄러웠을 것이다. 갑돌은 골수까지 스며드는 듯한 아픔과 함께 밀려오는 초조함 또한 견디지 못하고 몸부림치면서 울고 있었던 것이다.

아마도 어머니 혼자 주무시고 계셨는데, 갑돌은 첫 번째 관절에서 잘라버린 약지를 고열로 마른 어머니의 입 속에 밀어 넣어 몸속의 피가 남김없이 다 나올 때까지, 그리고 어머니가 되살아나실 때까지, 있는 힘껏 마시게 했음에 틀림없다. 사람들은 그것을 전해 듣고 얼굴을 숙이고 눈가를 적셨다.

갑돌의 손가락 끝에서 방울져 떨어지는 피는 마시지 않더라도, 손가락을 잘라서까지 어머니의 회복을 빌었던 갑돌의 성심만은 하늘에 닿을 것이다. -진보한 현대의 의학보다도 같은 반 사람들은 모두 그렇게 생각했고 그렇게 믿고 싶었다.

오랫동안 단절되었다가 부활된 '단지' 사건은 갑돌의 사진이 곁들여 보란 듯이 신문에까지 실렸다.

평판이 자자해 가자 같은 반 사람들이 갑돌을 대하는 태도가 변했다. 모두 제멋대로 우리 반의 보물인양 떠받들게 되었다. 그런 마음 속에는 어쩌면 존경의 마음이 포함되어 있는지도 모르겠다. 그러나 그것은 천진난만한 소년을 대접하는 길이 아니라고 생각한다. 왜냐하면 어른들의 이러한 태도를 아이들까지 점점 보고 배워, 결국 또래 친구들이 갑돌을 경원시하기 시작한 것을 아무도 눈치 채지 못했고, 그 때문에 귀찮은 존재가 되어버린 듯한 쓸쓸함에 빠진 갑돌은 지금까지의 밝음을 모두 잃고 음울하고 주눅 든 아이로 금방 변해 버렸기 때문이다. 어머니가 일어난 후에도 갑돌은 거의 밖으로 나가지 않았다. 우리 집에도 거의 들르지 않았다. 나와 아내는 가엾은 마음으로 사태를 지켜볼 뿐이었다.

시든 호박 덩굴을 치울 무렵이었다. 가래로 흙을 파 뒤집은 밭 위로 지나오는 바람이 구린 분뇨 냄새를 마구 몰고 오기에,

"닫아 주지?"

라고 하면서 글을 쓰던 손을 멈추고 뒤를 돌아보니, 아내는 뭔가 계산에 열중해 있었다. 벌써 밤도 꽤 깊은 듯했다. 나는 가만히 의자에서 일어나 내 손으로 미닫이를 닫고 아내의 책상 곁으로 다가갔다.

"뭐 하고 있어?"

"네?"

아내는 당황스러운 듯한 미소를 나에게 보이고, 연필 끝으로 머리를 톡톡 두드리면서,

"곤란한 일이 생겼어요."

그렇게 말하고, 책상 위에 엎어 놓았던 책과 종잇조각을 내 앞에 내밀었다. '방공호 만드는 법'이라는 책과 복잡한 숫자가 쓰여 있는 종잇조각이었다.

"뭐야, 방공호 일이 아직 결말나지 않았어?"

"글쎄, 목재만 어떻게 최소 가격으로 견적을 내봐도 한 호당 삼 원은 들어요. 이 근처에 선뜻 삼 원을 낼 수 있는 집은 별로 없어요. 그 이상 아무리 해도 싸게 할 수가 없어요. 그래서 곤란해요."

"장소는 어디로 할 거야?"

"학교 뜰에 할 작정인데……"

"학교 뜰? 인문학원 뜰말야?"

"그 외에는 적당한 장소가 없잖아요?"

"이젠 마당까지 좁게 만들 거야?"

아내는 대답을 하지 않았다. 나는 잠시 아내의 얼굴을 가만히 뚫어지게 쳐다본 후,

"이봐, 당신은 방공호보다 더 중요한 것을 잊고 있는 게 아니야?"

그렇게 한 마디 한 마디를 끊어서 말했다. 아내는 역시 대답을 하지 않았다.

"방공호 정도야 백오십 원만 있으면 삼십 명도 수용할 수 있는 것으로 쉽게 만들 수 있어. 그런 것은 여차하면 우리 집에서 기부하면 되잖아. 갑돌네 같은 사람에게 삼 원씩이나 부담시키는 것보다는 그 편이 손쉽겠어, 기분도 좋고. 그것보다도 말이야, 당신은 우선 인문학원을 충실한 학교로 만들 생각 아니었어?"

"……"

"그것은 당신이 먼저 꺼낸 말이라고 생각하는데 말이야. 요즘 당신은 그것을 완전히 잊고 있는 것 같아. 바쁘기도 하겠지만…… 언젠가 말했던 학교 건, 조사 좀 해봤어?"

"아니요, 완전히 잊고 있었어요……"

"믿고 맡길 수 없겠네, 당신은. 그런 식으론 안 되지. 그래, 당신이 너무 모범적인 애국반장인 것은 나도 인정해. 그러나 지금 우리들은 한 쪽만을 향해 있을 수는 없어. 적도 그렇겠지만 우리들의 일도 앞뒤로 있어. 아니 측면에도 있어. 손이 몇 개가 있어도 모자랄 때이니까……"

말을 하고선 나는 하하하 웃기 시작하였다.

"뭐 설교는 그만두지. 그것보다도 도와줄 테니까 학교를 다시 지어 보지?"

"그럴게요."

아내는 비로소 명료하게 대답했다. 나는 벌떡 일어나 상의 주머니에서 한 장의 명함을 꺼내어 아내 앞에 내놓았다.

"인문학원 경영자 앞으로 지역유지 모임에서 써준 소개장이야. 만나서 이야기해 봐."

"어머, 경영자가 지역유지가 아니었군요……"

"응, 올봄에 원남동으로 이사를 갔다고 하는군. 사리에 밝은 노인이라니까 큰맘 먹고 만나서 서로 이야기해 보는 게 좋겠어. 학교 선생님들에게는 내가 벌써 이야기해 놓았으니까, 양해가 됐어."

"어머, 놀랐어요. 준비가 좋군요. 호호호. 능글맞게, 그러면서 가만히 있다니…… 너무해요."

아내는 원망하는 듯한 눈초리로 그러나 기쁨 또한 숨기지 않고 나를 흘겨보았다. 나는 어느 정도는 자만해도 좋다는 생각이 들어서,

“지금은 서로 돕지 않으면 안 되는 세상이니까, 이번엔 잘 될 거라고 생각해. 우리가 방공호 때문에 백오십 원 기부하는 것보다도 그 사람이라면 더 쉽게 일만 오천 원은 내놓을 수 있을 거야. 쉬운 일이야. 그걸로 모두에게 도움이 돼. 누구보다도 갑돌에게 도움이 돼. 그 아이를 원래대로 밝은 아이로 만들기 위해서는 좋은 학교가, 좋은 선생님이, 좋은 친구가 필요해. 그 아이를 위해서 만이라도 당신은 이 일을 성공시켜야 해. 그 아이가 단지를 했던 때의……”

“말하지 마세요, 그 일은……”

아내는 당황하며 나의 입을 막았다. 그리고 얼굴을 돌렸다. 눈가에 눈물이 맺혔다.

제4장

오왕도(吳王渡)

타나카 히데미츠(田中英光)

그 전날 밤부터 날이 밝을 때까지 계속 걸었다. 오전 4시 반쯤 비몽사몽간에 계속 걷고 있자니 깊은 안개 속에서 돌연 총성이 울려와 대열은 일시 정지했다. 우리 분대가 굴러 떨어진 곳은 도로 옆 흙벽 밑에 있는 감자밭이었다. 총을 무릎 위에 올려 어깨에 걸친 채 앉으니 앉자마자 곧바로 잠이 들어버렸다. 총성은 꿈속에서도 끊임없이 심하게 울리고 있었다. 그러나 이틀이고 삼일이고 강행군을 하고 난 뒤에는 설령 생명의 위험이 있다손 치더라도 전투를 하는 편이 훨씬 낫다. 나는 차라리 저항하는 중국군에게 감사하고 싶은 심정으로 몇 분 간의 깊은 잠에 빠졌다.

땅땅 하고 고막을 찢는 듯한 총소리가 바로 근처에서 났다. 동시에 누군가 어깨를 흔들어서 눈을 떴다. 공격 준비다. 서둘러서 밥을 먹으라는 것이다. 밥통을 열자 전날 아침에 지은 먹다 남은 밥이 바닥에 한 덩이 있을 뿐 썰렁하다. 그 날 전투에 얼마나 물이 필요할지를 생각해 볼 여유도 없이 1홉 정도 남은 물을 모두 밥에 붓고 소금을 뿌려 후루룩 들이마시는 식의 밤낮없이 계속되는 추격전으로 이미 깡통 통조림 따위는 있을 리가 없었다.

오전 5시쯤이었을 것이다. 차가운, 눌어붙은, 진흙이 뒤섞인 반합 바닥을 긁어, 배낭 속에 넣고 있자, 새벽 찬 바람이 불어 주위의 초목이 점차 바람에 휘날렸다. 잠이 덜 깬 눈에도 뚜렷하게 건너편에 있는 중국풍 성문이, 마치 안개로 뒤덮인 바다 밑을 통해 용궁을 보는 것처럼 치솟아 있었다. 그 다음 현실에서 보았던 성문과는 비교도 안 되는 아름다움을, 때마침 사방에서 소란스럽게 울리기 시작한 총성과 포성을 비몽사몽에 들으면서, 이 희미한 아침 햇살 속 환상을 확실히 눈에 새겨 두었다.

전진이다. 소대는 두 줄로 나뉘어 때마침 도로 위로 맹렬히 쏘아대는 적의 불 뿜는 포선을 지나, 오른쪽에 보이는 약간 높은 흙벽 위에 있는 밭을 목표로 흩어져서 재빨리 움직였다. 총알이라는 것은 막상 맞기 전까지는 그리 쉽게 맞지 않는 것 같다. 아마 머리 위에서 세 척尺 정도 내려오면 머리를 맞힐 것이고, 두 척 오른쪽으로 기울어지면 어깨를 관통하겠지만, 그런 탄막彈幕 사이를 비교적 아무렇지도 않은 얼굴로 나도 밭을 향해 비탈길을 반 정도 뛰어올라갔다. 그 길에는 벌써 소대의 반 정도가 오른쪽 무릎은 꿇고, 왼쪽 무릎은 세워 앉은 채로 대기하고 있었다. 나도 흙벽에 등을 기댄 채 총을 안고 있었더니 다시 꾸벅꾸벅 잠이 왔다.

그 때 전우의 외침 소리가 귀에 들렸다. "중국군이다, 중국군이다." 지금 대기하고 있던 비탈길의 등 바로 뒤, 밭보다 한 단 낮은 잡목림 안에서 선명한 감색 옷의 정규군 열두세명이 이쪽으로 뛰어나온다. 틀림없이 반격이라고 생각하고 우군은 일제히 일어섰는데, 그런 대응에 몹시 놀라 도망가는 길을 찾지 못한 중국군들은 문자 그대로 쓰러지고 구르며 되돌아 쏜살같이 숲 속 안쪽으로 달려 들어갔다. 다급히 "두세 명 잡아와!"라는 대장의 명령에, 우군에서 발이 빠르고 건장한 병사 사오명이 흩어져 뒤를 쫓았지만, 잠시 후 헐떡이며 빈손으로 돌아왔다. "도망가는 녀석들의 발이 뭐 그리 빠른지?"라며 옆에서 숨을 헐떡이는 마에다前田상등병의 말을 듣자, 나는 좀 전에 내 눈앞에 불쑥 나타난 중국 도망병의 크게 벌린 눈동자와 콧구멍, 일그러진 검푸른 얼굴, 충혈 된 눈이 생각나 한편으로 우습기도 하였다.

이내 비탈길에 늘어선 일동은 흙벽에 붙어서 땅바닥에 엎드렸다. 탕탕, 근처의 공기를 가르며 날카로운 금속성의 윙윙거리는 소리가 계속 고막을 아프게 울린다. 왼편 눈 아래 쪽으로 가로질러 연결된 도로가 보이는데, 그 도로보다 더 왼쪽에 있는 밭 가운데, 이쪽에서 보면 약간 높은 봉긋한 무덤으로밖에 보이지 않는 것이 위장한 토치카였다. 새벽의 희미한 대기 속에 토치카의 입구에서 선명하게 붉은 불빛이 번뜩였다. 그러자 곧 퓽, 탕탕 하고 수냉식水冷式 중화기 탄환이 주위의 공기를 갈랐다. 이대로 만약 이동한다면 얼마나 손해가 있을까? 란 생각이 머리를 숙이고 있는 모든 사람에게 떠올랐다.

그 때 퓽 하고 도로 위쪽보다 훨씬 떨어진 뒤쪽에 있는 우군 속사포가 윙윙거리나 싶더니, 일격에 토치카 봉분이 사나운 흙 연기로 뒤덮였다. 연기 사이로 보니 적이 위장하기 위해 심은 무덤 위의 작은 소나무 줄기가 갈라져 조금 전까지의 녹색 수풀이 한순간에 대머리가 되었다. 다시 퓽, 펑 했나 싶었더니 토치카 봉분이 흙 연기를 피우며 흔들렸다. 세 번째 펑 하는 소리에 총 쏘는 구멍*이 없어지고 봉분은 흔적도 없이 평평해졌다. "저런, 저런"이라고 옆에서 누군가가 한숨을 쉬었다. 토치카의 임종을 축하함과 동시에 그 안에 있던 중국군의 임종에 조의를 표했다.

"자, 쏴" 상관의 명령이 떨어졌다. 모두 밭 가장자리까지 올라가 능선을 따라서 자세를 낮추었다. 눈앞에는 완만한 수수밭 물결이 이어지고, 그 끝에 총 쏘는 구멍이 쭉 만들어져 있는 오왕촌吳王村의 성벽이 옛 성처럼 솟아있었다. 그 때까지 침묵하고 있던 성벽의 총 쏘는 구멍에서 번쩍번쩍 불꽃이 번뜩이는가 싶더니, 탕탕탕 하는 희미한 발사음이 연이어 울리고, 주위에 쨍쨍거리는 금속 튀는 듯한 소리가 들렸다. 마침 무릎을 세워 망원경 너머로 적진을 노려보고 있던 소대장 히가시(東) 준위** 가 윽 하고 배를 누르며 쓰러졌다. 곁에 있던 두 세 명의 병사가 위생병을 부르고 준위의 몸을 서둘러 비탈길 밑으로 옮겼다.

적의 중화기는 점점 격렬하게 윙윙거리고 부근의 수수는 우박을 만난 것처럼 일렁거렸다. 소대장 대리로 임명된 우리 분대장 노다(野田) 군

* 성벽에 총을 쏠 수 있게 만들어 놓은 구멍

** 일본 구식 군대의 계급으로 조장(曹長)보다 위 계급

조*** 가 소대에게 한 번 더 비탈길 아래쪽에 대기하도록 명령을 하고 뒤이어 지휘반으로 전령이 내달렸다.

얼마 후 우군 중기관총 1분대가 왔다. 눈 깜짝할 사이에 밭의 흙을 파내 총좌銃座를 만들었다. 관측을 끝낸 중기관총은 묵직한 발사음을 내며 흐르듯이 총알을 발사하기 시작했다. 그 탄도彈道가 내 눈에는 흡사 적의 총 쏘는 구멍까지 끈을 매어 놓은 듯이 연결되어 있는 것 처럼 보인다. 육안으로는 잘 보이지 않았지만 가늘고 길게 성벽 위에 열려 있는 총쏘는 구멍 주위에 흙 연기가 끊임없이 희미하게 피어올랐다.

극히 짧은 시간이었지만 우군의 중화기도, 그것에 제압당한 적의 총 쏘는 구멍도 완전히 침묵해 버렸다. 게다가 왼쪽 방향으로 무섭게 쏟아 붓고 있던 우군의 야포野砲나 적의 박격포뿐만 아니라 소총 소리조차 끊겨버린 정숙한 5분간이었다. 전장에서는 흔한 일이긴 하지만 그 5분 동안이 한 시간이나 두 시간처럼 느껴졌다. 나에게는 이미 전의를 상실한 적병이 성 안에서 전부 도망가, 틀림없이 무혈점령할 수 있을 것 같은 느낌마저 들었다.

다시 전진. 우리 분대장은 제일선에서 달리고, 경화기를 꽉 쥚어진 콘도近藤 상등병과 카타야마堅山 일등병이 가장 앞에서 달려가기 시작하자, 소대장 대리인 노다 중위를 가운데 두고 소총수도 뒤를 이어 각개 전진하여 각자 달려 나갔다. 나도 다섯번째 쯤, 사이가 좋은 이치카와市川 일등병의 뒤에서 밭 안으로 뛰어들었는데, 여하튼 빽빽이 자란 수수뿐 길도 없다. 키가 커서 내 배 부분에까지 올 정도인 수수라서, 제일 먼저 달리기 시작한 콘도 상등병의 전투모가 50미터 가량 앞에서 흘깃흘깃 보일 뿐이다. 그 때 전방의 적의 총 쏘는 구멍에서 다시 소리가 났다. 부근의 수수와 머리 위의 공기를 금속성의 날카로운 소리가 갈랐다. 수숫잎

*** 일본 구식 군대의 계급으로 오장(伍長)보다 하나 위 조장보다 하나 밑 계급

이 꺾이고 뿌리에 있던 흙이 바람에 나부꼈다.

점점 더 전방의 전우들은 자세를 낮추어 수수 속으로 모습을 감췄다. 키가 커서 다른 사람보다 두 배 쯤 적 앞에 표적으로 노출되어 있던 나도 허둥지둥 수수 속으로 숨어들었다.

그러나 그대로 거기에 주저앉는 것은 허락되지 않는다. 명령은 전진이었다. 포복하면서도 바스락거리며 수수 뿌리를 헤치며 어느 정도 나아갔을까? 시계를 보니 이미 오전 7시, 주위는 벌써 한낮과 다름없이 밝았다. 지면 위를 기면서 나아가기에는 이미 찌는 듯 덥다. 이윽고 다시 적의 총 쏘는 구멍도 침묵했다. 우군의 포성도, 총성도, 아니 전후좌우에 있는 우군의 흩어진 병사의 기척조차 그렇게 숨어 있으니 들리지 않는다. 삼백 미터쯤 나아갔을까? 길과 전방이 보이지 않아 나만 혼자 엉뚱한 방향으로 나아가고 있는 것은 아닐까 하는 불안이 마음속에서 생겨났다.

그 때 바로 오른쪽 앞에서 수수가 바스락거렸다. "누구냐!" 하고 나도 모르게 작고 날카로운 목소리로 물었다. "나야!"라고 작고 태평스러운 목소리로 건너편 사내는 살그머니 일어서는 듯 했다. "아아, 덥다!" 라면서 턱 아래에 괴어 방울져 떨어지는 땀을 흔들어 털어내면서 나도 살그머니 일어섰다. "야!" 바로 코 밑에서 이치카와 일등병이 무뚝뚝하게 돌아보았다. "뭐야, 우리 둘 뿐이야?"고 중얼거리면서 나도 눈앞을 보니, 백 미터쯤 전방에 시커멓게 우뚝 솟아 있는 것은 적의 성벽이었다. 이제는 그 성벽이 위쪽만 석조이고 아래는 흙벽인 것이 확실히 보인다. "적은 없을까?" 내가 조금 불안한 목소리를 냈다. "없을 거야." 이치카와는 또 무뚝뚝하게 대답을 하고는, 바스락바스락 수수를 갈라서 뭔가 찾고 있는 듯했다. "분대는 어디로 갔지?" "왼쪽에 흩어져 있는 참호로 들어간 것 같아!"라고 이치카와는 대답하면서도, 또 바스락거린다. "무슨 일이야? 뭘 잃어 버렸어?" "아니 내려가는 길을 찾고 있어." "내려가는 길?"이라고 나는 반문하면서 두 세 발자국 나아가서 이치카와와 어깨를 나란히 했다. 그러자 비로소 알아챘다. 눈 아래는 깊이가 10미터나 되는, 천연의 빈 공간이 훌륭한 참호를 이루고 있는 것이다. "어이, 안 되겠어, 건너편으로 가서 분대와 함께 가자!"라고 내가 권했지만, 이치카와는 "적은 이제 없어."를 반복하며 구부리지 않고 선 채로 이리저리 대 여섯 걸음 옮겼다. 그런데 갑자기 "어이, 구덩이가 있어."라고 하자마자 꽝 소리가 났으며, 이미 모습은 보이지 않았다. 나는 언제나 이치카와가 입버릇처럼, "총알을 맞았으면 좋겠다!"라고 말하던 대담한 표정을 떠올리며, 그의 뒤를 따라서 구덩이 속으로 미끄러져 내렸다. 구덩이는 2단으로 되어 있었으며 땅 바닥까지 연결되어 있었다. 이치카와는 토쿄東京의 K대학을 중퇴한, 이를테면 지식에 염증을 느낀 지식인이었는데, 전쟁터에 와서 총알이 윙윙거리는 동안만 삶이 보람 있다는 얼굴을 하곤 했었다.

5미터 정도의 구덩이를 계속해서 두 번이나 미끄러져 떨어졌기 때문에 온몸이 흙투성이었으며, 목과 옷깃 사이로 들어간 흙으로 찜찜했다. 하지만 이치카와는 딱 바라진 어깨를 으쓱거리면서 유유히 앞으로 걸어간다. 나도 총열의 진흙을 털어낸 뒤, 몸을 탁탁 하고 털고서는 그대로 이치카와 옆을 따랐다. 그러고 보니 바로 앞에 보이는 성벽은 높이 30미터쯤 되고, 특히 아래쪽은 새롭게 깎아낸 듯한 흙벽이 우뚝 서 있어서 올라갈 수 있을 것 같지 않다. 50미터 정도 가까이 가자, 눈 바로 위, 부르면 곧 대답이라도 할 것 같은 위치에, 총 쏘는 구멍이 선명하게 음산한 입을 벌리고 있었다. 적이 만약 불쑥 얼굴을 내민다면 멋대로 자란 수염까지 관찰할 수 있을 지경이다. 게다가 총구를 들이밀면 총구 속까지 다 볼 수 있을 것 같았다.

적도 아군도 지금은 쥐죽은 듯 쉬고 있지만 적이 없다고 확실하게 확인한 것도 아니라서 조금은 불안했다. "어이, 이치카와, 이렇게 성벽에 달라붙어 있다해도 올라갈 수는 없잖아?" 나는 또 불안한 듯한 목소리로 물었다. 하지만 이치카와는 또 냉정한 표정을 지으며 갑자기 왼손으로 성벽의 왼쪽을 가리켰다. 과연 그 일각만 흙이 무너져 내려 언덕 모양으로 성벽 안쪽까지 연결되어 있었다. 그 중턱까지만 올라가면 나중에는 총 쏘는 구멍이나 돌 틈이나 갈라진 틈이 천연 발판이 되어 전혀 오르지 못할 것도 없을 것이다.

"저기부터?" 하고 나는 놀란 듯이 이치카와의 얼굴을 보았다. 이치카와는 또 말없이 끄덕이며 여위고 딱 바라진 어깨를 으쓱거리며 마침내 그 무너진 흙벽의 그림자 속으로 들어갔다. 나도 나란히 들어가면서 이건 큰일이다 싶어 가슴이 두근거렸다. 원숭이처럼 이를 드러내며 으르렁거리는 적병들을 상대로 일대 난투 ―이건 평화롭던 때 지방에서 상상했던 정도의 간단한 일이 아니다. 전쟁은 역시 진지한 승부이다. 떨어져서 서로 노려보다 한 번 싸움이 시작되면 한꺼번에 심장까지 밀려든다. 그 때는 이미 승부가 끝나 있기 때문에 검도 시합처럼 요란스러운 대련 모습을 보여주는 것은 우선 불가능하다고 해도 과언이 아니다.

그렇기 때문에 옆에 있는 이치카와가 매우 진지한 얼굴로 수류탄을 다시 고쳐 쥐거나 장비를 다시 점검하는 것을 보자 나는 점점 걱정되었다. "어이, 연락이나 명령도 없이 막무가내로 뛰어 들어가는 것은 좀 무모하잖아."라고 어깨를 두드리자, 이치카와는 빙그레 웃으며 "괜찮아. 적은 없을 거야." 라며 고집을 부린다.

"어이" 하고 다시 나는 이치카와를 붙잡으려고 했지만 그 때 갑자기 이치카와가 "어-이" 하고 큰 소리로 외쳤기 때문에 난 깜짝 놀랐다. 이치카와가 우리처럼 흙벽 가장자리로 다가온 두 명의 젊은 우군 병사를 부른 것이었다.

젊은 두 사람 또한 우리들처럼 내려가는 길을 몰라서 우물쭈물하고 있었다. 이치카와는 다시 큰 목소리로, "오른쪽이다, 오른쪽. 오른쪽에 비탈길이 있어."라고 고함을 쳤다. 과연 보아하니 우리들처럼 무리해서 구덩이로 내려가지 않더라도, 마주보아 오른쪽으로 험한 비탈이긴 하지만 분명히 비탈길이 있고, 땅바닥으로 내려갈 수만 있다면 성문 쪽으로 통하는 오르막길도 있다.

두 병사는 그것을 알아차린 것 같다. 역시 선 채로 그대로 비탈길을 뛰어 내려와서는 구렁으로 내려서서 우리 쪽으로 뛰어왔다. 이치카와가 또 큰 목소리로, "괜찮아, 걸어 와, 걸어 와, 적은 없어."라고 고함을 쳤다. 그 때 나는 섬뜩했다. 만일 그 목소리를 적이 듣는다면 어떨까란 생각이 들었다. 하지만 두 병사는 무거운 군장 때문에 한 번에 100 미터를 뛰는 것이 힘든 것 같았다. 이치카와 말이 들렸는지 50미터 가량 가까워지자 말을 맞춘 것처럼 우뚝 서서 느릿느릿 걷기 시작했다. 이윽고 우리들이 숨어 있는 흙벽이 무너진 곳에서 20미터 정도 가까워진 곳에서 앞서 오던 오리베(織部)라는 2분대 병사가 돌연 안색을 바꾸며 뛰기 시작했다. 그 때 뒤에 있던 코야마(小山)라는 우리 분대 초년병도 놀란 듯 성벽을 올려다보았는데, 똑같이 안색이 창백해지더니 갑자기 총을 오른쪽으로 다시 들고는 뛰려고 했다. 그와 동시에 우리들 머리 위에서 철컥 하고 뭔가 당기는 소리가 나나 싶더니, 날카롭고 귀청을 찢는 소리가 나고 앞섰던 오리베가 고꾸라졌다.

그것을 본 이치카와와 나는 미친 듯이, "빨리, 빨리!" 하고 외치는 동안에 오리베는 한 쪽 발로만 크게 두세 번 점프했다. 마침내 한 두 발자국 앞으로 내디딘 채 준비하고 있던 내 품으로 뛰어 들었다. 그 살아있는 따뜻한 육체를 확 비탈길 그늘로 끌어들이는 동안에도, 피융, 피융하고 근처에 떨어진 총알이 뒤에 있는 코야마의 발주위에서 흙을 튕겼다. 그런데 코야마도 다행히 총을 든 채로 비탈길 그늘로 뛰어들었는데, 그 힘 때문에 비탈길의 흙벽에 부딪혀 굴렀다.

"오리베, 괜찮아? 정신 차려." 우리들은 그의 등을 일부러 세게 두드렸다.

그 때 또 왼쪽에서 무거운 발소리가 들려 휙 돌아보니, 2분대의 야마다(山田) 분대장을 선두로 하여 아저씨로 통하는 후비後備의 스기모토(杉本) 상등병, 기운찬 코지마(兒島) 일등병 등 세 명이 있었다. 그들은 오리베들이 온 방향과는 반대방향에서 와서 적을 알아차리지 못한 듯 유유히 다가왔다. 야마다 오장(伍長)*은 짊어지고 있던 소총 두 자루를 아이고 하고 내려놓더니, "어이, 오리베가 부상을 당했군"이라며 눈썹을 찌푸렸다. 2분대는 우리들 1분대보다 더 오른쪽 즉 성벽의 오른쪽 모퉁이를 공격하라는 명령을 받아서, 우리와 마찬가지로 수수밭을 포복으로 각개 전진하던 중 뿔뿔이 흩어져 버렸다고 한다.

"지금 저기에서 츠지 큐주로(辻九十郎)가 당했어."라고 아저씨 스기모토 상등병이 아무렇지도 않은 듯 이야기했다. "그래, 역시, 놈들이 없다고 해서 천천히 걸어오다가 위에서 쏘아서 당했어."라고 야마다 오장이 얼굴을 찌푸리며 이야기를 받았다. "마침 밭 가운데에서 한 발 맞았지. 사체를 그늘까지 옮겨오는데 힘들었어."

"이봐, 아직 적이 꽤 있어." 하고 아저씨는 확신하며 단언했다. "응, 결사대 같은 것이 조금 남아 있겠지. 그놈들은 여기에 있던 대부분의 군대가 퇴각하는 것을 돕기 위해 남아 있는 거야." 하고 야마다 오장이 말했다.

그러자 그때까지 광기 섞인 분노를 내비치며 성벽이 무너진 곳에서 위쪽 총 쏘는 구멍을 노려보고 있던 이치카와가, "아, 있다, 있어!"라고 외치면서 동시에 어깨에 걸치고 있던 총의 방아쇠를 당겼다. 굉장히 큰 발

* 일본 구식 군대의 계급으로 현 하사에 해당

사음에 놀란 모두가 그의 옆으로 다가가, "뭐야, 무슨 일이야?"하고 물었다. 이치카와는 아직 흥분한 얼굴로, "저 총 쏘는 구멍 속으로 푸른 옷이 열 명 정도 왔다 갔다 하나 했더니, 지금 한 명이 그 구멍으로 얼굴을 내밀고 아래를 두리번거리며 염탐했어."

"그럼 안 돼지. 이리 되면 모두 열 받지."라며 야마다 오장은 태연한 얼굴로 위쪽 성벽을 쳐다보고, "저기에서 수류탄이라도 2, 3발 떨어지면 어쩔 도리가 없어. 소대가 있는 곳으로 빨리 돌아가자." 하지만 아무도 그 소대의 위치를 모른다.

바로 그 때 앞 오른쪽 흙벽 위에서 큰 발사음이 일제히 우렁차게 울렸다. 집요하게 적을 감시하고 있던 이치카와가 "아, 우군이다, 우군!"이라고 말했다. "지금 저기 총 쏘는 구멍 서너 개에 계속 적의 얼굴이 보였는데, 갑자기 빵 하고 쏘았기 때문에 저것은 우군입니다. 소대가 틀림없습니다."라고 야마다 오장에게 말했다. 오장은 "응." 하고 끄덕인 뒤 그쪽 방향을 바라보았다. 그런데 그 주위에만 수수가 베어 갈라진 뒤 잡초가 자라 있었는데, 잡초 속에서 얼핏 움직이고 있는 그림자를 발견하자, "응." 하고 한 번 더 끄덕이고 나서, "그래. 저건 1분대의 주력군 같다. 코지마, 거기에서 고함을 쳐 봐." 흙벽이 무너진 곳의 제일 가로 나와 있던 코지마가 큰 목소리로, "어이, 7중대의 2소대-!" 하고 고함을 치자, 건너편에서도, "어-이" 하고 대답을 했다. 그러자 야마다 오장이 정면으로 나와 "어-이, 여기에 7명이 있어. 그 중 한 명은 부상이다. 지금 거기로 데려갈 테니까 거기에서 엄호사격을 해 줘-"라고 고함을 질렀다.

그러자 건너편의 그림자가 전투모를 흔들며, "알았어"라고 소리 높혀 대답했다. "자, 지금부터야."라며 오장은 일동을 돌아보고, "어이, 누가 오리베를 엎고 갈 거냐?" "글쎄", 하고 일동은 얼굴을 쳐다보았는데, 그 때 뭔가 내 머리에 전광처럼 번뜩였다. 이 중에서는 내가 제일 크고 힘이 센 것 같다. 오리베를 구한다는 것은 두 말할 것 없이 좋은 일이다. 좋은 일은 다른 사람으로부터도 신으로부터도 벌받지 않을 것이다. 만약 오리베를 안은 채 죽는다고 해도 두려울 건 전혀 없다. 거기까지 순식간에 생각이 미치자, "야마다 반장님, 제가 하겠습니다." 며 나섰다. "아, 자네라면 괜찮지."라며 오장은 웃으면서, 내 큰 덩치를 바라보았다. "좋아, 그러면 부탁하지. 처음에 뛰어 나가면 적의 목표물이 안 되기 쉽상이니 제일 먼저 뛰어 나가게. 우선 저 비탈길 아래의 구렁을 목표로 해서 뛰어가면 돼. 자, 다른 사람은 이쪽에 쭉 도열해서, 총 쏘는 구멍을 겨냥해서 일제히 사격을 계속한다."

"그럼, 가겠습니다." 하고 나는 오장에게 목례를 한 뒤 구석에 창백한 얼굴로 앉아 있는 오리베의 등에 손을 둘렀다. 총과 장비는 다른 사람이 들고 오기로 하고, 업으면 부피가 커져 총에 맞을 확률이 높으니까 안기로 했다. 뭉클 그의 살아있는 따뜻한 육체가 내 양팔 속에 들어왔을 때, 그는 작은 목소리로 "죄송합니다" 고 중얼거렸다.

나는 바로 그의 무거운 신체를 끌어안고 무릎에 힘을 주고 곧바로 무너진 흙벽 뒤에서 넓은 밭으로 뛰어나갔다. 그러자 바로 야마다 오장의 지휘 하에 배후에 있던 5명이 맹렬하게 사격을 개시해 준 것도, 또 흙벽 위의 소대 참호에서 무시무시하게 일제사격을 해 준 것도, 무지막지한 총성이 생생하게 귓전에 남아있기에 알 수 있을 뿐 그 총성은 마치 꿈속에서 들리는 소리와 같았다. 바로 코앞이라 생각했던 흙벽 아래 비탈길이 예상 밖으로 멀었다. 내 다리 역시 예상 밖으로 멀게만 느껴졌다. 마침 밭 가운데 한 그루 가는 복숭아나무 옆에 왔을 때이다. 갑자기 고막을 세게 얻어맞은 것 같은 느낌과 함께 바로 1척 앞에 있는 밭의 흙이 약간 흔들리며 솟구친 후 연기처럼 치솟아 오르더니 산산이 흩어져 떨어졌다. 이젠 당하는구나, 고 생각했다. 그리고 비탈길 밑 구덩이까지는 무아지경으로 단숨에 달려 도착해 간신히 한숨 돌릴 수 있게 되자, 무거운 오리베의 신체를 나도 모르게 툭하고 내던졌다.

부상을 입은 오리베는 나보다 더 심한 공포감을 느꼈을는지 모르겠다. "이젠 괜찮습니다" 라고 하자마자, 대량으로 출혈까지 한 몸 어디에 그런 힘이 남아있었는지 양손을 뻗어서 비탈길 제일 위에 양손을 걸친 후 기계체조하는 요령으로 훅 몸을 들어올렸다. 내가 황급히 힘껏 엉덩이를 받쳐 올리자, 신체를 뉘인 채 비탈길 위로 기어 올라간 다음 옆으로 굴러 흙벽 위로 올라가 모두가 있는 참호 안으로 굴러들어간 것 같았다. 나도 그 뒤를 따라 모두가 있는 참호 안으로 기어 들어갔다.

참호 안에서는 모두 더워서 헉헉거리고 있었다. 시계를 보자 벌써 11시 반, 그 흙벽 위에 1시간은 있었던 것 같다. 모두 공복보다도 갈증이 더 괴로운 듯, 내 얼굴을 보자마자 "이봐, 물 없나"라고 묻는 녀석이 2, 3명 있었다. 그 중에는 수수 잎을 모아서 햇볕 가리개 대신 머리에 쓰고 왔다갔다 하고 있는 녀석도 있었다. 그런 녀석들을 헤치고 가다가 좁아서 무릎을 밟아 화내게 만들기도 하면서 소대장 대리인 노다 군조 앞에 나가서 돌아온 경위를 보고했다. 군조는 히가시(東) 준위로부터 빌린 망원경으로 열심히 적진을 지켜보고 있다가, "수고했다. 우군 야포는 길이 파괴되어 통과할 수 없기 때문에 도착이 상당히 늦어진다고 한다. 대포로 때린 다음에 총공격을 하라는 명령이니 아직 충분히 시간이 있을 것 같다. 밥이라도 남아 있으면 먹어 둬라"고 하자, 나는 그쯤에서 경례를 하고 부상당한 오리베가 걱정이 되어 찾으러 갔다. 자주 좁은 참호를 왕복하니 욕을 먹기도 하고 쥐어 박히기도 하면서 오리베가 굴러 떨어진 참호 구석으로 갔다. 제일 앞쪽 벽 밑에 있던 야마다 오장을 필두로 1분대 대원이 한 무더기가 되어 오리베 위에 속옷을 덮어서 햇빛가리개를 만들어 주기도 하고, 부채를 부쳐주기도 했다. 그러나 이치카와(市

川)의 모습은 찾을 수 없었다. "어, 이치카와는?" 내가 중얼거리자 아저씨가 "그 녀석은 제일 마지막까지 남았었는데 아직 안 오네"라 대답한다. 나는 약간 불안해져 참호에서 기어 나와 찾아보려하자, 야마다 오장이 "그만 둬. 다시 적의 목표물이 되면 번거로우니까" 하며 붙잡는다. "이치카와는 걱정 안 해도 돼. 틀림없이 어디선가 홀연히 나타날 테니까."

그러고 보니 이치카와의 우직함은 늘상 있는 일이고, 적의 탄환도 비껴갔는지 아직 한 번도 부상을 당한 적이 없다. 아마도 무사히 돌아올 것이란 생각에 특별히 유난 떨지 않고 우리 분대 참호로 돌아가서 한 구석에 엉덩이를 붙이고 쉬고 있었다.

덥다, 지독하게 덥다. 빤짝빤짝 눈부신 태양 빛이 약한 숯불 정도의 온도로 끊임없이 몸을 구워 댄다. 점심때까지 땀이 쉴 새 없이 줄줄 흐르더니만 그 다음부터는 땀이 점점 줄어들어 마침내 전혀 나오지 않게 되었다. 얼굴을 문지르면 거칠거칠하게 손끝에 하얀 소금이 가득 묻는다. 목마른 것은 둘째 치고 머릿속에는 끊임없이 어느 산속인지 푸른 계곡이 살랑살랑 흐르는 장면이 떠올라 미칠 지경이다.

주변의 전우가 수수 줄기를 꺾어 와서 씹고 있는 것을 보고 나도 살금살금 기어나가서 2, 3개 꺾어 와 잽싸게 씹어보았지만, 당연히 사탕수수만큼의 단맛도 없을 뿐더러 물기도 없다. 오히려 그 결과 침을 너무 많이 낭비해 한층 더 갈증을 느끼게 되어버렸다.

2시경이 되었다. 공복으로 배가 등에 붙을 지경이다. 참을 수 없어서 오른손을 뒤로 돌려 배낭 안을 몰래 뒤져 간신히 2개 정도 건졌다. 건빵 남은 것을 입안에 털어 넣고 너댓번 씹자 울고 싶을 지경이다. 마치 톱밥을 가득 입에 집어넣은 것 같았다. 물론 꿀꺽 삼켜버릴 수도 없어 황급히 확 내뱉고 분한 얼굴이 되자, 바로 옆에서 싱글싱글 웃고 있던 카타야마(堅山) 일등병이 "사카모토(坂本), 이거 먹을래" 며 손바닥에 뭔가 검은 것을 얹어서 내밀었다. 옆에 있던 콘도近藤 상등병이 웃으면서 "카타야마, 그만둬, 그만두라니까."라 한다. "그만두라니, 이렇게 단 것이 또 어디 있다고" 라며 농민출신 일등병은 싱글싱글 웃으며 그 까만 것을 손가락으로 튕지자 휙 하고 입안에 쏙 들어갔다. "뭡니까, 그건?" 너무나도 달콤한 듯 우물거리 길래 참다 참다 내가 묻자, "감자죠. 먹고 싶으면 아직 있지요" 라면서 일등병은 발밑의 부드러운 흙을 긁어내기 시작했다.

그래서 콘도 삼등병이 말린 이유를 알게 되었다. 감자라고는 하지만 밭에서 나는 감자는 아니다. 얼마 전 이 참호에 갇혀있던 중국인의 남은 식량인 듯 보이는, 가늘게 자른 감자 조각이었다. 오사카(大阪)의 도련님으로 체면을 신경 쓰는 상등병은 일단 그렇게 여유를 보였었지만, 나까지도 아무렇지도 않게 입에 집어넣는 것을 보고는 "어때?" 라며 자기 발밑을 파기 시작했다. 감자는 가장자리가 딱딱해져서 먹을 만한 것은 매우 적었다. 뽀도독거리는 것이 달콤했지만, 나오는 감자 조각은 점점 적어지고 흙이나 껍질 부분이 많아졌기 때문에, 결국은 그만두었다.

3시 가까이 되었다. 아직 우군의 야포는 나타나지 않을 것 같다. 그러자 갈증도 더위도 점점 더 참을 수 없게 되어, 일동은 섰다 앉았다 하며 신경이 날카로워졌다. 계속 왼쪽 참호에 있었던 듯한 3분대장인 수에야마(末山) 군조가 소대장 대리인 노다 군조가 있는 곳으로 와서 말한다. "소대장님, 이젠 공격하게 해주십시오. 이대로는 견딜 수가 없습니다. 대원들이 불쌍합니다." "좀 기다려."라고 노다 군조는 침착하게 말했다. 그리고 시계를 보면서 "정말 늦는군. 누군가 연락하러 가주겠나." 고 하면서 참호 안을 둘러보다가 내 시선과 마주쳤다. 나는 가고 싶었다. 가면 첫째 물을 마실 수 있을지 모른다. 나 스스로도 혐오스럽게 느껴질 정도로 이기적인 생각이지만, 나도 모르게 일어서서 본인이 가겠다는 뜻을 전했다. "좋아, 수고하게, 사카모토. 가주게나. 야포가 어떻게 되었는지. 명령에는 변함이 없는지. 총공격은 어느 때쯤 예정인지, 만약에 여의치 않다면 노다 소대만 공격한다 해도 이길 가능성은 있습니다, 라고 중대장님께 전하게. 만약 중대지휘반이 전방에 나가서 연락이 되지 않을 것 같으면 직접 대대본부에 연락을 해주게. 자, 잘 다녀오게. 아, 그리고 부상당하신 소총장小銃長님 상태를 좀 알아봐 주게나."

나는 짐을 가볍게 하여 소총과 대검만 갖고 달아나는 토끼처럼 잽싸게 참호에서 뛰어나갔다. 50미터쯤 가자 어쩔 수 없이 숨이 찼다. 의지했던 배후로부터의 엄호 총성이 조금도 들리지 않으므로, 자, 괜찮겠지, 하고 그 다음부터는 걸어서 오늘 아침 출발했던 지점까지 되돌아갔다. 그러나 거기에는 부상당한 장교나 병사 무리만이 들것에 뉘여 있었을 뿐, 중대의 지휘반이나 대대본부의 그림자도 보이지 않아 당황해서 부근의 위생병에게 물어보니, 지금 야포가 도착했기 때문에 금방 전선으로 나갔고, 이미 총공격이 시작되었다고 했다. 내가 물을 달라고 하자, 위생병은 웃으며 물통을 흔들어 보였다.

아, 이 녀석에게도 물 따위는 없구나, 란 생각에 다시 수수밭을 달려서 되돌아오는데, 이번에는 적의 총 쏘는 구멍이란 총 쏘는 구멍이 모두 미친 듯이 으르렁거리기 시작하여 부근의 수수 잎이 찢어지고 줄기가 부러진다. 적이 마지막 발버둥을 치는 것이리라. 아껴둔 박격포까지도 요란스런 소리를 내기 시작했다. 그 중 한 발이 10칸 정도 떨어진 밭에 떨어졌다. 불발탄이었던 것이다. 그러나 더 이상 무리를 할 필요가 없다고 포기를 하고, 밭 한 가운데 한 그루 울창한 홰나무를 발견하고, 슬슬 그 나무 밑까지 기어가서 벌렁 드러누웠다. 나뭇잎 사이로 파란 하늘이 보였다. 저 파란 하늘에서 돌연 박격포가 떨어져 내 배를 찢어 갈라놓는다면. 끝없는 파란 하늘이다. 나는 문득 『전쟁과 평화』를 떠올렸다. 부상당한 안드레이 볼콘스키 공작이 바라보았던 것도 이런 무위無爲의 파란 하늘이 아니었을까? 이런 연상은 갑자기 얼마 전 모습을 감춘 전우 이치카와 일등병 쪽으로 옮겨갔다.

언젠가 전투개시에 적절한 시기를 기다리던 중 나는 그와 나란히 누워 오늘처럼 파란 하늘을 쳐다본 적이 있었다. 그 때 그는 눈이 부신 듯이 "아, 파란 하늘이다"라며 눈을 가늘게 떴다.

"이봐, 사카모토, 톨스토이가 부상당한 볼콘스키를 통해 한 말이 있었지. 이 무한한 하늘 이외의 것은 모두 공허하고 거짓이다, 라고 했지. 이 하늘 이외에는 아무것도 없다. 또 하늘에게서 정숙과 평안을 빼버리면 아무것도 없다, 라고 아마 말했던 것 같아." "그래, 그런 게 있었지. 마치 노자와 장자의 사상 바로 그대로지." "그러니까 사카모토, 내게는 점점 이 하늘에 뭔가 자꾸 채워지는 것 같은 느낌이 들어. 일본 하늘이라면 어릴 때 자주 하늘을 쳐다보고 더 위에는 천당이 있을 것이라 생각했었어. 아무 것도 없는 곳이 아니다. 저 녹아내릴 것 같은 파란 곳 안에서 불쑥 아마츠히코호노니니기노미코토*가 하늘의 두꺼운 구름을 뚫고 강림하시는 엄숙한 행렬모습이 환상으로 떠오르더군. 아무것도 아닌 곳이 아니지. 일본인은 선조가 하늘에서 내려오신 것이라고 생각하면서 하늘을 쳐다보고, 선조의 피가 또 그 다음 다음 선조의 생각이 저 하늘에 가득 들어있다고 생각하면서 하늘을 쳐다보는 것이지. 이 하늘 또한 일본까지 연결되어 있잖아?" "그래서 다행이군." 나는 나도 모르게 처의 얼굴을 하늘에 떠올리면서 대답했다. "사카모토, 너, 정말로 그렇게 생각하니?" 날카로운 목소리였다. "아, 왜?" "나에게는 아직 저 하늘이 여러 하늘로 보여, 인터내셔널한 하늘로 보일 때가 있지." 자포자기한 목소리였다. 나는 잠자코 있었다.

* 일본 천황계의 신

이치카와는 오카야마岡山시의 부잣집 셋째 도련님이었지만, 학업 도중에 엇나가 부모를 버리고 조선으로 건너가 부산, 경성, 평양을 전전하다가 출정 전에는 평양 소방서에서 근무했었다. 큰 형님과 둘째 형님이 모두 의학박사인데 자신은 아직 불을 끈 적도 없는 소방서 견습생이었다고 본인 입으로도 이야기했다. 출정 후 절연되었던 가족과의 관계가 다시 회복되어 육친들로부터 호화로운 위문 보따리가 온다는 식으로, 학교를 나오지 않은 전우들은 경의를 표하는 투로 얘기하면서 놀리곤 했다.

이치카와는 아직도 관념이나 자의식을 지나치게 갖고 있었다. 주둔이 길어지면 매일 말수가 없어지고 얼굴색이 파래지며, 자처해서 염탐척후대에 가담하기도 하고, 파괴 작업이 있으면 기꺼이 참가하였다. 전우들은 그러한 이치카와에게는 장작을 패는 것이 가장 적당하다는 것을 깨닫게 되어, 중국군에게서 빼앗은 청룡도를 그에게 쥐어주고 장작패기를 일임했다. 그는 마치 중국군을 눈앞에 둔 것처럼 장작과 필사적으로 싸웠다. 장작은 갈라지기보다는 부러지고 바스러져 허술한 청룡도는 삼일을 견뎌내지 못 했다.

이치카와는 마르크스주의도 대강은 읽었던 것 같았으며, 프랑스 퇴폐파의 문학이론도 일단은 파악하고 있었다. 청년에게 있어서 모든 사상을 안다는 것은 자신의 행동에 대해서 모든 해명을 할 수 있다는 것이다. 이치카와는 자신을 속박해줄 것이 필요했다. 그의 육체는 때로 향락을 원하고 정신은 때로 자유를 원한다. 그는 뭔가를 원하면 동시에 곧 그 행동에 대한 이유를 찾아낸다. 따라서 그는 늘 선악의 기준을 잃어버린 그 자신을 발견하게 되고 놀라게 되는 것이다. 인간에게 있어서 선악을 잃어버린다는 것은 지옥과도 같다. 그는 예전에 사카모토 료마*가 한탄했듯이, "누군가 인력거를 감옥에 넣어주지 않겠는가?"라고 소리쳤

* 坂本竜馬, 1836~1867, 일본 메이지유신의 기틀을 마련하였으며 일본 근대화를 이끈 인물

던 적도 있었다. 그러나 그는 영광스럽게도 전장에 나올 수 있었다. 싸우고 있을 때 그는 정말로 보람을 느꼈다. 그러나 전쟁도 훈련도 없이 가만히 앉아있을 때 그는 때때로 자기만의 지옥을 느꼈다. 그가 요즈음 집에서 보내줘서 심취하여 읽는 책은, 히라타 아츠타네**의 단순명쾌한 사상, 타협을 허락하지 않는 순수한 태도, 또 동시에 외국사상을 포용하는 대범한 태도, 밝은 사후세계관, 선악의 이원론을 배제한 선(善) 제일주의를 내세우는 인생에 대한 긍정적인 마음 —이런 점들이 너무나 좋다고 늘 얘기하곤 했었다.

그러나 그에게 감춰져 있던 근대의 악마는 쉽게 그를 떠나려하지 않는다. 그는 자신에게서 성실함은 벌써 죽어버렸으며, 성실하지 않은 인간은 이미 죽은 지옥의 남자라고 말한다. 이대로 만약 무사히 귀환하더라도 어차피 별 볼일 없는 죽음을 맞이하게 될 것이니, 가능한 한 아프지 않게 전사하고 싶다고 몇 번이고 자조적으로 말했었다.

내가 이렇게 이치카와를 이리저리 생각하고 있는 사이에 적의 박격포는 점점 더 격렬해지고, 게다가 밭 한 가운데를 목표한 듯 빗나가게 쏘지도 않았다. 또 전선에서든 후방에서든 희망이 녹아내릴 것 같은 그런 음산한 소리를 남기고는 여기저기에서 작열하더니, 마침내 적의 폭격이 최고조에 달했다고 생각될 때쯤 우군의 후방에서 펑하고 쟁반을 두드리는 듯한 둔탁한 소리가 들렸다. 내가 누워있는 홰나무 위를 쉭 하고 마치 방울뱀이 내는 듯한 소리를 내며 뭔가가 날아가는구나 싶더니, 바로 적의 성벽 일각에서 검은 연기와 흰 연기가 뒤섞여 퍼지면서 동시에 백개의 천둥이 한꺼번에 작열하는 듯한 굉음이 났다. 연달아 그 쟁반 두드리는 듯한 소리가 서너번 나더니 쉭쉭 하며 계속 머리 위 공기가 압박을 받자, 성벽이나 성 안에는 먼 곳이든 가까운 곳이든 굉음소리와 무지막

** 平田篤胤, 1776-1843 국학자

지한 흙 연기가 빽빽하게 치솟기 시작하여, 오왕촌 전체가 마치 때도 아닌 안개 속에 싸인 것처럼 보였다.

정말 총공격이군, 나도 벌떡 일어나 단숨에 참호까지 뛰어 들어갔다. 참호에서는 이미 전원이 철모를 쓰고 보검을 들고 뛰어나갈 때를 이제나 저제나 기다리고 있었다. 내가 노다 군조에게 가 경례를 하고 보고하려 하자, 왼쪽의 2분대 참호로부터 힘찬 수에야마 군조의 목소리가 "소대장님, 방금 공격 명령이 떨어졌습니다."라고 들려왔다. 노다 군조는 "좋아, 알았다."라고 대답하고, 나에게는 머리를 끄덕여 보이며, 포화 속일지라도 아마 100미터 사방에까지 잘 들릴 만한 목소리로 "제1, 제2, 제3 분대 순으로 왼쪽 성문으로 해서 성안으로 돌입한다. 제4 분대는 그 때까지 척탄擲彈*으로 엄호사격을 하고, 소대가 돌입하면 곧 따라 와라. 자, 나가자."라며 스스로 선두에서 칼을 치켜들고 참호를 뛰쳐나가 재빨리 달려 흙벽 끝을 따라 만들어진 성벽으로 향하는 완만한 비탈길을 단숨에 뛰어 내려갔다.

나는 철모를 쓸 짬도 없다. 황급히 뛰면서 간신히 검을 챙길 수가 있었다. 비탈길을 뛰어 내려가자 정문을 바로 앞에 두고 있는 큰 길이 나왔다. 성문까지 적어도 50미터. 40미터 가까이 접근했을 때 노다 군조는 갑자기 멈춘 뒤 오른쪽 큰 도랑으로 쑥 들어갔다. 우리들도 따라서 똑같이 도랑에 엎드렸을 때, 성문 위쪽에서 어렴풋하게 탁탁 하는 수류탄 줄을 끊는 소리가 들리는가 싶더니 씽씽 바람을 가르는 긴 손잡이가 달린 중국식 수류탄이 10미터 바로 앞 도로 위에 계속 떨어지며 작열했다. 흙먼지가 날고 작은 돌이, 파편이—, 잠깐 동안은 얼굴을 들 수도 없었다.

소리와 먼지가 끝나자 나는 조심스레 얼굴을 들어서 쳐다보았다. 그러자 성문 위의 누각 오른쪽에 한 명의 중국군이 수류탄을 2, 3개 거머

* 손으로 던지기도 하고 소총으로 발사하기도 하는 소형폭탄

쥐고 한 쪽 발을 성벽에 걸치고 있었다. 나는 조용히 총을 어깨에 대고 방아쇠를 당겼다. 그렇지만 당황해서인지 어깨에 대는 것이 충분하지 않았던 것 같다. 반동이 상당히 느껴져서 맞췄다고 믿기지 않았다. 그러나 그 중국군은 신체를 푹 하고 내밀고는 성벽에 축 늘어져 엎어졌다. 배 위쪽 부분이 성벽에 늘어뜨려져 있고, 얇은 모자와 손에 든 수류탄이 힘없이 밑으로 떨어지고, 그 다음 짧게 깎아 파르스름한 머리가 2, 3번 흔들렸다. "이봐, 놀랐잖아."라며 앞에 있던 콘도 상등병이 짐짓 화를 내면서 뒤돌아보았다. 총구가 그의 머리 위를 아슬아슬하게 지나갔기 때문에 머리카락이 뜨겁고, 고막이 터졌다고 한다.

"좋아."라고 노다 군조가 일어나 손으로 신호를 보냈다. 모두 일어나 단숨에 성문 20미터까지 접근했지만 또 갑자기 멈췄다. 성문이 폐쇄되어 있다는 것은 이미 알고 있었지만, 성문 앞에 또 구덩이가 있고 게다가 걸쳐진 다리도 부서져버린 것은 미처 몰랐던 것이다.

일동은 다시 오른쪽 도랑으로 몸을 낮춘 채 대기할 수밖에 없다. 그 때 배후로부터 중대 지휘반이 나타났다. 곧 대대 본부도 왔다. 속사포와 큰 대포도 성문 앞으로 대열을 갖추었다.

대담한 대대장은 우리 중대장과 함께 우리 바로 옆에 와서는 서서 이야기를 하기 시작했다. 그래서 대체적인 전황을 우리도 알 게 되었다. 대대는 이 동문에서 시작되는 정면 공격에 주력을 다하고, 일부를 남문으로 돌린다는 것이다. 목하 연대는 적은 병력으로 포주蒲州 총공격을 감행하려고 하기 때문에, 어떻게 하든 오늘 밤에 이 연결점을 함락시키고 포주로 밀고 들어가야만 한다는 것이다. 이 성은 천연의 요새라고 해도 될 만큼 남문 쪽이 평지에 인접해 있을 뿐 북측은 매우 깊은 낭떠러지, 남측은 황하로 향하는 절벽으로 동남 이외에는 공격할 수조차 없다고 한다. 처음 부락에는 1개 사단 정도의 병력이 있었던 것 같은데, 지금은

2, 3 중대 정도만 있다고 한다.

어찌됐건 빨리 함락시키지 않으면 안 된다고 대대장은 성문을 올려보며 반복해서 말한 다음 20미터쯤 후방의 본부로 돌아갔다. "참모가 오셨다"라고 누군가가 전하자 뒤돌아보니 과연 10명 정도의 말을 탄 일행이 본부에 도착하여 말에서 내렸다.

잠시 후 속사포가 우리들이 대기하고 있는 선까지 나와 성문을 향해 세차게 3발 쏘았다. 3발로 문은 가루가 되어 흩어져 그 뒤로 부락 한 귀퉁이와 하늘이 보였는데, 그것은 아주 일부분일 뿐 그 뒤에 다시 튼튼한 모래부대가 몇 겹이 쌓여있는 것이 눈에 들어왔다.

다시 대대장, 중대장, 참모 등 간부들이 우리 옆에까지 왔다. 그리고 다시 전황을 타개하기 위해 서서 이야기를 하는 것을 듣고 있는 중, 제일 앞에 있던 노다 군조가 일어났다. "중대장님, 결사대를 보내주십시오." "안 돼!" 중대장은 부드러운 얼굴로 노다 군조에게 대답했다. "더 이상 희생을 내지 않고도 함락시킬 수 있다." "그렇지만 시기가 문제 아닙니까? 땅이 갈라진 구덩이가 있어서 밤이 되면 탈취는 곤란하리라 생각됩니다만." "그건 그렇지."

바로 그 때 참모가 외치는 소리가 들렸다. "어, 성벽을 타고 올라간다." 우리들도 얼굴을 들어 가리키는 곳을 쳐다보았다. 성문 우측에 좀 전에 우리들이 숨어있었던 무너진 성벽 부분에서 돌담을 따라 한 발자국 한 발자국 위로 올라가는 5명의 용사가 보였다. 선두는 지휘반의 이마키(今木) 상등병이었다. 2번째도, 3번째도, 4번째도 지휘반 사람들이다. 5번째에 이르러 나는 조그맣게 앗 하고 소리쳤다. 틀림없는 전우 이치카와의 모습이 보였기 때문이다.

5명은 한 단 한 단 힘차게 밟고 올라가고 있었다. 발 디딜 곳이 없으면 단검을 꺼내 발 디딜 곳을 파면서 올라갔다. 거의 성벽 위에 손이 닿을 듯이 되었을 때 우리들은 앗 하고 소리쳤다. 수류탄이 위에서 날아왔기 때문이다. 그러나 5명 모두 일제히 신체를 낮추어 그 폭탄을 피했다. 그들 특히 선두에 선 이마키 상등병에게는 이미 적의 모습이 보였으리라. 침착한 모습으로 수류탄을 꺼내고 뒷사람부터 4개를 더 전달 받은 뒤 손짓으로 뒷사람을 물러나게 하였다. 그런 다음 총대로 수류탄을 쳐서 발화시켜, 위에 있는 돌담 밑으로 연이어 5개를 던져 넣은 다음 자신도 급히 옆으로 피했다.

이쪽까지도 수류탄이 작열하는 큰 소리가 들렸다. 흙먼지가 가라앉았을 때, 이마키 상등병은 그곳에 뚫린 공격로를 통해 나는 새처럼 몸을 날려서 성벽 위로 뛰어들었다. 성벽 위에는 갑자기 5, 6명의 중국군이 나타났다. 선두에 있던 자는 독일식 철모를 쓴 장교였다. 권총을 겨냥하려 했지만 이미 상등병이 그의 손 근처까지 치고 들어갔다. 뒤에 있던 4명도 차례로 성벽으로 뛰어올랐다. 제일 뒤에서 올라가는 이치카와의 엉거주춤한 자세에 나는 한 순간 그의 서투른 총검술이 떠올라 걱정이 되었다.

성벽으로부터 한 명이 거꾸로 떨어졌다. 중국군이라고 누군가가 소리쳐서 안심하였다. 그리고 나는 오직 성벽 위 난투에만 집중해 지켜보았다. 마치 무언극이나 활인화活人画*와 같이 그 난투는 조용하고 느리게 보였다. 원평시대源平時代**의 전쟁 또는 삼국지의 전투를 연상시키기도 했다.

귓가에 공병이다, 고 외치는 소리가 들린다. 정신을 차리고 보니 잠시 다른 꿈을 꾼 것 같다. 3명의 공병이 폭약을 성문 밑 모래부대에 집어넣고, 다리가 떨어져나간 부분에 널빤지 한 장을 걸쳐놓고 원숭이처럼 이

* 배경 앞에 인물이 포즈를 취하여 마치 한 폭의 그림 같은 느낌을 주는 것으로 주로 명화나 역사적 인물 등을 대상으로 취함

** 11세기부터 12세기에 걸쳐 일본에서 미나모토(源)가와 다이라(平)가의 세력 다툼이 한창이던 시기

쪽으로 건너오고 있는 중이었다. 굉음과 더불어 성문이 대단한 소리를 내고 모래부대가 흩어져 날렸다. 기다리고 있던 노다 군조는 "앞으로" 라고 큰소리로 명령한 뒤 선두에서 검을 휘두르며 돌격했다.

모래부대의 파편 사이에서 선잠을 깬 것 같이 정신을 차리지 못한 중국군이 뛰쳐나와 황급히 청용도를 휘두르는 곳으로 군조는 돌격했다. 도로 위 좌우에 둔 토치카로부터 5, 6명의 중국군이 뛰쳐나와서는 뒤로 돌아 도망가는 것을 모두가 무릎쏴 자세로 총을 퍼부었다. 2, 3명이 쓰러진 듯했다. 그리고 전투도 끝난 것 같았다. 그 다음은 소탕을 하기 위해 착검한 총을 오른쪽 팔에 끼고 왼쪽으로 걸어가는데, 중간쯤에서 조금 전 성벽을 타고 올라갔던 4명의 용사가 쉬고 있었다. 군조가 "이치카와는 괜찮은가?"라고 묻자, 이마키 상등병은 웃으며 집 안을 가리켰다. 군조가 "이치카와, 이치카와!"라고 부르는 소리에 그는 어색한 얼굴로, 지금까지 혼자 생각에 빠져있었던 어두운 집 안에서 나왔다.

"야, 이치카와, 좋았다, 좋았어. 훌륭했어."라고 군조가 그의 어깨를 두드리며 부드러운 목소리로 덧붙였다. "그렇지만 생명을 소중히 하게."
"아, 예!" 이치카와는 점점 더 어색한 듯이 대답을 한 뒤 마침내 분대에 복귀하여 소탕을 위한 우리의 일원으로 들어왔다.

조금 더 가니 집 앞에 커다란 물 항아리가 있는데 물이 넘칠 정도로 넘실거리고 있었다. 모두 참을 수가 없어 물, 물이라고 외치자, 군조는 쓴 웃음을 지으며, "괜찮겠지? 마셔라" 며 허락해주었다. 우리들은 물통을 끌러서 달랑거리며 물 항아리로 달려가, 한 통이 채워지는 것도 참을 수가 없어서 반만 차도 급히 들이켰다. 처음으로 땀이 온 몸에서 났으며 물은 마치 설탕처럼 달았다. 나는 최대로 10잔, 다른 녀석들도 적어도 5, 6잔은 마셨다.

드디어 다시 살아난 것 같은 기분이 들어 뒤를 돌아보니, 이치카와가 멍하니 총을 짚고 기대어 선 채 물도 마시지 않고 있었다. “어쩐 일이야?” 고 어깨를 두드리자, 저 편을 보며 “내가 오늘 죽인 중국인을 어디선가 전에 만난 적이 있는 것 같아.” 고 신경쇠약에 걸린 듯이 말했다. “바보 같은 소리 하지 마, 정신 차려, 적을 죽인 것은 오늘이 처음도 아니잖아.”

이치카와는 몽롱한 목소리로, “그래, 녀석은 적이었지. 그래도 저 성벽 위에서 싸울 때 나에게 여러 녀석들이 사방팔방에서 총을 쏘았지. 제일 처음엔 토치카 옆에서 수랭식 중기관총을 옆에 차고 있던 녀석을 덮쳐서 총구를 잡아당겼지. 매부리코에 누렇고 푹 들어간 눈과 돼지 같은 입술을 한 녀석이었어. 녀석은 나보다 훨씬 뚱뚱하고 힘도 센 것 같았는데, 갑자기 내 쪽으로 질질 잡아 끌려오더니 마치 생쥐 같은 목소리로 울었어. 그 때까지 나의 정신력은 단순명쾌하여 녀석보다 훨씬 강했었지. 그런데 그 울음소리를 듣자마자 나는 옆구리를 누군가에게 일격당한 기분이었어. 내가 항상 미워하는 복잡한 고급사상이란 녀석, 그 달착지근한 인도주의란 녀석. 적의 얼굴이 마치 노사老舍가 쓴 조자왈趙子曰처럼 보이고, 귀에는 ‘내가 죽인 남자’에 해당되는 트로이메라이가 들리는 것 같았어. 그 전까지 고대 신들처럼 강하고, 신들처럼 용맹스럽고 아름다웠던 내가, 육체와 육체끼리만의 싸움에서 체력이 강한 적이 내 몸을 울면서도 질질 잡아당기려고 했어. 그 때 털복숭이 구미인들이 말하는 인간(휴머니티)으로 강등된 나는 하마터면 창피스럽게도 소리를 지를 뻔 했다. 그 때 마치 고대 쿠메久米*의 자손과 같이 용맹스런 이마키 상등병이 나타나 적을 찔렀던 거야. 그 때 혼란스러웠던 것이 아직 멈추질 않아. 나는 스스로 다시 태어나고 싶다는 생각을 해.”

* 일본 쇼토쿠(聖德) 태자의 동생을 쿠메 선인으로 부른 것과 연관이 있을 것 같다.

"그러니까 전장에서 다시 태어나라." 나는 임시방편으로나마. 위로해주고 싶었다. 그러나 이치카와는 획 하고 외면을 한 뒤, 먼저 앞서 걷고 있던 노다 군조 뒤를 총을 메고 다시 쫓아가는 것이었다.

오왕촌은 오왕도라고도 불린다. 지금은 변두리의 농촌이지만 교통기관이 부족했던 옛날에는 황하를 경유해 협서성陜西省과 왕래를 하던 매우 중요한 나루터였다고 한다. 오래된 석조 건물의 대문에 금칠을 한 액자를 걸어둔 훌륭한 집도 적지 않았다. 그런 집들을 이 잡듯이 소탕하고 있던 우리들은 바로 서문을 막 나서려던 길거리에서 오른쪽 약간 높은 구릉 위에 만들어놓은 토치카를 발견했다. 토치카 뒤에는 바로 흙벽이었으며 흙벽 뒤에는 절벽이었다. 절벽은 바로 황하입구로 연결되게 된 듯하다. 우리들은 특별한 주의도 하지 않고 그 토치카 앞을 지나치려고 했다.

그러자 무슨 소리를 들은 듯한 군조가 낮은 목소리로 "기다려" 라고 한 뒤 모두를 멈춰 세웠다. 이심전심으로 그제서야 우리들도 그 토치카가 의심스럽게 느껴졌다. 분대가 좌우 둘로 나뉘어 조용히 접근하여 토치카 입구에 수류탄을 던져 넣으려고 했을 때이다. 군조의 바로 옆에 붙어 있던 이치카와가 미친 듯이 소리를 질렀나 싶더니, 혼자 토치카 입구를 총대머리로 부순 뒤 순식간에 어두운 구멍 속으로 모습을 감췄다. "기다려, 이 바보야" 라며 군조가 질타하는 사이에 토치카 안에서는 또렷하게 권총 발사음이 울렸고, 이치카와의 당황하는 목소리가 들렸다. 한순간 멈칫하며 우리들이 서로 얼굴을 쳐다보고 있을 때 토치카 안에서 나는 소리에 귀를 기울이고 있던 군조가 뭘 생각했는지 "이봐, 저 흙벽을 부셔라" 고 외치며, 스스로 토치카 위의 구릉으로 올라가 구릉 끝에 있는 흙벽 중 덜 단단해 보이는 부분을 개머리판으로 일격을 가했다. 계속해서 우리들도 열심히 깼더니 갑자기 그 주변 5, 6척 정도 넓이의 흙벽이 무너지며 우르릉 쿵 무서운 소리와 함께 천길 절벽에 메아리치면서 눈앞에서 무참하게 떨어져나갔다.

그러자 그 절벽을 따라서 황하의 강변으로 내려가는 양의 창자 같이 꾸불꾸불한 도로 위에 우리들이 발견한 광경은 너무나도 처절한 것이었다. 눈 앞 2척 정도 되는 곳에 이치카와는 양손을 쭉 뻗어 한 명의 중국인의 다리에 꽉 매달려 있었다. 그 중국군 앞을 50칸 앞서서 10명 정도의 중국군이 비탈길을 내려가고 있다. 그리고 200여 미터 앞의 구부러진 비탈길에도 5, 60명의 중국군이, 또 그 앞에도 조금 간격을 두고 더 많은 수의 중국군이 개미 군단처럼 일렬로 좁은 비탈길을 도망치고 있는 것이다.

군조는 "경기관총, 경기관총"이라고 큰 소리로 외쳤다. 급히 콘도 상등병이 경기관총을 준비하자, 카타야마 일등병이 탄환상자를 열었다. 벌써 탕탕 하며 경기관총이 경쾌하게 소리를 내고, 50미터 정도 앞에 있던 중국군 2, 30명이 한 명이 쓰러지면서 그 여파로 우루루 잇따라 쓰러졌다.

군조는 이를 악물고 "이치카와, 전과는 크군" 이라고 신음하듯 말하며, "마에다 상등병, 급히 중대장님께 보고하고 와. 중기관총, 적탄통, 대대포 등도 가지고 와. 이봐, 빨리 쏴, 쏘라고, 조준은 400으로 하고."

그러나 그렇게 명령하는 군조의 눈에도 우리들의 눈에도, 바로 좀 전 피투성이가 된 이치카와가 꽉 붙잡고 있던 한 명의 중국군과 뒤엉킨 채로 2, 3번 그 좁은 비탈길을 뒹굴면서 한 덩어리 흙처럼, 처음 떨어져나간 흙벽의 뒤를 따라 눈앞에서 깊은 계곡으로 전락하던 모습이 선명하게 각인되어 있었다.

그렇지만 우리들은 눈앞에서 100미터, 200미터, 400미터 식으로 정확하게 간격을 두고 일렬로 비탈길을 굴러내려 가듯이 도망치는 중국군에게 마치 표적을 맞추듯이 침착하게 사격을 해댔다. 한 명이 쓰러져 앞사람에게 쏠리면, 앞 사람은 그를 떨쳐내고 뒷사람은 밟고 넘어가거나 계곡에 던져버리고 앞을 다투어 도망가고 있다. 이미 그들은 오직 자신 한 생명밖에 생각하지 않는 동물의 집합이지 군대는 아니었다.

곧 중기관총도 대포도 올 것이다. 그러면 그들의 전멸도 얼마 남지 않았다고 생각하며 문득 얼굴을 든 내 눈에는 절벽 사이로부터 회색빛을 띠면서 반짝이는 대황하가 천천히 비쳤다. 그 대황하에서도 나는 '조국 일본'을 느꼈다. 아니 머리 위에 점점 황혼이 시작되면서 더욱 더 파랗게 펼쳐진 유구한 하늘에서도, 이치카와가 말한 '조국 일본'이 절실하게 느껴졌던 것이다.

제5장

남곡 선생(南谷先生)

유진오(俞鎭午)

1

폐렴이라는 진단이 내려지고 벌써 5, 6일이나 지났는데 마리瑪璃의 열은 조금도 떨어지지 않았다. 입원만 시키지 않았을 뿐 의사도 매일 왕진 오고 찜질이나 약 투입 등도 의사의 처방대로 충실하게 해왔는데, 병 상태는 나날이 악화될 뿐이었다. 얼마 지나지 않아 손목이나 턱 주위의 살이 보기에도 딱할 정도로 빠지고, 입술은 바짝 말라 군데군데 찢어진 곳도 생겼다.

"폐렴 열은 어차피 일주일 동안은 계속된다고 하니까."

아내는 마리가 입원하는 것에 반대한 책임을 느끼는 듯 변명처럼 말했다. 그러나 어떤 열이라도 바로 내린다는 신발명인지 뭔지 하는 흰 가루약을 먹인 것도 4, 5회는 될 것이다. 이렇게 되자 수동秀東은 역시 입원시키지 않은 탓을 하지 않을 수 없었다.

"어때. 내일은 입원 시킬까?"

"그렇지만……"

아내는 그래도 아직 내키지 않는 듯 했다.

"내가 먼저 가서 병실을 충분히 따뜻하게 해두고, 당신은 나중에 바람 쏘이지 않도록 아이를 잘 싸서 택시나 타고 오면 크게 걱정하지 않아도 될 것 같은데."

"그래도……"

"뭐, 괜찮겠지."

라 했지만 수동도 아내의 기분을 모르는 것은 아니었다. 한 달 전의 일이다. 급한 병을 얻어 죽어가는 수동의 조카딸을 형수가 업은 채 두 시간이나 덜컹거리는 승합차를 타고, 사람들에게 치이면서 경성으로 찾아왔다. 그 때 이미 아이의 얼굴은 죽은 사람처럼 창백하고 숨도 끊어질 듯했지만 어쨌든 대학병원으로 데려가 보았다. 그랬더니 디프테리아라는 진단이 내려지고, 인후咽喉라도 잘라보는 것 이외에는 달리 방도가 없다고 했다. 인후를 자른다는 말을 듣고 형수는 완전히 겁먹었다. 어차피 죽을 거라면 적어도 아쉬움은 남지 않도록 하자고 수동이 억지로 권유하여, 수동의 입회하에 수술을 하기로 했다. 메스가 날카롭게 빛나고 아이의 목에 빠끔 구멍이 뚫린 순간, 작은 얼굴에는 갑자기 붉은 칠이라도 한 것처럼 언뜻 혈색이 돌아왔지만 그것이 세상에서 아이의 마지막이었다. 아이의 얼굴은 점점 더 창백해져 갔고, 이윽고 지금까지의 고통스럽던 표정도 없어지더니, 쌕쌕 잠든 것처럼 숨이 끊어진 것이었다.

"어차피 죽을 아이를 이렇게 힘들게 하다니."

목이 베인 작은 사체 위에 엎드려 울면서 형수는 부들부들 떨며 이런 푸념을 늘어놓았다. 분명 수술을 권한 수동에게 빗대어 말하는 말투였지만 수동이는 변명할 말이 없었다. 변명은커녕 본인도 어쩐지 속은 것 같은 기분이 들어 수술을 권한 의사가 원망스럽기도 했고, 그 권유를 가볍게 승낙해버린 자신의 어리석음에 화가 나기도 했다.

이것이 벌써 한 달 전의 일이다. 그 때의 아픈 기억이 수동 부부가 병원으로 향하는 발걸음을 자꾸 잡아당겨, 가능하면 집에서 해결하고 싶은 기분이 들게 한 것이었다. 게다가 마리의 나이가 죽은 조카딸과 같은 다섯 살이었다.

"그래도 이렇게 된 이상 달리 방법이 없어. 내일은 아무래도 입원시키도록 하지."

아내는 한참동안 잠자코 생각하다가,

"저, 여보. 아무래도 남곡南谷 선생님께 한 번 보이고 싶어요."

"남곡 선생님!"

"네, 그리고 입원은 그 뒤에 하면 어때요?"

"하지만, 그건."

이번에는 수동이 입을 다물어 버렸다.

2

본명인 강춘수姜春洙 라면 아는 사람이 그리 많지 않지만 남곡 선생님이라면 경성에서는 상당히 유명한 한방의이다. 어엿한 '의원면허'를 가지고 있는 것은 아니지만 '면허'를 가지고 있는 의원 중 요즘 제대로 된 사람은 없다. 게다가 선생은 명인 기질을 갖고 있고 괴팍하다 할 정도로 결벽주의자이기도 하여, 아무개의 사례금을 딱 잘라 거절했다든가 아무개의 집에 초대를 받고도 응하지 않았다는 등 여러 가지 일화가 있는 사람이다. 사실 이 남곡 선생님께 수동이는 큰 결례를 한 적이 있었다.

결벽주의자로 통한 만큼 남곡 선생님은 누구에게도 결코 아첨을 하지 않는 사람인데 웬일인지 수동에게는 마치 존경이라도 표하는 듯이 정중하게 대해 주었다. 수동이는 처음 그것을 자신의 인덕으로 여겨 내심 얼마간 의기양양해 했지만, 그러던 중 점차 그것 역시 아버지의 유덕 중 하나란 생각이 들었다. 수동의 선대는 선생님과 결코 절친한 사이는 아니었지만, 두 분 모두 고고하며 절의를 지켜며 타협하지 않는 사람이라 의외로 내심 서로 존경하지 않았을까?

두 분 사이에 교류가 생기게 된 것은 수동의 열 살 때로 거슬러 올라간다. 여동생이 성홍열을 앓은 후 예후가 좋지 않아서 아버지는 마침내 사람을 개입시켜 남곡 선생님께 왕진을 부탁했는데, 단칼에 거절을 당했다. 자신은 의사가 아니다. 일개 유생이라 진료 같은 일은 당치도 않다고 했다. 그 때 아버지는 마땅히 찾아뵈었어야 했는데, 아버지는 아버지대로 또 고집을 꺾지 않고 이걸로 처방해 주지 않으면 어쩔 수 없다며 병 상태를 세세하게 기록한 편지를 써서 수동에게 가져가게 한 것이었다. 그 때의 남곡 선생님 인상을 수동이는 지금도 확실히 기억하고 있다. 피부색이 하얗고 눈이 맑았다. 산더미 같은 서적 속에 파묻히듯 앉아 있던 선생님은 수동이 내민 편지를 훑어 보더니,

"이것, 자네 부친 것인가?"

라고 묻고는

"왜 본인 발로 걸어오지 않는 것이냐? 자네 부친은 거동을 못 하시는가?"

라며 갑자기 한 방 먹이는 것이었다.

상당히 실례되는 말투라서 수동이는 어린 마음에도 울컥했지만, 아버지의 명이고 남곡 선생님의 소문은 익히 듣고도 있었기 때문에 꾹 참고 머리를 숙였다. 그래도 선생님은 무척 불쾌한 듯 두세번 혀를 차면서 몸을 좌우로 흔들었는데, 그러다 어떻게 생각을 바꾸셨는지 편지를 다시 읽으며 여동생의 병 상태에 대해서 두 세 마디 질문을 했다. 그리고 가만히 눈을 감고 잠시 뭔가를 생각하시더니, 이번에는 벌떡 일어서서 산더미 같은 책 사이에서 이것저것을 참고한 후 마침내 처방전을 써 주었던 것이다.

환자를 진찰도 하지 않고 처방을 한다는 것은 웃기는 이야기지만, 아버지도 남곡 선생님도 똑같이 고집 센 분들이니 어쩔 수 없다. 그 후 한 달이나 선생님의 투약은 계속되었지만 결국 아버지는 선생님을 찾아뵙지 않았다. 물론 선생님 쪽에서 새삼스레 찾아오는 그런 일은 더 더욱 없었다. 어이없는 두 사람 사이의 신경전으로 수동이는 신경이 많이 쓰였지만 그래도 여동생의 병 상태는 어쨌든 점점 좋아졌다. 그리고 몸의 붓기도 완전히 빠지고 기운도 회복되어 슬슬 학교 갈 일을 걱정하려던

참에 어느 날 밤 체해서 급사해 버렸다. 수동이는 너무 안타까웠고, 여동생이 죽은 것이 마치 아버지가 쓸데없는 고집을 피운 탓인 것 같아 아버지를 매우 원망했었다. 그런데 아버지는 무슨 생각을 했는지 울며불며 여동생의 장례식을 치르고 나서 며칠 지난 어느 날 아침 의관을 정제하고 남곡 선생님을 방문한 것이다. 그 때 두 사람 사이에 어떠한 말이 오고갔는지는 지금 기억나지 않지만, 이상하게 썰렁하고 대화도 중간중간 자주 끊기는 어색한 대면이었던 것만은 확실하다. 선생님과의 교류은 그 후 끊어졌는데, 뜻밖에도 지난해 수동이 어머니가 뇌일혈로 쓰러져서 다시 시작되었던 것이다.

아버지를 잃고 어머니를 모시면서 수동이 마음에도 부모를 소중히 여겨야겠다는 생각이 마침 들었을 때, 돌연 뇌일혈로 쓰러지신 것이다. 회사에서 허둥지둥 급히 집으로 달려왔을 때에는 이미 어머니는 완전히 의식을 잃은 채 손가락 하나 움직일 수 없었을 뿐만 아니라 말도 할 수 없었다. 수동이 언뜻 보기에는 뇌일혈 같았는데, 왕진 온 의사는 뇌일혈 증세는 하나도 보이지 않는다며 식중독이라고 선언했다. 마을 의사를 서너 명 불렀지만 모두 똑같은 진단이었다. 직접 뇌에 출혈이 생기지는 않았지만 예상대로 특수한 뇌막간출혈(腦膜間出血)이라는 진단이 내려진 것은 발병하고 8일이나 지났을 때의 일이었다. 마침 같이 있던 친구가 남곡 선생님께 진찰을 받아보면 어떻겠느냐고 권해서, 선생님의 솜씨는 익히 수동도 알고 있던 참이라 바로 뵙기로 했다.

선생님을 뵌 것은 18년만이다. 물론 그 동안 수동이 얼굴은 잊었을 것임에 틀림없고 모르는 사람 진찰은 절대 하지 않는 선생님의 기질도 알고 있었기 때문에, 수동이는 그 친구에게 소개를 부탁하고 함께 집을 나섰다. 도중에 친구는 선생님의 괴팍한 품성에 대해 이야기를 하면서 무엇보다도 절대로 구식 예법을 지키도록 주의를 주었다. 그 친구도 지난해 어머니 병을 고쳐주어서 지금도 '어르신'을 대하듯 예를 갖춘다고 했다.

남곡 선생님 댁은 계동 꼭대기로 옛날 그대로였다. 부근의 너저분하여 더러운 집들은 이제 완전히 사라지고 대부분 깨끗한 문화 주택이 들어서 있었다. 그런데 선생님 댁만 그런 집들과 뚝 떨어져 서 있었다. 서 있다기보다도 엎드려 있는 느낌이었다. 기둥은 심하게 기울어 처마 끝이 이마에 받히고, 이전보다도 훨씬 더럽고 초라해 보였다. 그러나 진찰을 받으러 온 환자 수는 매우 많아서 수동이 방문했을 때에는 좁은 온돌방 입구에 있는 토방까지 사람들이 가득했었다.

친구를 앞세우고 무서운 기세로 사람들 사이를 헤치고 온돌방으로 들어가자 무례한 침입자라고 생각하셨는지, 남곡 선생님은 불쾌한 듯한 눈초리로 흘깃 올려다보았다. 그런데 수동과 시선이 마주친 순간,

"너, 수동이 아니냐?"

라고 큰 목소리로 꾸짖었다. 방 안 사람들의 시선이 일제히 수동이 얼굴에 집중했다. 먼저 들어간 친구도 놀라서 우두커니 선 채 수동을 돌아다보았다. 수동이는 매우 당황해서,

"예, 수동입니다. 오랫동안 찾아뵙지 못했습니다."

라며, 친구에게 주의를 받은 대로 엎드려 정중하게 옛날식 절을 했다. 정말 의외였다. 어떻게 선생님은 지금까지 내 얼굴을 기억하고 있었을까? 선생님도 머리카락은 완전히 하얗게 세고 상투 머리는 숱이 없어서 옛날 모습과는 확연히 달랐다. 하물며 내 얼굴은 더 변했을 것이다. 그러나 수동이가 놀란 것은 그뿐만이 아니었다.

"자네 부친이 돌아가셨을 때 어찌 내게 알리지 않았는가, 응?"

수동의 부친이 타계하신 것은 벌써 6년 전 일이다. 그런 것까지 선생님은 아직 기억하고 있었단 말인가? 아버지가 돌아가셨다는 것을 선생님께 알리지 않은 것은 선생님과 소원했기에 그 당시 수동이 머리에 선

생님 성함이 떠오르지 않았을 뿐 달리 다른 뜻은 없었다. 그러나 사망 사실을 알리지 않으면 아무리 친한 사람이라도 평생 절교한다는 옛 관습이 떠올라, 수동이는 이젠 어쩔 수 없겠구나 하고 포기했다.

"응?"

선생님은 다시 추궁하는 태도를 보이시더니 바로 부드러운 목소리로,

"뭐 어쨌든, 그런데 오늘은 무슨 일이냐?"

라 하시며 처음으로 온화한 얼굴을 하셨다.

"예, 실은 어머니가 중풍으로 쓰러지셔서……."

수동이는 겨우 제 정신을 차리고 어머니의 병 상태를 말하기 시작했다. 그런데 수동이 말이 끝나자마자 선생은 불쾌한 빛을 띠며,

"그럼, 그 양의洋醫한테 진찰 받으면 되겠네?"

라고 냉정하게 내뱉었다. '양의', '양의'라며 신식 의사를 깎아내릴 속셈으로 강조한 것이 도리어 역효과를 낸 것임에 틀림없었다.

"아니, 그……."

수동이 말을 이어가려 했지만, 벌써 선생님은 아까 이야기하고 있었던 쉰 정도의 남자와 다시 이야기를 시작하고 계셨다. 좀 원망스러웠지만 지금은 무슨 일이 있어도 선생님을 집으로 모셔가야 하기에, 수동이는 방구석으로 물러나 두 손을 마주 잡고 섰다. 그러나 선생님은 수동에게 이제 눈길도 주지 않은 채 차례차례 다른 환자를 볼 뿐이었다. 수동이를 데리고 왔던 친구도 안타까워 무슨 말을 하고 싶은 얼굴이었지만, 감히 아무 말도 못하고 있다. 그 때 갑자기,

"자네, 집은 지금 어딘가?"

선생님이 입을 뗐다.

"예, 적선동 ○○번지입니다."

"적선동이라면 경복궁 건너편이군."

"예."

"알았으니 집으로 돌아가게."

"그럼, 저~"

그러나 그 이상 확인하려고 하면 또 혼날 것 같아서 수동이는 잠자코 물러났다. 그래도 정말로 올 지 안 올 지 걱정이 되어 조마조마 하며 기다리고 있자니, 거의 한 시간이나 지났을 즈음 선생님은 표연히 찾아왔다. 풀을 먹인 새 모시 두루마기를 입고 머리에는 고급 통영갓을 쓰고 있었다. 너무나도 선생님다운 차림새였다. 서둘러 어머니 병실로 안내를 하자 선생님은 부채를 펴 얼굴을 가리면서 들어왔다. 그리고 두루마기 옷자락을 갈라 단정하고 바르게 병자 옆에 앉더니,

"손을"

이라 했다. 수동이가 어머니 손을 잡아서 내밀자 손가락 끝이 조금 닿을 듯 말듯 한 정도로 맥을 짚은 후,

"뭐 천 조각 같은 것을"

하고 수동을 뒤돌아보았다. 수건을 건네주자,

"가슴과 배를"

하고 말했다. 수건은 선생님 손이 어머니 살에 직접 닿지 않도록 하기 위한 것이었다.

진찰이 끝나자 선생은 가만히 현관까지 나왔다.

"역시 중풍이네."

라며 잠시 멈추어 섰다.

"그럼 처방을 좀"

"처방은 좀 오늘밤 잘 생각해 보고 하세."

"그럼 내일 아침이라도 뵐까요?"

"그럼 뭐 그리 하게나."

그리고 선생님은 수동이 권하는 인력거도 마다하시고 다시 표연히 가버리셨다. 그런데 수동이 어머니는 그 다음날 아침이 되기도 전에 돌아가신 것이다.

어머니가 타계하신 날 점심 무렵 조문객 등으로 혼잡한 곳에 의외로 선생님이 표연히 나타났다. 이미 그리 될 것을 알고 있었다는 듯이 정중하게 조의를 표하고 나서,

"아무래도 그럴 것이라고 생각했네. 어제 그 맥으로는 밤을 무사히 넘기지 못할 것 같았어. 처방을 쓰지 않은 것은 사실 이미 손을 쓸 수가 없었기 때문이야. 모두 천명이야. 너무 슬퍼하지 말게."

그런 다음 품 안에서 준비해 오신 부의금을 꺼내어 호상喪主에게 건네주고는 다시 표연히 가버렸다.

이 일이 있고 나서 수동이는 남곡 선생님을 대할 때는 자신의 몸에 붙어있는 온갖 새로운 것을 훽 벗어 던지고 고풍스러운 예의를 차려야겠다고 결심했다. 매월 음력 1일에는 선생님을 반드시 찾아뵙고 안부를 여쭙고 명절에는 뭐라도 선물을 보내기도 했다. 그러자 선생님 쪽에서도 수동이를 근래 보기 드문 기특한 청년으로 생각하였는지 실로 정중히 또 엄격하게 예를 갖추어 대해 주었다. 그 해에도 해가 바뀌어 음력설을 맞이했을 때, 아침 출근 시간에 늦지 않으려고 서둘러 밥을 급히 먹고 있는 참에 선생님이 일부러 수동이를 찾아오셔서 신년 인사를 나누었을 정도였다. 아무리 연장자라도 상주에게 신년 인사를 하지 않으면 안 된다는 고풍스러운 예법에 따른 것이다.

그러나 사실 이런 교제를 계속해 가는 것이 수동에게는 대단히 부담스럽고 고통스러웠다. 그 까다로운 격식은 아직 참을 만 하다 하더라도, 일단 근무처에서는 물론이고 가정에서도 완전히 양력에 맞추어 생활하고 있는 수동에게 음력 날짜나 행사들을 일일이 신경을 쓴다는 것은

힘든 일이었다. 그래도 처음 반 년 정도는 어떻게든 유지할 수 있었지만 어느 새 깜빡 날짜를 잊어 선생님께 결례를 하기도 했다. 2, 3번 그런 일이 쌓이자 이젠 선생님과 얼굴을 마주하는 것도 내키지 않았고, 그 다음은 명절이라는 것을 알아도 인사하러 갈 기분이 들지 않았다. 그러나 거기까지는 아직 좋았는데 결국 결정적으로 선생님께 결례를 범하게 되는 날이 찾아왔다.

그것은 그 다음 해 음력 설날 아침, 그 날은 마침 일요일이었기 때문에 수동이는 전날 밤 늦게까지 글을 쓰다가 11시쯤 겨우 일어났다. 그러자 아내가,

"여보, 오늘 아침 또 남곡 선생님께서 오셨어요."

라 했다.

"뭐, 남곡 선생님께서?"

아, 오늘이 음력설이고 본인이 아직 상중이라는 사실이 비로소 수동이 머리를 스쳤다.

"그래서?"

"집에 안계시다고 말씀드렸어요."

"뭐라고? 깨웠어야지."

"하지만 당신은 어젯밤 4시까지 안 주무셨잖아요. 게다가 상주인 당신이 설날 아침에 늦잠을 자고 있는 것을 선생님께 들키면 큰일이잖아요."

아내가 하는 말은 언제나 맞는 말이다. 그러나 수동이는 이번에야말로 큰일났다고 생각했다. 이번에야말로 빨리 사과드리러 가지 않으면 안 되겠다 싶었다. 하지만 선생님의 하얀 얼굴을 떠올리자 또 다시 주눅이 들어 차일피일 꾸물거리는 동안에 결국 그대로 지나가 버렸다. 그리고 지금까지 3년 동안 죄송스럽게 생각하면서도 그만 선생님을 찾아뵙지 않고 있는 것이다. 이제 와서는 선생님을 방문하기는커녕 길에서라도

선생님과 마주치지는 않을까 전전긍긍하는 수동이었다.

3

결국 남곡 선생님께 가는 것은 지금 잠시 상황을 보고 나서 결정하기로 하고, 마리를 수동의 의견대로 그 다음날 오전 대학병원에 입원시켰다. 그것으로 수동이도 겨우 안심하고 오후부터 출근했는데, 입원수속을 밟는 등 어수선해서 병이 도졌는지 저녁이 되자 아이 상태는 오히려 나빠졌다. 8시에 체온을 쟀을 때에는 40도를 5, 6부나 넘더니 이제는 몸부림도 치지 못하고, 눈을 감고 가끔 물을 달라고 할 뿐이었다. 그대로 놔 둘 수가 없어서 간호사와 의논하고 있는데, 젊은 숙직 의사가 나오더니 고개를 갸우뚱거리며 "또 다른 증상이라도 나타났나" 며 무심히 중얼거리고서는, "어쨌든 강심제라도 한 대 놓아드리죠."라며 주사를 한 대 놓고 가버렸다. 그렇게 되자 아내는 다시 남곡 선생님을 입에 올렸다. 처음부터 남곡 선생님께 갔더라면 이 지경이 되지 않았을 것이라며, 이제라도 늦지 않았으니 내일은 꼭 선생님을 모셔오라고, 그렇게 친절하게 대해주신 선생님을 지금처럼 불편한 관계로 만든 것은 당신 잘못이라고, 지금부터는 더 깍듯이 대하라고 하며 마침내 수동이의 기질이나 처세를 비난하는 데까지 이르렀다.

"하지만 여보, 이렇게 입원시켜 버렸으니 모셔올 수도 없어."

라며 발뺌하려 하자,

"그럼 내일 아침에라도 퇴원하면 되잖아요."

라고 결론지어 버렸다.

결국 수동이도 남곡 선생님을 찾아뵙기로 결심하고 다음 날 직장을 조퇴했다.

오래간만에 계동의 비포장 길을 걸으면서 수동이는 모든 일이 아내가 말한 대로다, 지금부터는 자신도 좀 더 깍듯이 해야겠다고 후회도 해 보았다. 그러나 남곡 선생님에 대한 실례는 꼭 자신이 나빠서라기보다는 새것과 옛것의 차이에서 비롯된 것이라고 스스로 변명도 해보았다. 요즘 누가 2년이나 3년씩 부모상을 치른단 말인가? 요즘은 내지 식 49제조차 지내지 않는 세태가 아닌가? 부모상을 끝내면 다음 날부터 벌써 빨간 넥타이를 하고 돌아다니는 놈도 많다. 나 같은 사람은 아직 괜찮은 편이다……고 멋대로 합리화해 보기도 했다.

그러나 그런 합리화는 어디까지나 수동이의 자기변명에 지나지 않았다. 이번에야말로 정말로 화가 나 계셨다.

온돌방으로 들어가자 선생님은 수동이 얼굴을 흘깃 올려다보더니 바로,

“춥네. 거기 꽉 닫게.”

라고 대뜸 고함을 쳤다. 전처럼 무릎을 꿇고 손을 모아 절을 했지만 선생님은 돌아보지도 않았다. 관자놀이 혈관이 부풀어 오르고 하얀 얼굴이 화로 이글거리고 있었다.

그때 마침 선생님께 세 살 정도로 보이는 아이를 데려와서 진찰을 받고 있던 중년 부인이,

“저, 오늘은 다른 약을 지어주셨으면 해서요……그 약은 잘 안 들어서요……전부 토해 버렸어요……”

라며 아까부터 하던 말을 계속 반복하자, 선생님은 가만히 그 부인의 얼굴을 응시하고 있더니,

“그럼, 아이를 넘어뜨려서 묶어 버려요.”

놀랄 정도로 난폭한 말을 던졌다. 매우 지체 높은 집 주부인 듯 예쁜

비단옷을 입고 있던 그 부인은, 그 순간 얼굴빛이 창백해지고 볼의 근육을 실룩거리며 잠깐 동안 할 말을 잊은 듯 했다. 방안이 조용해지고 아무도 말을 하는 사람이 없었다.

갑자기 선생님은 자리를 박차고 방을 나갔다. 그리고 그 부인도 돌아갔다. 거의 반시간이나 지나서 이윽고 돌아와서는 자리에 앉자마자 수동이를 보고,

"자넨 또 무슨 용건인가?"

라며 다시 노기 띤 목소리로 물었다.

"아니 특별한 용건은 없습니다. 너무 오래 찾아뵙지 못해서."

수동이는 당황해서 거짓말을 했지만,

"거짓말해 봤자 나는 자네 속마음을 알고 있지. 용건도 없이 나를 찾아올 자네가 아니지. 세상 참 말세야. 예의는 죽었어. 예의를 잊은 사람은 금수와 다를 바 없어. 아암, 금수와 다를 바 없고 말고."

선생님은 점점 격해져서 말 끝부분은 마치 고함을 지르는 듯한 말투로 변했다. 그러나 이윽고 아무 일도 없었다는 듯 다음 사람을 진찰하기 시작하였다.

어찌된 일인가, 수동이는 잠시 생각했지만 딸의 병은커녕 지금까지의 실례를 사과할 기회도 잡을 수 없을 것 같아서 오늘은 그대로 돌아가기로 했다.

"그럼, 오늘은 이쯤에서 실례하겠습니다. 언제가 다시 뵙죠."

라고 한 뒤 일어서려고 했다. 그러자 의외로,

"집 안에 별일은 없는가?"

라고 선생님이 말을 걸었다.

"아"

하며 수동이는 멈춰 섰다. 딸 이야기를 꺼내려면 지금이라고 생각했

다. 그러나 결국 그만두고 그대로 선생님 댁을 나와 버렸다.

그런데 마리의 열은 그날 밤에도 내리지 않았다. 의사는 어쩌면 이것은 티푸스일지도 모르겠다고 말도 안 되는 소리를 또 지껄이더니, 만약 티푸스라면 병실을 바꿔야 한다는 둥 쓸데없는 말까지 덧붙였다. 이리 되자 아내는 더더욱 이 모든 것이 수동이가 칠칠치 못한 탓이라면서 훌쩍거리면서 원망의 말을 늘어놓는데, 수동이는 어떤 말을 듣고도 한 마디 변명의 여지가 없었다. 무엇보다 아까 남곡 선생님으로부터 "집 안에 별일은 없는가?"라는 말을 들었을 때, 실은 이러이러하다고 딸 이야기를 꺼내지 못한 것부터가 실수이다. 어쩌면 이 모든 일이 아버지 기질을 이어받아서 이리된 것 같은 생각이 들어, 아무 말 없이 아이 병간호를 하였다.

강심제를 맞고 겨우 아이가 조금 잠든 것을 확인한 후 그날 밤 수동이가 병실을 나온 것은 11시쯤이었다. 밖은 스며드는 듯한 추위와 함께 차가운 비가 소리 없이 내리고 있었다. 한참 전부터 내리기 시작했는지 빗줄기는 가는데 길은 매우 젖어 있었다. 우산도 쓰지 않은 채 급히 걸어서 집에 도착했을 때에는 신발이 진흙투성이였고, 오버 자락에도 진흙이 가득 묻어 있었다.

그 때 하녀가 아무도 안 계실 때 손님이 한 분 오셨다고 한다. 명함을 두고 가지 않아서 이것저것 물어 보니, 인상이나 복장이 확실히 남곡 선생님임에 틀림없었다.

"그래, 그게 몇 시쯤이었지?"

"아마 8시쯤이었습니다."

"남긴 말씀은?"

"아무것도 없었어요. 주인님이 안 계신다고 말씀드리자, 그냥 돌아가셨습니다."

"으음"

수동이는 시계를 보았지만 벌써 11시 반이었다. 지금 이 시간에 선생님을 찾아뵐 수는 없었다. 그렇다고 해도 왜 선생님이 자신에게 이토록 친절을 베푸는 것일까? 낮에 선생님의 화난 얼굴을 떠올리며 수동이는 감사할 뿐이었다.

다음 날 아침 일찍 잠자리에서 일어나 그 길로 수동이는 남곡 선생님 댁으로 향했다. 살을 에는 듯한 추위에 하늘은 활짝 개어 반짝반짝 수정 같이 빛나고, 전날 밤 내린 비로 울퉁불퉁한 길은 꽝꽝 얼어 있었다. 길 가는 행인은 모두 흰 입김 몰아쉬며 앞으로 허리를 굽힌 채 거의 달리 듯 걸었다. 하룻밤 사이에 완전히 겨울이 된 것이다.

아직 이른 탓인지 남곡 선생님 댁 현관은 인기척 하나 없었는데 헛기침 소리를 내면서 문을 열자, 희미한 어둠 속에서 한 노인이 유유히 작두로 약재를 썰고 있었다.

"선생님은?"이라고 묻자,

"편찮으십니다."

라고 무뚝뚝하게 대답했다.

"네? 어디가 안 좋으십니까?"

"글쎄, 그건 잘 모르겠습니다."

"아주 나쁘십니까?"

"예, 좀."

"몇 시쯤부터인가요? 어젯밤 저희 집에 오셨다는데요."

"어젯밤부터입니다."

여전히 무뚝뚝한 대답이다.

"이상하군요. 어젯밤 9시쯤에 분명히 저희 집에 오셨다는데."

"어디에 가셨는지는 모르겠지만 어젯밤 비를 맞고 돌아오셔서 바로 몸져누우셨어요."

어쨌든 수동이는 그 날은 그대로는 돌아올 수가 없어서 병문안을 하고 싶다고 노인에게 말을 전해달라고 부탁했다. 노인은 입속에서 뭔가를 중얼거리면서 마지못해 자리에서 일어섰다. 그런데 기다릴 필요도 없이 곧 바로 나와서 수동을 안방으로 안내했다.

선생님은 안방 아랫목에 누워 있었다. 수동과 교대하듯 방을 나온 40줄의 말쑥한 여자는 선생님의 며느리라도 되는가?

"어떻게 되신 겁니까, 선생님?"

하며 수동이가 다가가자,

"감기가 좀 걸린 게야. 근데 어지러워서 말이지."

라며 평상시 선생님 같지 않은 약한 목소리였다.

"어젯밤에는 저희 집에 오셨지요? 죄송합니다. 마침 제가 병원에 가 있었습니다."

"누가 아픈 겐가?"

"예. 실은 딸아이가 병원에 입원해 있습니다."

"역시 그랬군."

하며 선생님은 차분한 말투로 말했다.

"정말로 여러 가지로 송구합니다. 게다가 듣자니 어젯밤 비를 맞으셔서 병이 나셨다고 하던데."

수동이는 마음으로부터 사과의 말을 했지만 선생님은 그것에는 대답하지 않고,

"병원이라면 또 주사지? 병에 주사가 무슨 관계가 있어. 주사는 사람을 죽이는 것이야."

라고, 또 선생님답게 화를 내기 시작했다.

"그래, 경과는 어떤가?"

"예, 실은."

하며 수동이는 딸아이 병 상태를 이야기하면서, 예전에 결례했던 일에 대해 몇 번이고 사죄를 드리고, 전날 선생님을 방문한 것도 실은 딸의 병 때문이었다고 전부 고백했다. 선생님은 가만히 듣고 있더니,

"그렇다면 그렇다고 왜 말하지 않았는가?"

고 혀를 찬 뒤,

"약 조제하는 노인을 불러다 주게."

라고 분부했다.

노인이 아까처럼 다시 뭔가 중얼거리면서 들어오자 선생님은 붓과 종이를 가져오라고 한 뒤,

"처방 하나."

라고 구술하기 시작했다. 인삼, 소엽蘇葉, 전호前胡, 반하半夏……라고 고심 끝에 약재 이름을 구술하면서 "티푸스라라니……티푸스라니……" 라고 간간이 중얼거렸다. 티푸스라니 당치도 않지, 양의라는 놈은 바보지, 라는 의미일 것이다. 그러더니 갑자기 음 하고 괴로운 듯이 신음소리를 내면서, 선생님은 눈을 감고 손바닥을 꽉 쥐더니 경련이 일어난 듯 몸을 비틀기 시작했다.

"어찌 된 일입니까? 선생님, 선생님."

하고 수동이 당황해 하는 것을 약 조제하는 노인이 손으로 제지하듯이 하더니,

"사모님, 사모님!"

하고 밖을 향해 소리쳤다. 부엌 쪽에서 허둥지둥 고무신을 끄는 소리가 나더니 앞치마에 손을 닦으면서 뛰어온 것은 아까 나간 여자였다. 며느리가 아니고 선생님의 부인이어서 수동에게는 조금 의외였다.

"영감, 정신 차리세요, 영감."

부인은 소리를 치며 옆으로 달려와서 손목을 잡고 와락 끌어안듯이

하며 선생님 신체를 눌렀다.

"이게 문제지요."

라는 듯한 얼굴로 혀를 차면서 약 조제하는 노인이 수동이를 돌아다 보았다.

"어떻게 되신 겁니까?"

"뭐, 지병인 현기증이지."

그러나 현기증치고는 조금 심한 듯했다. 보기에도 점점 선생님의 얼굴은 창백해지고 이마에는 진땀이 흥건히 배어나왔다. 부인이 쥔 선생님의 손목은 계속 조금씩 흔들리고 있다.

그런 상태가 5분이나 계속된 뒤 겨우 선생님의 발작은 멈췄다. 그러나 아직 상당히 괴로운 듯 선생님은 눈을 감고 축 처져, 가끔 숨을 깊게 들이마시고는 후 하고 길게 내뱉었다. 겨우 선생님은 눈을 뜨고 멍하게 천장을 바라보고 있다가,

"뭔가 골똘히 생각하면 안 된다니까."

라고 힘없는 목소리로 중얼거렸다.

문득 수동이는 거기에 있어서는 안 될 것 같은 기분이 들었다. 이렇게까지 해서 선생님의 처방을 구해도 되는 것일까? 다섯 살 어린 생명을 구하기 위해, 골똘히 생각하면 안 되는 칠십 노인에게 도와달라고 하는 것은 잔혹한 짓 같았다. 온갖 신식 설비를 갖춘 병원을 완전히 신용할 수 없어서 평소에는 그 존재조차 별로 신경 쓰지 않았던 늙은 선비의 손에 매달려 있는 자신의 모습은 너무나도 모순적이다.

다시 선생님은,

"어디까지 불렀던가, 한 번 읽어 보게."

라고 약 조제하는 노인에게 명령하였다. 인삼, 소엽, 전호, 반하……라고 노인이 읽어주는 것을 듣고 나서, 또 잠시 생각에 잠기더니,

"건갈乾葛, 진피陳皮, 적복령赤伏令……"

라고 계속 불렀다.

"선생님, 또 현기증이 일어나면 큰일입니다. 오늘은 이제 됐습니다. 내일 다시 병문안 오겠습니다."

라고 수동이 만류했지만 선생님은 멈추려 하지 않았다. 다시 2, 3번 반복해서 읽힌 뒤, 가만히 생각에 잠겼다가 2, 3곳을 정정까지 해서 마침내 처방을 완성했다. 그리고

"한 첩, 오늘 한 첩만 써 보게."

라고 가늘게 말했지만, 그것을 마지막으로 온 힘이 다 써버린 듯 눈을 감은 뒤 수동이 돌아가겠다고 인사를 드려도 자리에 앉아서 그저 힘없이 턱으로 끄덕여 보일 뿐이었다.

4

마리의 병이 티푸스가 아닌 것만은 그날 중으로 알았지만 열은 여전히 높았다. 그날은 수동이도 직장을 쉬고 하루 온종일 딸 옆에 붙어 있었다.

그런데 남곡 선생님의 처방이 이상한 효력을 발휘한 것인지 병원의 주의 깊은 처치가 효과가 있었는지 다음날 새벽 그토록 내리지 않던 열이 기적처럼 내렸다.

"그것 보세요. 역시 남곡 선생님이셔."

겨우 움츠린 어깨를 편 아내가 지친 얼굴을 풀며 선생님의 솜씨를 칭찬했다. 수동이도 너무나 감사했다. 여하튼 전날 선생님의 진심어린 친절에 그는 완전히 감동받았다.

그래서 그날도 역시 출근 전의 시간을 내어 병문안 겸 선생님을 방문했는데 이게 어떻게 된 일인가? 겨우 하루 만에 선생님의 모습은 완전히 바뀌어 있었다. 눈은 움푹 패이고 볼 살은 쪼옥 빠져 하루 동안에 이렇게나 바뀔 수 있는 것인가, 본인의 눈을 의심할 정도로 선생님은 쇠약해져 있었다. 수동이 목소리에 선생님은 겨우 눈을 떴으나,

"나도 이제 마지막이야."

고 가늘게 중얼거린 뒤 조용히 다시 눈을 감아 버렸다.

"당치도 않은 말씀입니다. 선생님, 정신 차리십시오. 인사드리러 왔습니다. 딸은 선생님 덕분에 생명을 건졌습니다. 새벽부터 열이 내렸습니다. 고맙습니다."

수동이가 열심히 감사인사를 했지만 선생님은 겨우 희미하게 턱을 끄덕여 보일 뿐이었다.

아이의 회복만큼 빠른 것도 없다. 그날 밤 병원에 들러보니 마리는 벌써 인형을 만지고 놀 정도로 건강이 회복되어 캐러멜이나 과자 등을 계속 조르고 있었다. 아내는 여전히 남곡 선생님을 칭찬하며, 이제부터는 결코 선생님을 소홀히 해서는 안 된다, 아무리 마음이 내키지 않아도 중요한 때 안부 인사는 꼭 거르지 말라고 수동을 훈육했다.

"이젠 나도 그럴 참이야. 어제부터 왠지 선생님이 돌아가신 아버지 같다는 느낌이 들었어. 아버지한테도 난 걱정을 많이 끼쳤었지."

그것은 진심어린 참회였다. 따스한 온기가 수동이네 부부의 마음을 감싸고 선생님에 대한 경애의 마음이 부드럽게 용솟음쳤다.

그러나 아이의 회복으로 마음의 긴장이 풀렸던 탓일까, 다음날 아침에는 최근 5, 6일 동안 여러 곳을 뛰어다닌 피로가 한꺼번에 몰려와, 수동이는 출근 시간 맞추기에도 아슬아슬한 시간에 겨우 눈을 떴다. 남곡 선생님 댁으로 병문안을 가야한다는 생각은 들었지만, 어쩔 수가 없

어서 그대로 회사로 갔다. 그런데 하필이면 폭주하는 일 때문에 점심시간에도 짬을 내지 못하고, 밤에는 또 대륙으로 여행가는 동료의 송별회가 있어서, 11시 가까이 되어서야 겨우 몸이 자유로워졌다. 그러나 그 때는 벌써 상당히 취기가 돌았기 때문에 선생님께 병문안도 가지 못했다. 죄송하다, 죄송하다고 몇 번이고 곱씹으면서 병원에 들러 양해를 구하기라도 하듯 아내에게 그 사정을 고백했다. 그러자,

"어머나, 여보"

하고 아내는 기가 막혀,

"당신도 너무하네요. 당신은 괜찮다고 생각하세요? 자신이 궁했을 때에는 다른 사람의 형편은 아랑곳하지 않고 찾아가서 그만큼 신세를 지더니 자신만 좋아지면 병문안도 안 가다니…… 그건 도리가 아니죠. 송별회라니, 술이라니 칠칠치 못하게……"

라며 무서울 정도로 노기등등했다.

"시끄러, 선생님 댁은 내일 아침 찾아뵈면 되잖아."

아내의 말이 다 맞는 말이라고 생각하면서도 취기에 수동이는 큰 소리를 내고 말았다.

그러나 그 '내일 아침'은 이미 늦어버렸다. 다음날 아침 급한 걸음으로 계동을 단숨에 올라가 선생님 댁이 보이는 길모퉁이를 돌자, 지저분한 앞문 기둥에 작은 흰 종이가 붙여진 등이 매달려 있었다. 깜짝 놀라 문안에 뛰어 들어가 황급히 방문을 열자, 약 제조 노인 단 한 명만 썰렁하게 팔짱을 낀 채 우두커니 앉아 있었다.

"어떻게 된 겁니까? 문앞 등은?"

이라고 수동이가 물을 것도 없이 바로,

"돌아가셨습니다. 어젯밤."

화가 난 듯한 무뚝뚝한 목소리였다.

수동이는 꽝~ 하고 정수리를 얻어맞은 것처럼 놀라 후회인지 참회인지 모를 격정에 가슴이 답답하더니 일순 그저 멍해졌다. 그러나 그런 일과는 상관없이 노인은 또 알아들을 수 없는 소리를 중얼거리면서 일어났다. 그리고 앞으로 나와서 등 안에 아직 가늘게 타고 있던 촛불을 훅 하고 불어 끈 뒤 그대로 제자리에 돌아가 원래의 자세를 취했다.

(1941년 12월)

제6장

아버지의 다리를 들고

(父の足をさげて)

-박 선생 이야기-

미야자키 세이타로(宮崎清太郎)

- 어떻게 된 일입니까?

일주일 만에 등교한 박 선생님에게 묻자, 시골에 갔었습니다, 실은 아버지가 말입니다, 라고 말을 꺼내서 그제야 나는 그의 아버지 다리에 대해서 듣게 되었다.

- 여기 이 부분 말인데요.

라고 박 선생님은 책상에 펼치고 있던 상품학商品學 교과서를 천천히 덮고 그 손으로 자신의 발을 누르면서,

- 여길 뭐라고 하지요?

- 슬소승膝小僧 인가요? 슬방주膝坊主*라고도 합니다만.

- 여기 말이죠, 여기가 이렇게 부었습니다.

여기에 말이죠, 육종肉腫이라고 하나요, 육종이 생겼습니다. 실은 오래 전부터입니다만, 점점 커져 오래 전부터 집에 누워 계셨습니다만, 몸을 움직이는 것도 힘들어 졌습니다. 이대로 있으면 생명이 위험해서,

박 선생님이 평소의 온화한 말투로 계속해서 나에게 말해준 것에 따르면, 그 혹은 실은 2, 3년 전부터입니다. 그 때 경성에서 한 번 수술을 했습니다. 절개해서 고름을 빼내어 암은 없어졌습니다. 그 때 계속해서 그거 뭐죠, 태양등太陽燈? 라듐 광선? 그것을 받았으면 좋았을 거랍디다. 그러면 또 다시 생기지 않는다고요. 빨리 집에 가고 싶다고 해서 시골로 가셨습니다만 1년도 되지 않아서 안에 혹이 또 커졌습니다. 거 봐라 내 그럴 줄 알았어, 라며 마을 한방의는 웃는 겁니다. 아버지도 어느 쪽인가 하면 한방의 쪽입니다. 한방 쪽을 신용하시고 뭐든지 한약에 의지해 오셨습니다. 양의洋醫에게 수술 받은 것을 대단히 후회하셨습니다. 그 뒤로부터는 한약을, 마시는 것도 붙이는 것도 한약을 사용하셨습니다. 점

* 슬소승, 슬방주 모두 무릎을 의인화한 표현

점 혹은 커지는 겁니다. 전보다도 더 커져서 끝부분이 찢어져 피가 흐르기 시작했습니다. 그런 연유로 억지로 어떻게 해서라도 한 번 더 수술하시라고 제가 가서 모셔왔습니다. 더 이상 수술하고 싶지 않고 경성에도 가고 싶지 않다고 말씀하시는 것을, 돌아가시게 되도요? 라고 싫은 소리를 한 후 함께 올라왔습니다.

다음 날 박 선생님은 결근했다. 아버지를 병원에 모시고 갔을 것이라고 바로 예측할 수 있었다. 그 다음 날 아침 나는 등교해서 교무실 내 자리에 앉으면서, 이미 내 옆 자리에서 국문법 교과서를 펼쳐 보고 있는 박 선생님에게,

- 어땠습니까?

라고 묻자, 다리를 자르지 않으면 안 된답니다, 라며 생각지도 못했던 결과에 박 선생님은 수심에 잠긴 모습이었다.

- 정말입니까?

한 번 더 국부를 절개해서 고름을 빼내면 되는 정도로 생각하고 있었기 때문에 나는 잠시 말문이 막혔다.

- 잘라버린다면, 슬방주의……

그렇습니다, 슬방주 위, 적어도 이 부위에서부터.

그렇게 말하면서 박 선생님은 양손의 엄지와 검지로 원형을 그리며 자신의 허벅지 부위를 꽉 조여 보였다.

- 역시 손쓰기엔 늦었습니까?

- 그대로 놔두면 반년도 살 수 없다고 의사는 그랬습니다.

- 저런, 반년도 말입니까?

나도 신음하듯 그렇게 말하고, 빨리 수술을 하도록 선생님이 더 권하지 않으셔서 그런 겁니다. 친하니까 어느 정도 비난하는 듯한 말투로 내

가 말하자, 고분고분하게 수긍하며,

- 그렇지요. 저도 여러 번 말씀드리기는 했습니다만.

평상시대로 박 선생님은 본인 아버지에 대해 최상급의 경어를 쓰며 이야기했다. 그것은 박 선생님이 국어* 경어 사용법을 숙지하지 못했기 때문이지만,** 그 부자연스러움이 박 선생님의 경우에는 조금도 이상하지도 않을 뿐만 아니라 싫지도 않았다. 그의 온화한 인품이나, 부모를 생각하는 정에 어울리는 것으로, 정말 내게는 정겹게 들렸다. 편지에서 몇 번이나 계속 상경을 말씀드렸습니다. 경성에 가자고 휴가 때마다 일부러 내려가서 권했습니다. 결국 작년 여름 제 말을 잘 듣지 않으시니까 양의를, 내가 아는 사람이 평양平壤에서 개업을 했습니다. 그 사람을 고향에 데리고 가서 수술을 권해 달라고 했습니다. 내 고향은 선생님도 아시다시피, 평양 다음 다음 역에서도 40km 정도는 됩니다만, 내려갈 때 그 때문에 평양에 들른 겁니다. 겨우 아버지도 허락하셔서 겨울 방학에 하기로 했습니다. 겨울 방학이 되자 지금은 춥다 하시면서 오시지 않으시고 봄이 되면 이라고 하시며, 아무리 재촉해도 오시지 않으셨습니다. 결국 참을 수 없어서 그런 식으로 학교에 폐를 끼치고 내려가서 억지로 모시고 왔습니다.

여전히 온화하게, 솔직히 말하자면 억양 없고 지루하게 이야기하지만, 박 선생님에 대한 친애親愛의 정이 자연스레 그리 만드는 것인지 나도 여전히 절실한 마음으로 듣고 있었다. 아버지도 이것저것을 해보신 모양입니다. 한약도 듣지 않아 무당에게 빌기도 한 모양입니다. 내게는 감추셨지만 무당에게만도 이백 원 정도는 쓰신 듯합니다. 무당요? 여자가 점을 보는 겁니다. 나도 예전에 경성에서 2, 3번 본 적이 있었는데, 여자

* 이 소설에서 '국어'는 일본어를 가리킴.

** 일본어에서는 남에게 집안 식구를 거론할 때 경어를 사용하지 않는다.

가 병자를 앞에 두고 광인처럼 날뛰거나 하는 모습이 떠오르자 겁이 나고 소름이 끼쳤다. 박 선생님까지 아버지에게 그런 짓을 시키다니, 돈도 돈이지만 병이 악화될지언정 지금보다 더 좋아지지 않는다는 것을 이미 알고 있지 않는가? 그러한 비난 섞인 말이 한 번 더 내 입에서 나오려고 했지만, 박 선생님 입장에서는 그 성품으로 봐서 아버지가 원하시는 일을 정면에서는 반대할 수는 없었을 것이다. 무당 덕에 병이 좋아지지 않는다고 해도 나이 드신 아버지가 후련해하신다면, 본인이 해보고자 하는 일을 해보았다는 만족감이 생긴다면, 병에 좋은 결과를 가져오는 경우도 있을 테지, 란 식으로 박 선생님이 생각했을 것이다.

- 이백 원이나 듭니까?

나는 화제를 돌려 그렇게 물어 보았다.

- 그 정도는 듭니다. 제사를 지내는데 한 번에 끝나지 않습니다. 서너 번이고 그 때마다 음식을 장만해서 올립니다. 제사가 끝나면 친척이나 마을 사람들이 모여서 먹고 마신 후 돌아갑니다.

다음 날은 우리가 근무하고 있는 학교의 매월 실시하는 신궁神宮 참배일이었다. 이른 아침 7시, 신궁 앞 큰 광장에 직원과 학생이 모두 집합해 참배를 끝내고 학교까지 약 4km의 길을 걸어서 돌아왔다. 우연히 박 선생님과 내가 나란히 걷게 되자 자연히 또 '아버지' 이야기가 나왔다. 그리고 지금까지 둘이 종종 이야기하곤 했던 유교에 대한 것, 국어에 대한 것, 내선內鮮 풍속에 대한 것도 이야기했다. 다른 동료들과는 조금 떨어져서 쭉 둘이서 학교에 도착할 때까지 계속 이야기를 했는데, 아버지는 드러누워서도 죽어도 수술하고 싶지 않다, 병원에 가고 싶지 않다, 시골에 돌아가서 죽고 싶다고 계속 주장한다는 내용이었다.

말라서 길쭉한 나와 살이 쪄서 땅딸막한 박 선생님은 5월 어느 이른 아침에 상쾌한 길을 나란히 걸으면서, 막 끝내고 온 행사에 관한 것부터 시작해 조금 전에 말했듯이 자연스럽게 황국신민皇國臣民이라든가, 내선일체에 관해 이야기로 흘러갔다. 그러나 아마 그와 나만큼 모든 면에서 서로 다른 사람도 적을 것이다. 그것이 오히려 두 사람을 가깝게 만드는 것 같다. 그도 나도 이 학교에 서로 엇비슷한 시기에 취직해 지금까지 10년간 옆 책상에서 나란히 근무하고 있는데, 그 동안 서로 껄끄러웠던 기억은 한 번도 없었다. 성격이 온후하고 성실하기 이를 데 없는 박 선생님과 내가 오늘까지 사이좋게 지내왔다고 해서 그리 이상한 일은 아니겠지만, 어찌된 영문인지 박 선생님에 대해 나 이외 다른 동료들은 싫어하는 것 같았다 . 그들 중 이 사람 저 사람과 여러 번 언쟁을 벌이곤 했다. 정말 이상하다고 할 수밖에 없지만 실은 전혀 이상한 것도 아니다. 그렇게 된 원인이 박 선생님과 다른 동료들 사이에 있다. 동료들 태도는 그렇다 치고 박 선생님의 태도에는 동료들이 싫어할 만한 것이 분명히 있는 것 같다. 바로 그것 때문에 오히려 나는 박 선생님에게 호의를 가지고 있기도 하다. 살이 쪘다든가 말랐다는 차이 이외에도 그의 얼굴은 대개 비만한 사람이 그렇듯이 번질번질하여 부러울 만한 혈색이며, 나는 대개 마른 남자가 그렇듯이 창백하고 생기 없는 얼굴빛이다. 그는 머리카락이 많다. 이쪽 사람으론 드물게 볼에서 턱까지 거친 수염이 빽빽하고, 약간 갈색을 띠고 있다. 나로 말하면 무기력형의 보통 남자로, 이미 40이 가까운데 소녀처럼 미끈하여 코 밑을 가끔 만져보면 내심 한심한 생각이 들 정도로 정말 남자답지 않은 풍모이다.

누구라도 그렇듯이 나 또한 내 빈약한 육체가 부끄럽다기보다 증오스러운 나머지 박 선생님처럼 나와 상반된 육체의 소유자에 대해서는 두 말 할 나위 없이 호의를 가지는 것 같다. 무척 비이성적이긴 하지만 내가 갖고 있는 박 선생님에 대한 호의 속에는 이런 비이성적이며 본능적인 것이 있음을 숨기려 해도 숨길 수 없을 것이다. 그 외에도 모든 것이 다르다. 그의 중후함 나쁘게 말하면 어딘가 둔한 데 비해, 나를 수재로 오해하는 동료도 있지만 실은 나는 경박하다. 또 담즙질膽汁質적인 그에 비해 나는 신경질적이며, 내 지병은 불면증인데 그의 지병은 늦잠이다. 물론 이를 병이라고 할 수는 없다. 그리고 그는 게으르지도 않다. 낮잠을 모르는 그는 타고난 건강체이다. 늦잠이 질병이 아니라면 과식으로 인한 위장병 정도인데, 이것 역시 건강함을 보여주는 표증일 것이다.

우리 둘의 공통점이라고 하면 그저 하나, 풍채가 변변치 못하다는 점일 것이다. 하지만 풍채가 변변치 못하다는 점에서도 박 선생님과 나는 사정이 전혀 다르다. 양쪽 다 외모에 대해 신경을 쓰지는 않지만, 그의 경우는 신경을 쓰면 키는 조금 작지만 지금 말한 대로 훌륭한 체구이고, 얼굴색도 좋고, 머리카락도 풍성하며, 용모출중이라고 까지는 할 수 없지만 어쨌든 당당한 풍채이다. 반면에 초사楚辭*에 나오는 말은 아니지만 형용고담形容枯淡, 안색초췌顔色憔悴로 표현되는 나는 매우 다르다. 박 선생님이 외모에 지나칠 정도로 신경을 쓰지 않으니 외모에 좀 신경을 썼으면 좋겠다는 식으로 말은 하면서도 그가 외모에 신경 쓰는 모습을 나는 상상조차 하기 힘들다.

바지는 바지선을 세우기는커녕 언제나 주름투성이로 종횡무진으로 접혀 있다. 바지 허리띠도 보통 사람들이 하는 것을 한 경우는 드물다. 정체 모를 끈—색이 있는 것을 보면 부인이나 딸 것인지도 모른다—을 두르고 있는 경우도 있다. 자연히 바지가 줄줄 내려가 걸으면서 자주 손으로 잡아 올린다. 상의 단추를 풀어서 거기에다 다시 묶는 경우도 있다.

이게 어떻게 된 일입니까? 하고 바로 얼마 전에도 그의 셔츠에 무수히 묻어 있는 푸른 반점을 가리키며 묻자, 실은 곰팡이인데 작년에 빨지 않고 쳐 박아 둔 것을 오늘 아침에 꺼내 입고 왔다는 것이다. 이 정도면 그

* 중국 초나라 굴원의 사부(辭賦)와 그의 문하생 및 후대 사람의 작품을 모은 책

가 외모에 신경을 쓴다 안 쓴다의 문제가 아니라 부인의 마음가짐이 문제겠지만, 아이들이 일곱 명에 같이 사는 박 선생님의 남동생과 여동생을 합쳐서 열 댓 명의 대가족을 지탱하는 일로 하나하나 신경 쓰기 어려운 점도 있고, 그 자신 본인 신변에 대해서 부인에게 무엇 하나 독촉하지 않기 때문일 수도 있다. 전혀 외모에 신경 쓰지 않으니 체구가 훌륭한 만큼 오히려 늙어 보이고 지저분하게 보인다. 모처럼 기른 수염도 손질을 하지 않아 더부룩하게 입술을 덮고 있다. 룸펜, 박 선생님을 학생들은 뒤에서 그렇게 부르고 있었는데, 그딴 별명으로 우리 교사를 부르는데 대한 부적절함만 뺀다면, 나도 처음 들었을 때는 잘도 지었구나 하고 쓴 웃음을 짓지 않을 수 없었다. 내가 외모에 신경 쓰지 않는 것은 (나를 학생들은 '살아있는 시체'라고 부른다) 학창시절 습관에서 벗어나지 못했기 때문일 것이다. 취미가 문학인 학생들이 그렇듯 보헤미안인 체하는 것일 수도 있다. 또 복장 등에 돈을 쓰는 것은 바보 같은 짓이라고 여기는 공리적인 생각도 있지만 박 선생님만큼은 아니다. 박 선생님과 달리 의식하고는 있어서 주위에 맞추어 적당히 차려 입고 있다. 박 선생님의 경우는 지나치게 동떨어져 있다. 게다가 우리 선생님들은 이 학교 선생님들뿐만 아니라 일반적으로 이쪽 사람들이 그렇듯 지나치게 깨끗하고 상당히 말끔하다. 그래서 박선생님의 외모가 특히 더 눈에 띈다. 예를 들어 하복에 빨간 잉크가 팥알 크기 정도라도 묻어 있으면 선생님들은 잉크 지우는 것으로 닦거나, 입술을 대고 쪽쪽 빨거나, 토마토를 급사에게 사오라고 해서 그 즙을 바르거나, 하루 종일 그것에 신경을 쓴다. 이런 복장 문제도 박 선생님을 동료들이 싫어하고 특이한 사람으로 취급하게 만든 이유 중 하나로 작용한 것 같다.

학교에 도착한 것은 8시 반 조금 전이었다. 평상시대로 8시 반부터 수업은 시작되었지만 돌아오는 동안 내내 박 선생님은 '유교와 일본정신'

에 대해서 이야기했다. 언제나처럼 온화한 어조로 나는 이렇게 생각합니다만 이라든가 나에게는 아무래도 이렇게 밖에 생각되지 않습니다만 등을 서두로 삼아 억지 부리지 않고 생활에서 느낀 감정을 순수하게 토로하는 말투였다. 왕도王道와 황도皇道에 대해서 그는 이야기했다. 우리는 특별히 어렵게 생각할 필요가 없는, 옛날부터 전해 오고 있는 유교를 말이죠, 그 유교 정신을 바르게 준봉遵奉하면 황도에 자연스럽게 합치합니다, 라 했다. 조선에서는 이조시대에 유교가 매우 널리 행해졌습니다만, 그만큼 여러 가지 폐해도 생기고 또 다르게 전래된 점도 있습니다만, 유교의 진짜 정신을 말이죠, 그것을 지켜 가기만 하면 그리 어려운 일이 아닌, 황국신민의 길에 부합되는 것이 아닐까요? 실은 저는 아직 황도를 충분히 이해했다고 할 수는 없지만, 유교의 왕도 말이죠, 이게 상당히 반영되어 있다고 생각합니다. 전혀 똑같다고는 말할 수 없을지 모르겠지만 어떤 점에서는 일치하고 있다고 생각합니다. 경서經書를 읽으면 아무래도 그런 기분이 듭니다. 박 선생님은 조용히 그러나 고심하는 말투로 계속 이야기를 하였는데, 그런 내용을 내지인인 나에게 말하는 사람은 20명 가까운 '이쪽' 선생님들 중 박 선생님 한 명이다. 박 선생님에게도 이런 종류의 이야기를 털어놓고 이야기하는 것은 나뿐일 것이다. 다른 동료들의 사고방식이나 태도야 어쨌든, 박 선생님의 이러한 사고방식이 동료들에게 특이한 사람으로 취급 받는 원인 중 하나인 것 같다고 잠시 언급하고, 나는 그 때 박 선생님의 의견에 대해 선양禪讓·방벌放伐이란 단어를 사용했다. "맹자가 주창한 선양·방벌은 일본정신과는 양립되지 않는 것이겠지요. 공부자孔夫子가 주창한 진짜 유교정신은 중국에는 없고 오히려 일본에서 개화되고 결실을 맺은 것은 아닐까요?" 나는 어느 책에선가 본 것을 슬쩍 언급한 후, "일본정신 일본정신이라고들 하지만 그것을 구성하고 있는 것은 우리나라 본래의 신도神道. 지금 말하는 중국 사상 즉 유교. 인도 사상 즉 불교佛教. 거기에 명치유신維新 이후 서양 문명과 함께 들어온 과학적 정신. 그런 것들을 우선 들 수 있겠지요."

늘 그러하듯이 나는 조심스레 말한다. 왜 이러한 것에 대해 말할 때 나는 소극적으로 말하는가? 조심인가? 아니면 비굴인가? 상대가 조선인이기 때문인가? 상대가 조선인이면 왜 조심스레 말하는가? 왜 조심하는가? 아니면 나 자신 확고한 신념이 아직 없기 때문인가? 어쩌면 무슨 일이든 모두 확실하게 주장하지 않는, 단언하지 않는, 한 때 인텔리라고 불렸던 사람들이 공통적으로 가지고 있는, 젠 체하는 태도 때문인가? 솔직히, 나에게 고백하는 박 선생님의 남자다움에 대해 부끄럽게 느껴졌고 또 압박감까지 느껴졌다. 키가 큰 나는 포플러가 흔들리듯 큰 폭으로 걷고, 그 보폭에 맞추어 박 선생님은 굵고 짧은 목을 앞쪽으로 쭉 내밀고 씩씩거리고 걸으면서 학교에 도착할 때까지 줄곧 이야기했다.

그리고 2, 3일 뒤에 학교에 한약을 팔러 왔다. 지금은 그렇지도 않지만 사변事變 전 물자가 풍부했을 즈음에는 학교에 물건 파는 사람이 자주 왔었다. 갓을 쓴 노인이, ×도산道産의 ××석石이라면서 검은 돌벼루를 팔러 오기도 하고, 농사꾼처럼 보이는 남자가 흙 묻은 조선 인삼을 거적에서 꺼내어 교무실에 있는 급사 책상 위에 늘어놓기도 했다. 오늘 온 한약 장수는 작은 항아리를 5, 6개 가지고 왔다. 항아리 속에 새까만 점토 같은 것이 들어 있었다. 마침 막 점심시간이 시작된 터라 수업에서 돌아온 선생님들이 출석부와 교과서를 든 채 바닥 위에 놓인 항아리와 그 옆에 서있는 상인을 둘러싸고 항아리 속을 엿보기도 하고 상인과 조선어로 이래저래 이야기를 하기도 했다. 이런 경우 늘 농을 거는 선생님도 있다. 손가락을 항아리에 넣고 검은 것을 맛보는 선생님도 있다. 대개의 한약이 그렇듯 이것도 특별히 무슨 병이랄 것 없이 아무데나 좋은 강장제 종류 같았다. 이런 것에 나는 흥미가 없기 때문에 마지막까지 자리에서 일어나지 않았는데, 박 선생님은 처음부터 상인 옆에 딱 붙어서 이것저것 묻고 있었다. 결국 산 사람은 박 선생님뿐이었다. 박 선생님은 바닥 위 항아리 하나를 양손으로 들고서는 신주단지 모시듯 안고 교무실을 나갔다. 바로 근처인 그의 자택으로 자신이 직접 들고 간 것이다. 사셨군요, 라고 다시 교무실에 나타나 내 옆 자리에 앉은 그에게 이렇게 말하자,

- 그게 있죠, 특히 노인에게 잘 듣는 강장제랍니다. 아버지께 하나 사다 드렸습니다. 십 원이라는데 칠 원에 샀습니다.

본성대로 온화하고 바른 말투로 말을 한 뒤 책상 앞에 펼쳐 놓은 '국역한문대성國譯漢文大成'을 조용히 덮으면서, 도무지 아버지는 아무리 해도 수술을 하고 싶지 않다고 하십니다. 수술을 할 작정으로 오셨는데 하고 싶지 않다고 하십니다. 다리를 허벅지에서 잘라내는 그런 대수술이라 불안합니다. 나이가 나이시라 출혈 때문에 그대로 돌아가시면 어쩌나 걱정입니다. 의사도 그것을 염려했습니다. 그러나 그냥 두면 반년밖에 못 사신다고 하니 아버지도 나도 당혹스럽습니다. 어쨌든 수술하시든 하지 않으시든 지금 몸이 중요한 때입니다. 아버지께 하나 사 드렸습니다. 특히 나이 드신 분께 좋은 한약이랍니다. 박 선생님은 마지막에 한 번 더 똑같은 말을 반복했다. 평소 나는 박 선생님이나 그 외의 '이쪽' 사람들만큼 한약의 효과에 대해서 신뢰하고 있지 않다. 이번에도 마찬가지로 박 선생님이 좀 전에 들고 간 항아리의 약으로 아버지가 눈으로 확인할 수 있을 정도로 원기가 회복될 것이라고 생각지도 않는다. 그러나 박 선생님의 고심하는 말투는 아버지에 대한 애정의 정도를 공감하게 만들어 한약에 대한 나의 불신조차 내가 비정하기 때문인 것 같아서,

- 아, 나이 드신 분께 말이군요. 어떤 약입니까?

라고 어느 정도 그의 마음을 받아들이는 식으로 묻자,

- 그건 말이죠.

라며 평상시의 모습으로, 그건 말이죠, 경호고, 한자로는 말이죠, 라며 책상 위 종잇조각에 한 자 한 자 바르게 쓰면서—경京, 호縞, 고膏였던 것 같습니다. 이것에는 말이죠, 어떤 약이 들어 있는가 하면 말이죠, 박 선생님은 손가락을 꼽으면서—조선인삼, 꿀, 그리고 지황地黃, 이건 약초 줄기죠, 그리고 복령茯苓, 풀초 변 밑에 삼복三伏의 복伏, 똑같이 풀초 변 밑에 명령할 령令, 복령, 이건 소나무의, 내지에는 있는지 어떤지 모르겠지만, 소나무의 뿌리 속에 생기는 이렇게 둥근 검은 것인데 버섯의 일종인 것 같습니다. 이 네 가지 약이 조합되어 있습니다. 이 약은 철을 싫어합니다. 그렇기 때문에 돌이나 토기 냄비에 넣고 찌는데, 뽕나무 가지, 다른 나무로는 안 되고 뽕나무 가지를 태워서, 장소도 아침 일찍 공기 좋은, 닭 울음소리가 들리지 않는 곳을 골라서……

- 하하하.

나는 실례이지만 소리를 내서 웃고, 그렇게 해서 술시戌時에 남서 방향을 향해서 말입니까, 그런 쓸데없는 말까지 했다. 박 선생님도 나를 따라 웃었는데, 그런 것을 지나치게 진지하게 이야기하고 있는 스스로가 부끄러워서, 또 그런 것을 본인이 믿고 있는 것은 아니라는 것을 웃음으로 무마하려는 듯 했다.

- 닭 울음소리가 들리지 않는 장소란 즉 인가에서 떨어진, 공기 좋은 곳, 그런 곳에서 하라는 의미인데요.

웃으면서 박 선생님은 그렇게 덧붙였다. 어쨌든 박 선생님이 산 검은 점토 상태의 물건은 네 가지 약을 뽕나무 가지로 이미 푹 곤 것임에 틀림없다.

- 아무래도 결심이 서지 않습니다.

국문법 교과서를 펼쳐서 한 군데를 나에게 질문한 뒤 어느 날 박 선생님은 나에게 말했다.

- 의사는 대체로 괜찮을 거라고 합니다. 연세도 아직 60도 안 되셨고, 지금은 다른 병도 없으시고. 수술 후 크게 도지지 않으면 괜찮다고 의사는 그럽니다만. 아무래도 아버지 쪽에서요. 그것도 전혀 수술을 하지 않으시겠다는 것은 아닙니다. 아버지는 아무래도 사람이 좋으셔서 말이죠. 나나 다른 사람들이 권하면 싫다는 말씀을 잘 하지 못하십니다. 저는 더욱 미안합니다. 당신도 해야겠다는 마음도 있으십니다. 너에게 맡긴다고 하십니다. 네가 하고 싶은 대로 하라고 하십니다만 잠시 후면 또 수술이 두려워지시는 겁니다. 고향에 가고 싶다, 고향 가서 죽고 싶다고 하셔서.

나는 작년에 돌아가신 우리 아버지를 상기하면서,

- 그러시겠지요, 다리 하나를 잘라내는 일이니까요. 어지간히 결심이 필요하지요. 나이도 드셨으니까. 게다가 이런 기분도 아버님께는 있는 것이 아닐까요? 유교 말입니다, 아버님은 유교에, 말하자면 집착하는 그런 분일 테니까요. 공자의 제사 주례를 몇 번이나 하신 분이니까요. 효경孝經인가요, 신체발부身體髮膚를 부모님께 받죠. 감히 손상시킬 수는 없다는 등등. 그런 식으로 몸에 상처를 내는 것은 어떤 이유에서건요, 싫을 뿐만 아니라 몸에 칼을 대는 것은 무릇 용서할 수 없는 일, 불의부덕不義不德하기 그지없는 것, 그런 식으로 생각하고 계시는 것은 아닐까요? 라고 내가 말하자, 그렇군요라 하듯 박 선생님은 크게 끄덕이고, 상당히 그런 면이 있습니다 라 했는데, 동료들은 두 사람의 이야기를 듣고 바보같다고 생각했을지도 모르겠다. 지루한 이야기를 지루하기 그지없는 말투로 노인네처럼 머리를 숙이거나 끄덕이거나 쯔, 쯔, 쯔…… 하기도 하니.

박 선생님 아버지의 경우와 비교하면 어느 쪽이 더 힘든 병인지는 모르겠지만 우리 아버지 병은 장암腸癌이었다. 수술하지 않은 채 이대로라도 1년은 거뜬할 것이다, 수술하고 결과가 좋다하더라도 2년 이상은 살지 못한다, 의사는 그렇게 말했다. 아버지도 나도 여러 가지로 망설인 끝에 의사의 말대로 수술을 하지 않았다. 아버지는 그 후 1년 남짓 사셨는데 박 선생님의 이야기를 듣고 있자니, 그 때 나나 우리 아버지가 느꼈던 당혹감이 생생하게 떠올라서, 그 때 의사나 내가 아버지에게 취한 처치가 타당했는지, 나 자신도 박 선생님만큼 시종 극진한 효도를 다했는지 회한의 정이 생길 수밖에 없었다.

– 여기 이 부분을 한 번 더.

라고 박 선생님은 문법 교과서를 내게로 내밀면서,

– 여기 이 부분인데요, 어떤 의미인가요, 시원한 저녁 바람 부분. 강조의 의미를 나타내는 조사 'ぞ'의 예문 말인데요.

– 시원한 저녁 바람 정말 남자로 태어나길 잘 했군*, 말입니까, 아, 이건 말이죠. 그렇게 말하며 오히려 내 쪽에서 질문자인 박 선생님에게 겸손한 자세로 내 불효를, 효도 잘 하는 박 선생님에게 친절하게 해주는 것으로 만회라도 하려는 듯 천천히 자세하게 설명하기 시작했다.

선생님 잠시만. 공부하시는 중에 죄송합니다만.

어느 날 박 선생님이 옆에서 그렇게 말을 걸었다. 나는 읽고 있던 책을 덮고, 뭡니까 라고, 박 선생님 쪽으로 얼굴을 돌리자 또 문법 질문이었다. 박 선생님은 총독부에서 편찬한 국문법 교과서를 펼쳐들고 나한테 내밀면서,

– 잠깐 이 부분을. 강조 의미의 조사 '시(し)'의 용례 말인데요, 어떤 의

* 예전에는 더운 여름 날 밤에 시원한 옷차림으로 밖에 나가 더위를 식힐 수 있는 사람이 주로 남자였기 때문에 생긴 구전일 것이다.

미인가요? 이 구(句)는.

- 아, 이것 말이군요.

박 선생님이 굵은 손가락 끝으로 누른 '살고 또 살아있는 것'의 의미를 평상시처럼 세밀하게 설명했다. 질문을 받는 내 쪽이 오히려 박 선생님에게 뭔가 미안한 듯한 기분으로 늘 설명하곤 한다. 이런, 내지인이라면 누구라도, 소학교 상급생이라도 알고 있는, 소설 제목으로도 사용될 정도의 말이라도, 이쪽 사람에게는 이해하기 힘든 것 같고, 또 그것도 무리는 아니라는 생각이 들었다. 실은 박 선생님은(다른 동료들도 마찬가지겠지만), 국어 회화는 대단히 잘하지만, 막상 국문법을 교실에서 가르친다는 것은 상당히 무리인 것 같다는 생각이 들었다. 지금까지 우리 학교에서는 내가 각 학년의 국문법을 혼자서 도맡아 해왔었는데, 2, 3년 전부터 고학년 국어 독본을 전부 맡아야 해서, 수업 시수 관계 상 문법까지는 도저히 할 수가 없었다. 그래서 문법을 다른 선생님에게 돌려야 했는데, 나 외에 두 사람의 내지인 교사 (실은 또 교련 교사가 한 명 있었지만 이 사람은 제쳐두고) 중 한 사람은 나와 똑같이 국어를 가르치고, 다른 한 사람은 역사·공민公民·수신修身을 가르치고 있었다. 둘 다 쉰이 넘었고, 공립학교에 오래 근무하여 연금수혜를 받은 후 이 사립학교에 온 선생님인데, 국문법은 못합니다, 학창시절 좀 공부했는데 그것도 모두 잊어 버렸습니다, 국문법만은 사양하고 싶군요. 두 사람 다 아무리 해도 맡지 않으려 해서 결국 '이쪽' 선생님들 중 누군가가 맡을 수밖에 없게 되었을 때, 자신 없지만 제가 해보지요, 라고 박 선생님이 자청했다.

- 모든 생물, 살아있는 모든 것, 이라는 의미입니다.

라 대답했는데, 그런 간단한 해답에 아, 그렇습니까 라고 이해할(알았다고 할) 박 선생님이 아니다. 그러면 살아있는 것, 이라고만 하면 되지 않습니까? 왜 '살고 또 살아있는 것'이라고 합니까, '살고 또'는 굳이 필요 없지 않습니까? 그것은 말이죠, 굳이 필요 없다면 필요 없습니다. 없어도 대체적으로 의미에 변화는 없습니다. 그러나 말이라는 것은, 그렇게 박 선생님과 같은 이치만으로는 되지 않습니다. 대체적인 의미는 같아도, 각각의 말, 각각의 표현법을 가진, 특색, 미묘한 색의 조합이 있습니다. 지금 말한 대로 모든 생명, 살아있는 모든 것의 의미 말인데요, '살고 또' 를 앞에 붙인 것은 말이죠, 살아있는 것은 누구든 모두, 생물이라는 생물은 모조리 전부…… 그런 느낌입니다. 이렇게 희한할 정도로 모두 이미 알고 있는 사실을 되풀이 하면서, 나는 조심스런 마음으로 설명하고 상대인 박 선생님도 열심히 귀를 기울였다.

겨우 납득이 간 듯 박 선생님은 잠시 침묵하고 있더니만, 실은 말이죠, 라고 웃으면서 말을 시작했다. 저는 국문법을 가르칠 자격은 물론 없을 뿐더러 실력도 그리 없습니다. 그러나 말입니다, 국문법을 맡은 지 2년이 되는데 제법 국어 실력이 늘었습니다. 이렇게 말하면 학생들한테 미안하지만, 학생을 수단으로 사용한 셈이 되겠습니다만, 교실에서 가르치는 것이 공부가 많이 되었습니다. 학생에게는 민폐였겠지만 요즘 제법 국어에 자신이 붙기 시작했습니다. 그리고 얼마 후 박 선생님은 2, 3일 계속 결근했다. 드디어 수술을 결행했구나, 하는 생각에 나도 조금 비장한 기분이었다.

- 어땠습니까?

5일째 아침, 내가 또 늘 하던 버릇처럼 박 선생님한테 묻자, 자지 못하고 피로해서인지 초췌한 얼굴로 고맙습니다, 덕분에 결과는 좋은 것 같습니다, 라며 머리를 숙였다.

- 고생하셨네요. 그러나 어쨌든 다행입니다.

평소 뭐라고 할까 다른 사람의 일에 무관심하고, 무관심이라기보다 냉담하고, 또 그것을 어느 정도 만족해하는 경향이 있는 나인데, 정말로 다행이라고 생각되었고 왠지 평소 걱정거리 하나가 없어진 듯한 기분이었다. 박 선생님 말에 따르면, 수술은 의전병원에서 했습니다. 우리 학교 교의校醫가 해주셨습니다. 수술실에는 들어가지 않았습니다. 병원에서 허락하지 않았습니다. 수술 후에도 의식은 또렷했습니다. 혹시 몰라서 수혈을 했습니다. 내 피를 드리려고 했는데 허락되지 않았습니다. 아버지가 자식에게 피를 주는 일은 있지만, 아버지가 자식에게 피를 받는 일은 없다고 하시며, 피를 파는 사람 그것을 직업으로 하고 있는 사람이 있다더군요. 그 사람 것을 받아서 주사했습니다, 아버지가 나를 놓아주지 않으셨습니다. 병원에 있어도 특별히 할 일은 없었습니다. 실은 그저께 즈음부터 학교에 나올 수 있었습니다. 아버지는 쓸쓸해하시며 나를 옆에서 놓아 주시지 않으셨습니다. 아버지도 불안할 겁니다. 익숙하지 않은 병원에 누워있어야만 하고요. 큰 수술 뒤이고요. 대단히 죄송했습니다. 오래 쉬어서 선생님들께 폐가 많았습니다.

그렇게 말하고 박 선생님은 한 번 더 머리를 숙였지만 박 선생님의 그러한 고풍스런 효행이 내심 정말 부러웠다. 일종의 압박감조차 느꼈다.

박 선생님은 매일 방과 후에 병원을 다니는 모양이었다. 경과는 계속 양호하다고 했다. 아버님의 '다리'에 대해서 어느 정도 여유를 가지고 서로 이야기할 수 있게 되었다. 박 선생님의 원래 말투는 언제나 의연하고 슬픔도 기쁨도 포함되어 있지 않은 투의, 어쩌면 그 양자를 모두 깊숙이 간직하고 있으면서도 밖으로는 조금도 내색하지 않는 식의 성실하고 그윽한 것이었다. 특히 요즘에 바뀌었다고는 할 수 없지만, 경과가 좋다는 이야기를 듣고 난 후부터 나는 여유를 가지고 박 선생님 이야기에 응대할 수 있게 되었다.

전교생을 용산 연병장으로 데리고 가 분열식 연습을 이틀 동안 시켰다. 5월 하순의 상쾌한 날씨로 연병장 주위에 심어 둔 포플러 고목에 난솜 같은 꽃이 쉬지 않고 날아다니고 있었다. 학생들 연습이 끝난 것은 이틀 모두 2시쯤이었다. 연병장에서 학생을 해산시킨 후 교원들은 혼마치本町까지 같이 나와 거기서 식사를 하고 헤어졌다. 그런데 박 선생님만은 이틀 모두 먼저 실례한다고 하며, 교무실에서 종종 농담거리가 되곤 하던 늘 쓰고 다니는 낡은 모자를 손에 들고 인사한 후 모두와 헤어져 연병장에서 곧바로 병원으로 달려갔다.

그렇게 이틀 동안 예행연습을 하고 난 다음 드디어 총독부 앞 큰 길에서 분열식을 거행하는 날, 박 선생님이 결근을 하여 혹시나 해서 나는 불안해졌다. 다른 선생님이라면 몰라도 또 다른 날이라면 몰라도, 청소년 학도에게 천황의 칙서가 내려진 것을 기념하는 몇 주년째 되는 기념일인 오늘, 이런 날에 박 선생님이 얼굴을 보이지 않는 것은 어지간한 일 즉 아버님의 용태가 급변한 것 말고는 달리 생각할 수도 없어서 그 날 하루 종일 걱정하였는데, 의외로 다음날에는 평상시처럼 출근했다.

내가 등교했을 때에는, 학교 부근에 살고 있는 그는 늘 그랬듯이 그 날 아침에도 이미 나보다 먼저 등교를 해서 살찐 큰 어깨를 앞으로 숙여 그날의 교안을 살펴보고 있는 참이었다. 나는 박 선생님 책상 옆 책상에 내 교과서 보따리를 내려놓으면서 언제나처럼 어떻게 된 일인지 물어보자, 박 선생님은 천천히 교과서에서 얼굴을 들고, 실은 말이죠, 할머니께서 '가출'하셨습니다, 며 늘 하던 식으로 이야기를 시작했다.

박 선생님 할머니 이야기는 그 때 처음 들었다. 아버지의 어머니로 이번에 아버지가 경성에 오는 김에 고향 집을 다른 사람에게 부탁하고 어머니도 할머니도 함께 오셨다는 것이었다. 정말 이거 큰일이겠군, 박 선생님의 아이가 남녀 합쳐서 7명인데(박 선생님은 아직 40세 전으로 이전의 이쪽 습관에 따라 열다섯 살에 빨리 결혼했다고 하며, 장남은 벌써 우리 학교 5학년이었다.) 그 외에 현재 여동생이 시집을 갔다 남편과 사별하고 아이 둘을 데리고 되돌아왔고, 남동생은 머리가 매우 나빠 을종乙種 상업학교에 적은 두고 있지만 늘 학교에 가지 않고 집에서 어슬렁거리고 있다. 게다가 또 세 명의 노인이 이렇게 시골에서 올라와 동거하고 있다. 아버지와 어머니가 예순 전후라고 하면 할머니는 여든을 넘기셨을지 모르겠다. 물론 '아버지'는 동거는 아니고 현재까지 병원에 누워 있다고는 하지만, 이것 참 큰일이로군, 어머니와 아내 그리고 아이 하나로 소가족인 나는 수술보다 이 상황이 더 힘들 것 같았다.

할머니는 시골에 있을 때부터 조금 망령기가 있었는데, 경성에 올라와서는 복잡한 환경에서 생활하게 된 때문인지 망령기가 갑자기 심해졌다. 소학교에 다니는 박 선생님의 아이로, 할머니에게는 증손이 되는 아이와 함께 학교 밑의 ×동洞 부근까지 갔다가 돌아와, 순기順基야, 하고 박 선생님의 이름을 부르고, 순기야, 오늘은 말이지, 온천에 갔다 왔단다 고, 종로 거리까지 역시 아이와 함께 갔다가 돌아와서는 순기야, 나는 말이지, 오늘은 말이지, 잠깐 고향에 갔다 왔단다 고, 학교에서 돌아온 박 선생님에게 이야기한다. 그런데 어제는 돌연 혼자 나가서 보이지 않아 박 선생님은 근처 사람과 마을 청년부에 부탁해 백방으로 찾아다니다 결국 방송국에까지 부탁해서, 이러이러한 나이의 이러이러한 풍모의 노인을 발견한 사람은 알려 주십시오, 라고 방송했다. 그날 밤 늦게 동네 파출소로부터 학교로 전화가 걸려와 그곳에서 할머니를 보호하고 있다는 것을 알게 되었다.

나는 그런 말도 안 되는 이야기를 물론 직접 듣지는 못했지만, 순기야, 오늘은 말이지, 내가 말이지, 하며 그날 밤에 할머니는 파출소에서 집으로 모셔진 후 박 선생님에게 어디에 갔다 왔다고 이야기했을까?

– 그래도 아버님이 결심을 잘 하셨군요.

자리가 나란히 옆이라서 어느 날엔가 또 그 일에 대해 이야기하자, 박 선생님은 두꺼운 국역한문대성國譯漢文大成의 '논어論語' 부분을 천천히 덮고, 늘 그렇듯이 똑같은 어투로 이야기를 시작했다. 아버지는 포기하고 계셨던 것입니다. 각오하고 계셨습니다. 실은 시골에 있을 때에 말이죠, 점쟁이가 당신은 절름발이가 될 겁니다. 아주 오래 전 아직 발에 육종이 생기지 않았을 때입니다. 그렇게 말한 적이 있답니다. 자신은 절름발이가 될 운명이라고 각오하신 것이죠. 수술 전에 아버지께서 오히려 적극적이 되어, 수술하면 의족義足을 사 주렴. 조금 큰 맘 먹고 돈 좀 써서 훌륭한 것으로 사 주렴. 의족을 한 모습을 고향에 가서 사람들에게 보여줘야겠다. 다리를 잘라도 요즘은 이런 좋은 것이 있습니다. 조금도 불편하지 않습니다. 경성에서 선생님 하고 있는 우리 아들이 사줬습니다. …… 그렇게 말씀하시며 대단히 활기찼었습니다. 제가 훌륭한 의족을 사드린다는 조건으로 수술을 승낙하셨습니다. 그것을 몇 번이나 다짐하기도 하셨습니다. 수술 직전에는 오히려 우리 쪽이 더 걱정했습니다. 덕분에 수술 전보다 몸 상태가 좋다고 하셨습니다. 비용도 말이죠, 우리 교의校醫 선생님이 근무하고 계신 병원이라서 대단히 편의를 봐 주었습니다. 수술비나 입원비도 거의 실비로 일반 금액의 반도 안 될 정도였습니다.

이야기가 끝난 박 선생님은 한문대성을 아까 덮던 때와 똑같이 천천히 펼쳤다. 박 선생님은 자신이 담임을 맡은 학급의 상과商科와 국문법 교과서를 펼쳐놓고 있지 않은 때에는 언제나 논어나 맹자를 번역하고 있다. 그것이 앞서 말한 국역한문대성인 경우도 있고, 조선에서 발행한 재래의 조선식 한문인 경우도 있다. '맹자전해孟子全解' 등 소위 학생들 수험 참고서인 경우도 있다. 유교의 경전을 연구한다라기보다 항상 책상 오른쪽에 놓아두고 친하게 지내고 있는 듯했다.

어느 날 나는 헌 책방에서 논어의 영어 번역 즉 원문과 국역과 영어 번역 세 가지를 대조할 수 있는 책을 발견했다. 싸기도 해서 바로 사서 증정했더니, 호, 이런 것이 있습니까? 공손하게 손에 쥐고, 내가 오히려 황송할 정도로 기뻐했었다. 논어와 맹자 그리고 대학과 중용 등은 거의 암기하고 있지 않을까? 동료들이 돌아간 방과 후에 교무실에서 소리를 내서 암송하는 일도 있었다. 조선식 한문으로 위에서부터 쭉 봉독하는 일도 있지만 요즘은 대개 국어식으로 위 아래로 오가며 해석하는 방식으로 읽고 있다. 실은 저는 아직 종래의 조선식으로 읽는 방법이 의미가 알기 쉽습니다. 그러나 이렇게 국어식으로 읽으면 국어 특히 고문古文 공부가 아주 잘 됩니다, 라고 선생님은 나에게 말했다. 여기는 국어식 한문으로는 어떻게 읽어 내려가면 좋을까요? 또 박 선생님이 논어나 맹자 중 한 군데를 손가락으로 가리켜 질문을 하면, 아, 이것 말입니까? 이것은 말이죠, 하고 평소 서두르고 말이 빠른 내가, 동료들에게 냉담하고 때로는 거만하게 보이기도 하다는 내가, 침착하고 친절한 어투로 설명해준다. 중후한 박 선생님의 태도가 그 사이에 감염이라도 된 것인가?

- 몸이 바르면 명하지 않아도 행한다, 라는 말이 논어의 ×편에 있습니다만.

라는 식으로 박 선생님은 경서의 문구를 끄집어내서 그것을 서두로 삼아 자신의 감상을 말했다. 이들 서적에 평소 익숙한 선생님은 무슨 일이 생기면 금방 책 속의 말이 머리에 떠오르는 듯 했다. 몸이 바르면 명하지 않아도 행한다, 몸이 바르지 않으면 말이죠, 명하더라도 행하지 않는다. 나는 현재 열 몇 명 가족인데요, 아이가 일곱 명에 남동생과 여동생, 요즘은 아버지와 어머니 게다가 할머니까지 시골에서 올라와 계신 상태입니다. 그런 대가족의 제가 뭐 가장이긴 합니다만, 아무래도 집 안이 잘 돌아가지는 않습니다. 아이들도 상급학교인 중학교나 여학교에 보내는 것도 내 뜻대로 되지 않습니다. 가계 일은 전부 집사람한테 맡겼습니다만 매달 모자란다, 모자란다고 합니다. 당연한 말입니다. 특히 지금은 이렇게 아버지가 입원해 계시기 때문에 거기에 들어가는 돈이 굉장합니다. 나는 요즘 학교를 빠지는 날에는 병원에 가 있어서 집안일에는 신경도 쓰지 못하는데요, 몸이 바르면 명하지 않아도 행한다 라죠, 제 수양이 모자라기 때문입니다. 몸이 바르지 않으니까요. 더 수양이 쌓이면 가계의 일은 제쳐두고라도, 아이들도 말을 잘 듣고, 집 안도 정돈될까요? 요즘 아버지가 오시고부터는 그렇지 않습니다만 친구들 초대받아 밤늦게 취해서 집에 돌아가는 일도 가끔 있으니까요. 대학의 문구인 '수신제가' 를 인용하면서 동일한 심정을 논할 때도 있었다.

– 공자님도 말씀하신 대로, 배우는 것이 상책이다, 군요.

또 어느 때는 이런 식으로 미리 서두를 꺼내고 시작하는 경우도 있었다. 실제 박 선생님만큼 우리 학교에서 이처럼 면학에 힘쓰는 선생님도 없을 것이다. 독서의 범위도 좁고 또 지금까지 그렇게 많은 독서를 한 것으로는 보이지 않지만, 어떻게든 독서를 해서 바른 것을 알자, 그렇게 바르게 살아가자, 라고 하는 태도를 모든 면에서 엿볼 수 있다. 다른 학교는 모르겠지만 우리 학교 선생님들은 거의 공부를 안 한다고 해도 과언이 아니다. 우선 학교에서 가르치는 교과서 이외의 책이 책상 위에 펼쳐져 있는 경우는 없다. 물론 학교에서는 교과서 이외의 책은 펴지 않는 것이 지당하겠지만. 그렇다고 해도 가르치기 위해 참고해야 할, 여러 가지 읽지 않으면 안 되는 서적은 분명 있을 것이다. 실은 그 교과서마저 거의 보지 않는다고 하면 지나친 말이 되겠지만, 박 선생님만큼 면밀하게 조사하는 선생님도 없다. 독서하는 사람은 겨우 한 두 사람 정도로, 동경의 사립대학 상과商科를 나와서 국내외 소설책을 무책임하게 읽어대는 ×선생님이 있고, 여기 ××전문 출신으로 학창시절에는 그곳의 ×박사 밑에서 ××쪽 공부를 했다고 하는 ×선생님이 「개조(改造)」나 「중앙공론中央公論」에 실린 논문을 어디서 얻어 읽고서 그것에 대해서 당돌하게 나에게 말을 거는 그 정도이다.

내가 내심 불만인 것은, 그 불만을 도저히 입 밖에 내서 말할 용기도 없고 또 말한다고 해서 그들이 경청할 정도로 내가 그들로부터 신임을 받고 있지 않지만, 내 불만이란 일반적으로 동료들이 공부를 하지 않는다는 것이다. 공부라고 해서 물론 책을 읽는 것만은 아니겠지만, 어떻게 하면 행복해질까, 그들뿐만 아니라 일반적으로 '이쪽' 사람들이 어떻게 하면 행복해질까, 요즘 같은 시국에는 어떻게 하는 것이 바른가를 독서나 사색을 통하여 파악해보려 하지 않는 것 같다. 현재 그들의 사고방식이나 태도가 어떻다기보다는 할 수 있는 한 최대한 골똘히 사색한 것을 근거로 한 사고방식이나 태도가 아닌 것 같다. 이 점이 나는 가장 안타깝다. 다른 사람의 경우는 제쳐두고라도 박 선생님이 배우는 것이 상책이다, 라고 절절히 후회하면, 나 또한 그 말을 처음 듣는 것처럼 깊이 감동을 받아 배우는 것이 상책이다, 배우는 것이 상책이다, 라고 마음속으로 반복하게 되는 것이다.

- "공자께서 말씀하시길 내가 일찍이" 박 선생님은 이 구절을 처음부터 암송하기 시작했는데 만약 다른 사람이 그렇게 했다면 나는 귀찮게 여기거나 눈꼴사납게 느꼈을 것이다. "내가 일찍이 종일 먹지도 않고 자지도 않고", 본인은 하루 종일 밥도 먹지 않고 밤새도록 자지도 않고 이것저것을 생각해 봤지만, 생각은 정리되지 않은 채 이것저것 갈피를 잡지 못할 뿐이다. 결국 "배우는 것이 상책이다." 책을 읽는 수밖에 없다. 공부하는 수밖에 없다. 그리 말씀하시는 것이지요.

그렇다, 공부 공부라는 박 선생님의 말을 들으면서 나는 다시 스스로 마음에 채찍질을 하지 않을 수 없었다. 박 선생님이 머리가 똑똑하거나 명석한 것은 결코 아니다. 내가 국문법을 설명해도 좀처럼 이해하지 못하는 경우가 많다. 공부를 열심히 하는 것 치고 머리가 그만큼 좋지 않은 것도 동료들로부터 경의를 받지 못하는 이유이기도 하다. 독서도 빠르지는 않다. 따라서 많이는 읽지 않았다. 그러나 끈질기게 읽기 시작한 책은 끝까지 읽는다. 자신의 마음에 납득이 갈 때까지 몇 번이고 반복해서 읽는다. 박 선생님답다고 할 수 있는 정직한 읽기이다. 그리고 또 독서로 얻은 지식이 옳다고 믿으면 곧 실행에 옮긴다. 이것은 쉽지 않은 일이다. 도저히 우리—적어도 나는 감히 따라할 수 없다. 실행이라는 말이 나는 두렵다. 실행이라고 입으로 말하는 데는 일초의 10분의 1도 필요 없지만, 손톱 끝 만한 생각이라도 실행에 옮기는 단계에 이르면 100의 용기가 필요하다. 정말로 쉽지 않은 일이다. 나뿐만 아니라 현대의 지식인에게 제일 부족한 점이고, 게다가 지금 시대에 제일 '없으면 안 되는' 것이다. 내가 박 선생님에게 내지인 반도인 합쳐서 20여명의 동료 중 그 누구보다도 호의(경애라고 하는 편이 좋을 것이다)를 느끼는 것은 온화한 성품에 더해 성품 속에 들어있는 굳은 신념과 그것을 실행에 옮기는 용기 때문이다. 어찌하여 나는 이렇게 용기가 부족한 걸까? 속담에 용기가 없으면 아무 것도 없다고 했다. 신념과 용기가 지금만큼 모든 사람에게 요구되는 시대는 없을 것이다. 나는 내 나름대로 이렇게 마음속으로 생각에 잠겨 있었는데, 일본정신에 대해 쓴 책으로는 누구 것이 좋을까요? 일본역사의 지식이 빈약한데요, 소학교 때 지식밖에 없습니다만 어떤 책부터 시작하면 좋을까요? 박 선생님은 마지막으로 그런 질문을 나에게 했다.

맹자의 ××에 이런 말이 있잖아요?

내 쪽에서 이렇게 말을 건 적도 있었다. 나에게는 이상한 버릇이 있다.

버릇이라고만 해서는 안 되는 나의 비굴한 성격 탓인 것 같다. 상대가 제일 잘 알고 있을 것 같은, 따라서 그것에 대해서 이야기하는 것을 제일 좋아할 것 같은, 그런 화제를 교묘하게 내 쪽에서 거론한다. 예를 들면 젊은 ×선생님에게는 음악의 슈베르트라든가 쇼팽의 이름을 말하며, 슈베르트의 '물방앗간의 처녀'를 듣고 싶은데요, 어느 찻집에 있을까요? 이번에 임××라는 반도인이 대매大每* 주최의 음악 콩쿠르에서 작곡부제×위에 입선했군요. 유도 선생님이라면, 예를 들어 길에서 우연히 만나 찻집에라도 들어가 이야기할 때는, 카노 지고로嘉納治五郎** 선생님이나 작년 신궁대회神宮大會의 유단자 시합에서 우승한 반도 출신 ×××5단 등에 관한 이야기를 꺼낸다.

그래서 한 시간 정도는 반도 출신 유도 선생님인 그와 내지인 국한國漢 교사인 나는 꽤 유쾌하게 이야기할 수 있다.

그 모든 화제를 내 쪽에서 꺼내고, 게다가 항상 그 속에 반도 출신의 유명인 이름을 자주 넣는다. 전에 말한 영문과 출신 ×선생님의 경우라면 당연히 문학 이야기이다. 모로아의 「프랑스사」를 읽어 보셨습니까? 전 아직 읽지 않았지만 대단히 잘 팔린다면서요. 이광수李光洙씨의 「유정」 일본어 번역이 ××사에서 나왔습니다. 김사량金史良이 이번 달 ××에 또 썼습니다. 작품의 완성은 그렇다 치고 제법 좋은 문장이지요. 미술 교사로 선전鮮展에 여러 번 특선이 된 적이 있는 ×선생님이라면, 화신백화점의 ×층에서 김 아무개라는 사람이 개인전을 열고 있는데 선생님 보셨습니까? 그 양반은 어떤 경력의 사람인가요? 선생님, 세잔의 화집을 가지고 계십니까? 저는 한 권 어젯밤 헌 책방에서 발견했습니다. (이것 역시 결코 거짓은 아닌데) 고흐보다도 역시 세잔이죠. 처음에는 고흐에게 깊

* 현재 일본 마이니치(每日)신문의 전신인 오사카(大阪) 마이니치(每日)신문의 약자

** 고도칸(講道館)이라는 도장을 세우고 일본 각지에서 전승되어 오던 수많은 고대무술을 취합, 정리하여 유도의 기틀을 잡은 인물

은 감명을 받았지만 조금 질립니다. 조선의 서양화단에서 지금 가장 활발하게 활약하고 있는 사람이 선생님께서 보시기에는 누구입니까? 역시 김인승金仁承 정도가……. 뭐든지 다 안다는 소리를 동료들로부터 듣기 때문이기도 하지만, 그러한 나의 태도에 때론 나 스스로도 전율을 느끼는 것이다. 물론 내가 가지고 태어난 근성 때문이기도 하겠지만 이 학교에 봉직한 지 이미 십 년, 처음 몇 년 동안 내지인 교사는 나 혼자 뿐이었다. 그 사이 십 몇 명이나 되는 조선인 선생님들 사이에 섞여서 거만하다든가 또는 냉담하다든가, 내가 그들에게 말하자면 민족적 우월감을 가지고 대하고 있다고 오해나 받지 않을까 하는 필사적인 것에서, 혹은 그렇게 생각되지 않도록 해야지 하는 나의 심약함에서, 자연스럽게 육성된 비굴한 수다는 아닐까? 누구를 비난할 것도 없지만 돌이켜 보면 암연할 때가 있다. 결국 박 선생님에게는 한문 이야기를 하게 되고,

-"선한 자는 좋아 한다" 라는 말이 있지 않습니까? 그렇게 박 선생님을 향해서 나는 이야기를 시작했다.

"선한 자는 좋아하고 선하지 않은 자는 미워한다" 논어의 자로편子路篇에 있습니다. 선한 사람이 좋아하고, 악한 사람은 반대로 두려워 싫어하는 그런 사람이 되어야 한다. 그것이 군자이고 바른 사람이다. 어느 세상이나 바른 사람에게는 꼭 반대자가 있다. 당연히 일부 사람들로부터 미움을 받는 것이라고 공자님은 말씀하셨지요. "자공子貢이 물어 말씀하시길" 인가요? "고향 사람 모두가 좋아한다면 어떻습니까?"…… 이런 식으로 국한 교사인 나는 또 박 선생님을 상대로 계속 이야기한다. 물론 박 선생님이 잘 아는 문구이긴 하지만, 또 그 때문에 박 선생님에게 이런 문구를 이야기하는데, 나 자신도 박 선생님과 이런 식으로 이야기하는 것이 다른 동료들과 이야기 할 때와 달리 너무나도 유쾌하다.

물론 이 경우도 박 선생님의 애독하는 논어의 문구를 내 쪽에서 들먹

여 박 선생님을 기쁘게 하는 평소의 버릇 때문이긴 하지만, 그저 무의미하게 이 문구를 박 선생님에게 말한 것은 물론 아니다. 박 선생님이 좋아하는 화제니까 말하는 것도 역시 아니다. 박 선생님에 대한 애정 표현이다. 학교에서 박 선생님은 독립적이라고도 말할 수 있는 입장, 나는 이를 강조하고 싶었다. 현재 그러한 입장에 있는 박 선생님을 위로하고 용기를 북돋아 주고 싶다. 또 나 자신도 혼자 바르게 살아가고 싶다거나 혼자 스스로 고고하다는 것은 특히 요즘 시대에 온당한 태도는 아니겠지만 설령, 설령 말이다, 혼자가 되어도 바르게 살고 싶다, 그러한 마음가짐으로 살아가고 싶다, 라는 절실한 염원에서였다. “고향 사람 모두가 좋아한다면 어떻습니까?” 마을 사람들 전부가 좋아할 만한 인물은 어떤가요? 군자가 아닐런지요? 공자께서 말씀하시길, “아직 불가하다.” 공자께서 말씀하시길, 아니 아직 그것으로 충분하지 않다. 진짜 인격자, 군자라고는 말할 수 없다. 그래서 자공이 또 질문하기를, “고향을 사람 모두가 싫어하면 어떠합니까?” 공자께서 역시 “아직 불가하다”고 말씀하신다. 그리하여 마지막으로 “고향 사람 중 선한 자가 좋아하고, 선하지 않은 자가 싫어하지 않으면 안 된다”라고 하셨다. 착한 사람이 좋아하고 나쁜 사람이 싫어하는 사람이 진짜 인격자, 군자라고 칭할 수 있는 사람인 것이지요. “선한 자가 좋아하고 선하지 않은 자가 싫어한다.”

그리고 나서 얼마 후 다시 박 선생님은 사흘이나 연이어 학교를 쉬었다. 그렇지만 사실 일요일이 끼여 있어서 박 선생님이 쉰 것은 앞뒤 토요일과 일요일* 이틀이었는데, 어찌 된 일이십니까? 평소처럼 내가 묻자,

- 아버지 다리를 시골로 가지고 갔었습니다.

- 아, 그랬습니까? 병원에 계속 놔두었겠네요.

- 아니요, 우리 집에 가져다 두었지요.

* 내용상 월요일이겠지만 원문 그대로 일요일로 번역

- 그렇겠지요. 언제까지나 그렇게 내버려 둘 수는 없을 테니까요.

나는 가슴 아픈 일을 또 들추어내는 것 같아 그렇게 이야기한 것인데, 박 선생님이 덧붙여서, 아버지도 빨리 시골로 가져가서 조상의 묘지에 묻고 싶다고 내가 찾아갈 때마다 누워계시면서 그렇게 말씀하십니다. 그런 것을 말하기는 뭣하지만, 집에 놔두면 냄새가 날 뿐만 아니라 집에 있는 사람들도 찜찜해 하고요. 함부로 다루어서도 안 되기에 토요일에 고향에 갔었습니다. 바로 다음 날 돌아와서 월요일부터 출근할 생각이었죠. 아버지 병 때문에 종종 결근을 해서 월요일부터 반드시 학교에 나올 생각이었습니다. 그런데 다리를 묻고 난 뒤 제사를 지내고 도와준 친척이나 마을 사람들에게 인사도 하고, 제사를 지낸 뒤에 그 사람들을 우리 집에 초대해서 마을 관습대로 술을 대접하느라 하루 연장되었습니다. 어젯밤 늦게 돌아왔습니다. 이것으로 드디어 전부 다 정리되었습니다. 아버지께서도 그 후로 순조롭고요. 이제 얼마 후면 퇴원하시겠지요. 학교에도 더 이상 폐를 끼칠 만한 일은 없을 겁니다 라 했다.

그 다음 날부터였나 1학기 임시 고사가 시작되었다. 시험 기간 중 일이었다. 어느 날 아침 등교해 보니 박 선생님은 언제나처럼 앞으로 구부정하게 해서 백과대사전을 펼쳐 보고 있었다. 무엇을 찾고 있습니까? 하고 나는 교과서와 도시락 보자기를 내 책상에 놓으면서 곁눈질을 하자, 간질이라 쓰인 부분이 펼쳐져 있다.

- 실은 말이죠.

커다란 백과대사전에서 얼굴을 떼면서 평상시처럼 느릿한 말투로 남동생이 간질인 것 같다고 한다. 어젯밤은 한숨도 못 잤다. 올해 열일곱 살로 신경쇠약에 걸려 학교를 쉬고 있는 남동생이 밤중에 갑자기 일어나서 온돌방에서 체조를 하기도 하고 벽을 두드리기도 한다. 위험해서 눈을 뗄 수가 없어 밤이 샐 때까지 멈추게 하려고 남동생 몸을 안고 있었다. 팔에서 빠져나가 또 날뛰려고 해서 몇 번인가 때리기도 했다.

- 마치 몽유병자 같아요. 때로는 꽤 심하게 때렸는데도 전혀 소용이 없어요. 내가 곁에 있는 것도 의식하지 못하는 모양입니다.

- 간질은 아니겠지요, 하지만. 간질이란 그런 것은……

늘 그렇듯이 바로 그 자리에서 내 의견을 피력하지 않고는 배길 수가 없어, 그것은 유전적인 것입니다. 세상에 흔히 있는 병은 아닙니다. 돌연 길가에서 뒤집어져 사지가 경직되고 게처럼 입에서 거품을 물기 시작합니다. 러시아의 도스토예프스키라는 소설가는, 등등 그 자리에서 또 쓸데없는 말을 하며, 말하자면 의학적 지식이 아니고 소설에서 본 간질 발작의 장면을 2, 3개 소개한 것에 불과했다.

- 아니요, 간질인 것 같습니다. 그렇게밖에 생각할 수 없습니다.

박 선생님은 다시 백과대사전으로 눈을 돌리고 부분 부분을 나에게 읽어 주기 시작했다. 박 선생님 성격으로 일단 그렇다고 생각하면 좀처럼 다른 사람이 말하는 것은 받아들이지 않는다는 것을 나는 잘 알고 있었기 때문에, 그런가요, 일단 의사에게 보이는 편이 좋겠다고 덧붙이는 것 외에 달리 방법이 없었다.

- 남동생의 경우와 완전히 맞아떨어집니다. 박 선생님은 더욱 꼼꼼히 대사전을 읽으면서, 여기에 있습니다. 발작 전후 또는 평소의 정신 상태로 불쾌, 의심, 그리고 자기중심적. 평소 입 다물고 집안 식구들과 말도 하지 않지만 지독하게 자기중심적입니다. 자기 일 이외에는 무엇 하나 하려 하지 않는 녀석입니다. 고집, 거만. 머리 나쁜 것 치고는 소학교는 한 번만 낙제했는데, 지독하게 거만하고 자신이 최고로 훌륭한 사람인 줄로 착각하고 있습니다. 경신敬神, 결벽. 하나하나 맞아떨어집니다. 그리고 여기에, 대다수 사춘기에 발병—남동생은 요즘 성에 눈뜨기 시작했습니다만, 박 선생님은 대사전에서 얼굴을 들고 조금 얼굴을 붉히고 웃

으면서 남동생이 요즘 좋지 않은 습관에 빠진 것 같습니다. 남동생이 부끄러워하지 않도록, 몸이나 머리에 매우 나쁘다고 한 번 주의를 준 적이 있습니다.

- 나에게는 역시 그런 나이에 흔히 있을 법한 정신쇠약이 조금 심한 정도로 밖에는 생각되지 않습니다만.

조심스럽게 한 번 더 강조했지만 박 선생님은 평소처럼 온화한 말투임에도 불구하고 간질이라고 하는 의견은 도무지 철회하지 않고, 치료법으로는 말이죠, 라고 다시 대사전을 들여다보면서, 외과적 수술과 식이요법이 있다고 합니다. 외과적 수술은 좀 그렇고, 식이요법은 이것도 정설은 아니라고 하지만 미국 같은 데에서 행해지고 있는 방법으로, 지방이 많은 함수탄소含水炭素나 단백질이 적은 식물…… 여기 표에 적혀 있습니다. 버터, 돼지고기, 우유, 깨, 달걀……

그 다음 날 박 선생님이 이야기하기를, 어제 아버지가 입원하고 계시는 병원인 의전이 아니고 대학 부속 의원 정신과에 데리고 갔더니, 모른다고 합니다. 어젯밤에는 돼지고기 ×근(몇 근인지 기억하지는 못하지만 굉장한 양)을 자기 전에 한꺼번에 먹였더니 새벽까지 푹 잤습니다.

옆에 나란히 앉아 있어서 자연히 여러 가지 일을 서로 이야기하게 되는데, 어느 날 박 선생님은 내 책상 위에 몸을 기울이고 내 책상 위의 백지 한 구석에다 약마태중弱馬駄重이라고 썼다. 그리고 내 얼굴을 보며 웃었다. 나도 따라 웃으면서, 무슨 일입니까? 하고 묻자, 박 선생님은 한 번 더 소리 없이 웃으면서 어제 점을 봤습니다 라고 한다. 저는 별로 점을 믿지는 않지만 아내가 한 번 보라고 자꾸 권해서 요즘처럼 집 안에 여러 가지 일이 있으니까요. 길가 같은 데에 갓을 쓴 노인이 그림이 그려진 책을 펼쳐 놓고 앉아 있잖아요. 그 사람이 점쟁이입니다. 지금까지 두세번 봤습니다. 생년월일을 말하면 됩니다. 사주라고 해서, 태어난 해, 월, 일, 그리고 시간, 진시辰時라든가 신시申時라든가. 그것만 말하면 알고 싶은 것을 종이에 써 줍니다. 시의 구절 같습니다. 그밖에도 여러 가지 써주었는데 이번에도 이상하게 맞습니다. 당신의 운명은 약마태중이라는 겁니다. 이것만은 적어도 맞춘 셈이죠? "약한 말에 무거운 짐" 맞죠? 일본어식으로 읽으면 아버지나 할머니를 말에 태운 짐에 비유하면, 좀 죄송스럽지만, 또 그 짐이 특별히 무겁지는 않을 테지만, 나란 '말馬'은 분명 약하니까요. 나만 똑바로 정신 차려고 있으면 조금도 곤란할 것은 없겠지만.

어째서 약하다는 것일까? 박 선생님이나 되니까 이런 가정 상태를 견뎌 가는 것이다. 박 선생님이 약마설을 주장하고 있는 사이에 나는 나대로 몰래 감회에 젖어 있었다. 박 선생님은 평소 걸음걸이대로 굵은 목과 살찐 몸을 조금 앞으로 구부리고, 오른쪽 어깨를 앞으로 쑥 내민 듯이 하여 부지런히 걷는 모습에서, 무거운 짐을 잔뜩 실은 큰 달구지를 끌고 가기를 망설이는 말, 아니 소가 연상되어 일종의 비장한 기분마저 들었다.

박 선생님의 오른쪽 어깨에 대해 언젠가 내가 물은 적이 있었다. 선생님은 오른쪽 어깨가 조금 굽었군요, 라고 하자 박 선생님은 굽은 것은 왼쪽 어깨라고 말했다. 아닙니다, 오른쪽입니다 라고 하면, 아니 왼쪽입니다 라고 또 말하였기 때문에, 이쪽이에요, 오른쪽이 아닙니까? 라고 손을 뻗어서 박 선생님의 오른쪽을 치자, 툭하며 지금까지 튀어나온 오른쪽 어깨를 뚝 떨어뜨리며, 왼쪽입니다, 나는 태어날 때부터 왼쪽이 굽어 있었습니다. 그래서 그것을 고쳐서 좌우를 균등하게 하기 위해서 말이죠, 평소에 일부러 왼쪽이 튀어나오도록 했습니다. 잘 때는 오른쪽 어깨를 일부러 이렇게 심하게 구부려 자기 때문에 숨이 막혀 밤중에 눈을 뜨기도 하고, 다음 날 하루 종일 어깨가 아플 때도 있습니다.

중간고사의 제×일은 6월 1일, 애국일愛國日이었다. 시험은 한 시간 뒤로 늦추고 첫째 시간은 강당에서 애국일 식을 거행했다. 전례에 따라 기미가요君が代*, 칙서봉독, 황국신민의 맹세, 교장 훈화, 마지막으로 '바다에 가면'을 합창하고 식을 마쳤다. 나는 박 선생님과 조금 떨어진 곳에 서있었는데 평소처럼 박 선생님은 학생들과 함께 목청껏 기미가요를 부르고 맹세를 소리 내어 암송하고 있었다.

그것은 지극히 당연한, 아무것도 아닌 것 같아도 사실 지금 상황이 아무것도 아닌 것이 아닌 것 같다. 다른 선생님들, 즉 내지인 반도인 합쳐서 20여명에 대해 지금 여기서 가타부타할 것은 아니지만, 그 가운데 누군가에게 왜 당신은 부르지 않습니까? 만약 내가 그런 용기가 있어서 물어 본들, 그것은 그 선생님들의 사고방식으로, 선생님은 특별히 목청껏 학생들과 함께 부르지 않아도 괜찮다, 라고 생각하는 사람도 있을 것이고, 마음속으로 봉창하고 있습니다 하고 대답하는 선생님도 있을 것이다. 사실 나는 이쪽 선생님들에 대해 전혀 아는 바가 없다고 해야 할 정도이며, 나 자신이 식장에서 20여명의 선생님들의 입을 주의 깊게 지켜 본 것도 아니다. 그들의 동료인 내가 ××도 아니고, 왜 그런 비상식적인 일을 저질러야 할 필요가 있겠는가? 게다가 600명 학생의 대합창 속에 녹아들어 있는 각 선생님들의 목소리를 하나하나 식별할 도리도 없다. 또 그런 형식상의 일로 모든 선생님의 마음가짐에 대해서 이러쿵저러쿵하는 것은 예의에 어긋날 뿐만 아니라 말도 안 되는 소리이다. 그저 나는 박 선생님에 대해서만 이야기 하자면, 박 선생님의 저력 있는 목소리를 명확히 들으면서, 신념 없이는 안 되는 일이라고 나 나름대로

* 일본의 애국가에 해당되는 노래

감격한 것뿐이다.

그 2, 3일 전이었든가 거리에서 우연히 박 선생님을 만나서 이야기를 한 적이 있다. 저녁 6시쯤이었을까? 나는 그날 시험 답안을 학교에서 잠시 살펴본 후 그것을 보자기에 싸서 종로로 나왔다. 종로에서 혼마치를 돌아 책방에도 들러 돌아갈 작정이었다. 종로 ×번지 주변에서 불쑥 저쪽 광화문 거리 쪽에서 특이한 걸음걸이로 오는 선생님과 마주친 것이다. 이런 일은 드문 일이다. 학교에서 나란히 자리를 앉아 시종 친하게 지내고 있지만, 그렇기 때문에 오히려 함께 거리를 산책하는 일은 거의 없다.

- 아, 이것 참. 지금 학교에서 돌아가시는 길입니까?

평소처럼 침착한 모습으로 박 선생님이 먼저 말을 걸어왔다. 우연히 거리에서 나를 만난 것이 기쁜 듯, 선생님 어디 저 쪽에서, 라며 나보고 술집에 가자고 했다. 이는 정말로 드문 일이어서 나도 어쨌든 기쁜 마음으로 그를 따랐다. 지금 병원에, 아버지 병문안을 갔다 돌아가는 길입니다 라고 박 선생님은 말했다. 아버지는 그 후 점점 순조로워 앞으로 일주일만 있으면 퇴원하시게 될 것 같아요. 교의 선생님 덕분에 수술비나 입원비도 거의 실비로, 일반 금액의 반도 안 될 정도로 해결될 것 같다는 등, 예전에 나에게 이야기했던 것을 걸어가면서 다시 반복했다. 두 사람이 들어간 곳은 화신백화점 뒤 작부 대신에 노파가 앉아 있는 매우 작고 쓸쓸한 주막이었다. 서로 익숙하지 않은 장소여서 약주 서너잔에 안주를 두세개 집어먹은 후 허둥지둥(게다가 그 사이 거의 말도 하지 않고) 그곳을 빠져나와 주변의 레코드가 없는 조용한 찻집에 들어가 이래저래 두 시간 가까이나 이야기를 했다.

매일 얼굴을 서로 마주보고 매일 서로 이야기 하는 두 사람이라서 딱히 새로운 화제가 있었던 것은 아니지만, 우리 조선인에겐 말이죠, 내선

일체內鮮一體로 가는 외에 달리 방법이 없다고 생각합니다. 나도 여러 가지를 생각해 보았습니다. 나로서는 아무래도 황국신민으로 살아가는 길밖에는 없다고 생각합니다. 이전에도 한 번 박 선생님으로부터 들은 적이 있는 말인데, 단단한 체구를 책상 쪽으로 쭉 내밀고 듬직한 양손을 그 위에서 강하게 쥐면서 박 선생님은 오늘밤에도 나에게 진솔하게 말했다. 여러 가지 생각해보았다. 역시 박 선생님은 그랬을 것이다. 그 심적 경과야 어떻든 그것은 쉬운 일은 아니었을 것이다. 여러 가지를 생각해 본다. 말로는 간단하겠지만 그리 녹녹한 일은 아니다. 박 선생님과 같은 경우에만 해당되는 것은 아니다. 지금의 시세로는 우리들 내지인도 여러 가지 생각해 봐야 할 필요성에서 예외는 아니다. 나 자신 여러 가지를 생각해 보았는가? 내 현재의 행동은 여러 가지 생각해 본 결과 도달한 결론, 신념에 의한 것인지 아닌지? 박 선생님은 언행이 부드러운 반면 마음은 지독한 부분이 있다. 완고하다고까지 생각될 때도 있다. 그런 성격상 지나치게 이치를 따지는 점조차 있다. 스스로 생각해 보고 마음 깊숙한 곳까지 납득되지 않는 한, 누가 뭐라고 해도 '그렇겠지' 라 답하는 남자가 아니다. 여러 우여곡절도 있었겠지만 박 선생님이 현재의 태도를 취하기까지는 상당히 힘겨웠을 것이다. 글자 그대로 뼈를 깎는 고뇌를 겪어왔을 것이다. 그 큰 덩치가 몇 날 밤을 이불 속에서 이리 뒤척이고 저리 뒤척였을 것이다.

여러 가지 생각해보았다, 란 그 한 마디가 무엇보다도 나에게는 기뻤다. 여러 가지 생각해보고 박 선생님이 도달한 결론도 결론이지만, 여러 가지 생각해보았다, 그것이 무엇보다도 나는 고마웠다. 조금 전에 마신 서너잔의 조선술로 조금 센티멘털해진 탓이기도 하지만, 이야기를 마치고 잠자코 있는 박 선생님에게 나는 일어나서 경례라도 하고 싶은 기분이었다.

중간고사가 끝나고 예년과 마찬가지로 교내 유도대회가 열렸다. 이날은 수업은 전혀 하지 않고 조회 후 바로 전교생이 유도장에 모여 시합을 하였다. 수업을 2교시까지 하고 3교시부터 대회를 하면 어떻겠냐고 박 선생님이 말을 꺼냈지만, 늘 그렇듯이 전 직원의 반대에 부딪쳤다. 매년 하는 방식대로 하면 정오를 지나 늦어도 두 시쯤에는 시합이 전부 끝나는데, 유도대회 날이라고 해서 평일보다 빨리 선생님을 돌아가게 할 필요는 없다. 여러 가지 폐해가 있다. 처음 두 시간은 수업을 하고 그 다음에 시합을 개시해도 평소의 방과시간까지는 대체로 끝나니까. 그렇게 해서 될 수 있는 한 평일과 똑같은 시각에 학생을 하교시켜야 한다. 그 편이 학생 지도상은 물론 학과 진도상으로도 지당하다, 라는 것이 박 선생님의 의견이다. 나로서도 지극히 당연한 제안이라고 생각했지만, 박 선생님이 뭔가 말을 꺼내면 무조건 반대하는 분위기가 교무실에 있어서, 선생님들은 제각기 입을 모아 교내대회인 이상 수업을 한 시간이나 두 시간 정도는 하지 않아도 되지 않습니까? 학생도 평일과 달리 유도대회를 앞두고서는 차분히 공부할 수 없습니다. 유도 체조라고 해서 뭔가 수업이 아닌 놀이인 듯 생각하는 선생님이 있으면 큰 오산입니다. 특히 지금 시국에는 유도, 검도 등에 학교가 힘을 쏟아야 할 것입니다. 학교 당국의 주지主旨도 거기에 있음에 틀림없습니다. 정신단련, 소위 가장 중요한 학과 아닙니까? 모처럼 오늘 유도대회로 전학생이 심신단련에 임하고 있는데 괜히 무리해서 수업을 1, 2시간 불필요하게 할 필요가 굳이 있나? 진정한 무도 정신을 모독하는 것이겠지요. 이런 이야기도 일단 나에게는 지당한 의견으로 생각되었다. 그러나 그렇게 말하는 선생님들 중에는 설령 무의식중에라도, 일한다는 것이 조금 아쉬운 기분, 가능하면 오늘 하루는 교과서와 분필상자를 안고 교실에 들어가지 않았으면 좋겠다. 그런 기분이 전혀 없었다고는 할 수 없을 것이다. 늘 그렇듯이 시종 침묵하면서 애매한 태도를 취하고 있던 나에게, 다른 선생님들은 모르겠지만, 그런 방자한 생각이 마음 속에 없었다고는 할 수 없다.

박 선생님의 제안은 결국, 실은 처음부터 알고 있었던 터이지만, 동료들의 반대로 통과되지 않았다. 집안 일이 복잡한 상황인데도 박 선생님이 그렇게 자기 주장을 끝까지 밀어붙이는 것이 너무나도 박 선생님답다. 이것 또한 내가 그를 경애하는 이유이기도 하다. 그 후 일주일 쯤 지나서 전 직원을 상대로 이번에는 큰 싸움을 시작했다. 큰 싸움이라고 해도 학교 선생님이라서 주위 불량배처럼 차거나 때리거나 하는 것은 아니고, 오로지 말로 이기고 지고를 가리는 것으로 대논쟁, 대설전이라 할 수 있을 것이다. 실은 그 전날 전 학생을 데리고 ××일보 주최 박람회 구경을 하러 갔다. 박람회에서의 박 선생님 행동이 비상식적이다, 단체행동을 무시했다는 것이 문제가 된 것이다. 그날 수업은 전혀 하지 않고 교외에 있는 박람회장으로 전철을 타고 아침부터 학생을 데리고 갔다. 직원들 말에 따르면 일단 박람회장에 들어가면 선생님들은 각각 자신이 담임하는 학생을 인솔해 각 조별로 구경하기로 되어 있었다. 막상 박람회장에 도착하고 보니 여하튼 많은 인파로 박람회장은 혼잡하였고, 학생들도 열을 빠져나가 자기 마음대로 보고 싶어 해서, 입장한 지 한시간쯤 지나자 교사나 학생도 이리저리 흩어져 일반 구경꾼과 똑같이 개인별로 자유롭게 보고 다니는 상태가 되어 버렸다.

무척 대규모의, 전 조선적이라고 하기보다 전 세계적이라 할 정도의 박람회에서 ××관, ××관이라는 몇 십 개나 되는 백아白亞의 건물을 일일이 꼼꼼하게 구경하려면 이틀이 걸려도 모자랄 지경인데, 대충 그 앞을 보고 지나가는 정도라면 두시간도 안 되어 다시 처음 입구로 나온다. 우리 선생님들은 구경은 대충 끝내고, 어느 틈엔가 모두 휴게실에 모여 잡담을 하거나 담배를 피우면서 시간이 지나지 않는 것을 지루하게 생각하고 있었다. 박 선생님만은 자신이 담임을 맡은 학생들을 인솔하여 그 앞에 서서 자세히 돌아보고 있는 것 같았다. 정오 사이렌이 울리자 우리 선생님들은 마지못해 휴게실 벤치에서 일어섰다. 휴게실 앞 광장에 학생을 집합시켜 놓고 가지고 온 도시락을 열라고 했다. 그리고 예정을 변경해서 점심 식사 후에는 해산시켜 집으로 돌려보내기로 했다. 학생들 중에는 더 구경하고 싶다는 아이도 있고, 사실 또 선생님 몰래 열에서 도망을 쳐 박람회장에 남아 있으려는 아이도 있었다. 학생을 남겨두면 선생님들도 감독의 책임 상 폐장 시각까지 남아 있어야 하기 때문에 그런 학생은 팔을 잡아 체조 선생님이 끌고 나갔다. 그리하여 선생님들만 그대로 회장에 남아서 그 곳 식당에 들어가 점심을 먹었다. 박 선생님은 그 사이 도시락을 다 먹은 자기 반 학생들을 인솔해서 다시 박람회장을 돌아다녔다고 한다. 다른 선생님들이 돌아간 후 두시간이나 더 지나 학생과 함께 박 선생님은 박람회장을 나왔는데, 단체 행동을 무시했다, 당신이 하는 일은 언제나 돌발적이다, 라며 당사자인 박 선생님에게 제각기 비난을 퍼붓기 시작했다.

박 선생님이 교원 전체를 상대로 해서 격론한 경우는 지금까지도 한두번 있었는데, 온화한 어조 속에도 그 저류에는 열의를 띠어, 평소 박 선생님도 이런 경우에는 집요하고 고집스럽다기보다는 그 풍모 탓인지 사나워 보이기까지 했다. 어째서 내가 비상식적이지요? 돌발적인 것은 선생님들 아닙니까? 나는 분명히 약속한 대로 행동했습니다. 처음에 뭐라고 정했습니까? 담임 맡은 반을 인솔해서 구경하자고 하지 않았습니까? 점심식사 후에도 마찬가지로 다시 구경한다고 하지 않았습니까? 나는 그대로 실행한 것뿐입니다. 어느 쪽이 돌발적입니까? 실행하지 않은 것은 여러분들이 아닙니까? 여러분들이 더 비상식적이지 않습니까?

박 선생님이 그날 그렇게 자신은 점심식사도 거른 채 학생들과 돌아

다는 사이에, 다른 선생님들은 (나도 그 중 한 사람이지만) 그런 회장에 주로 있는, 여급들이 똑같은 앞치마를 하고 축음기가 끽끽 안 좋은 소리를 내는, 싸구려 식당에서 각자 자유롭게 또 그런 곳에 어울리는 싸구려 음식을, 나는 초밥, 나는 텐동(天どん)*이요, 어이 이쪽 세명은 런치, 런치 세개, 등 시끄럽게 주문을 하고 맥주까지 마시면서 쓸데없는 잡담을 하고 있었다. 이치를 따지자면 어떻게라도 따질 수 있기에, 어째서입니까? 어째서 우리들이 돌발적입니까? 우리들 십여명의 선생님들은 어제 모두 동일한 행동을 취하지 않았습니까? 게다가 돌출 행동을 한 것은 박 선생님 당신 혼자뿐입니다. 그러니까 비상식적이라는 겁니다. 단체 행동을 무시했다는 겁니다. 처음부터 끝까지 단체 행동을 취한 우리들이 어째서 비상식적입니까? 돌발적입니까? 바꿔서 다른 선생님들이 설령 처음은 말이죠, 약속을 어떻게 했다하더라도 도중에 변경을 했으면 박 선생님도 그것을 따라야지요. 그런 행동을 당신만 하게 되면 교원이 통일되지 않은 것을 학생들에게 알리는 꼴이 됩니다. 학생만이 아니고 어쩌면 일반 회사 사람들에게, ××학교 교원의 무규율을 폭로하게 됩니다. 박 선생님 한 사람의 멋대로 한 행동은 우리들 일동의 체면과 직결됩니다. ××학교 전체의 불명예입니다…… 나는, 대단한 체면, 대단한 불명예였군, 어제 마신 맥주가 아직 머리에 남아 있는 것 같다는 생각이 들었다. 박 선생님 역시 그런 체면이나 불명예에는 지지 않았다. 나는 그런 변경이 있었던 것을 모릅니다. 나는 아침부터 쭉 학생과 함께 돌아다녔습니다. 그렇게 하라고 했기 때문에 그렇게 했습니다. 그 후 여러분에게 어떤 의논이 있었는지, 어떤 변경이 있었는지, 그러니까 저는 알 리가 없습니다. 만약 말이죠, 나에게 의논을 했더라도 나는 반대했을 겁니다. 우리 반만은 내가 인솔해서 점심 이후부터도 구경시켰을 겁니다. 학생에게 미

* 밥 위에 튀김을 얹은 음식

안해요. 학생에게 내가 거짓말을 하는 것이 됩니다. 우리 반 아이들도 실은 다른 반처럼 자유롭게 구경하고 싶어 했습니다. 그렇게 해 달라고 하는 것을 나는 들어주지 않았습니다. 나는 혼을 내면서 다른 반은 어떤지 모르겠지만 ×반만은 예정대로 한다. 일단 발표한 이상은 특별한 이유도 없이 도중에 변경은 안 된다. 오전 중에 전부 돌지 못하면 오후부터 또 내가 인솔해서 보여준다. 학생에게 그렇게 약속했습니다. 그런 것을 점심식사 후에 돌아가라고 강제적으로 퇴장시킬 수 있습니까? 그런 거짓말을 할 수 있습니까? 학생을 보내고 선생님만 회장에 남을 수 있습니까? 어느 쪽이 비상식적입니까? 내가 비상식적이고, 여러분들이 상식적입니까? 뭐든지 다른 사람과 동일한 행동을 취하기만 하면 그게 단체 행동입니까? 그렇게 하는 것이 여러분의 상식입니까?

논란에 대한 박 선생님의 공격을 나는 다 맞는 말이라고 생각하며, 그 고군분투를 통쾌하게 여겼지만, 마지막까지 침묵을 지키며 박 선생님을 변호하거나 도와줄 말을 일언반구도 꺼내지 않았다. 그렇다고는 하나 후에 마음의 가책을 느껴 하교할 때, 오늘 일 말이죠, 한 마디도 제가 거들지 않았습니다만 실은 정말 말하려고 했습니다. 선생님의 의견이 맞다고 저는 생각합니다. 은근하고 작은 목소리로 그렇게 말했는데, 자신의 비굴함을 말하고 있는 것 같아, 사실 그렇기도 하여, 점점 가책이 느껴져 종일 찜찜했다.

시험이 끝나고 10일쯤 지나 박 선생님은 또 하루를 결근했다. 다음 날 등교해서 교무실에 들어가자마자 칠판을 보고 나는 깜짝 놀랐다. 박 선생님 결석이라고 쓴 밑에 괄호해서 아버님 서거라고 쓰여 있었다. 역시 어쩔 수 없었구나. 나이도 나이였고 수술을 받은 후 쇠약해졌는데 감기까지 걸려 병세가 급변한 것이다. 요 2개월여 동안 거의 매일 아버지의 일에 대해 들었기 때문에 그 느낌이 남달랐다. 방과 후 다른 동료들과 함께 병원으로 문상을 갔다. 유해는 장례를 치르기 위해 특별히 준비해 둔 병원 안쪽 별채에 모셔져 있었다. 우리들은 병원 뒷문으로 들어갔다. 그 건물은 작은 일본식 단층 건물이었는데, 그 앞에는 ××학교라고 우리 학교의 마크가 있는 천막이 쳐져 있었다. 텐트 안에는 테이블 외에 의자가 5, 6개 놓여 있었고, 학교 급사가 그 옆에 서 있었다.

우리들은 한 사람씩 그 건물로 들어가 현관 입구에서 인사를 했다. 유해가 안치되어 있음직한 안쪽은 보이지 않았지만, 박 선생님은 두세명의 한복을 입은 사람과 함께 현관 가까운 곳에 정좌해 있었다. 박 선생님은 이윽고 건물 안에서 나와서 천막 안으로 들어와 직원들과 조선어로 응대를 하고 있었다. 나는 먼저 현관 입구로 가서 박 선생님에게 문상 인사를 한 후에 동료들과 떨어져 천막 가 쪽 의자에 혼자 앉아 있었다. 박 선생님과는 평소 매우 친했기 때문에, 또 아버지의 병에 대해서 상당히 여러 가지를 서로 이야기했기 때문에, 이런 경우를 당해서 지금 다시 해 줄 말도 특별히 없었다. 또 이처럼 특히 경황이 없는 경우에는, 이쪽의 습관이라든가 예법 같은 것을 충분히 알고 있지도 못하는 내지인인 내가 여러 사람들과 섞여 이래라 저래라 할 입장도 아니라는 점도 작용하여 잠자코 있었다. 박 선생님은 삼베로 된 흰 상장喪章을 양복 팔에 두르고 있었다. 박 선생님의 표정이나 태도는 완전히 애통 그 자체였다. 이런 표정이나 태도를 박 선생님이 아닌 다른 사람이 띠고 있었다면 나는 웃음을 터뜨리고 말았을 것 같다. 박 선생님의 효행을 가까이에서 보아온 나는 지극히 당연하다고 생각되었고 또 안쓰러웠다. 박 선생님은 평상시대로 여름 국민복을 입고 있었는데, 오늘은 목욕도 하고 이발소에도 갔다 온 것 같다. 얼굴의 면도 자국은 선명하게 푸르고 입 위 수염은 깨끗하게 깎여 있었다. 평상시와는 다른 풍모의 박 선생님이 나에게는 더 애처로워 보였다.

천막 안에서 그날 동료들에게 했을 법한 이야기를 박 선생님은 등교하면서 다시 나에게 이야기했다. 돌아가시기 이삼일 전에 징후가 있었습니다. 그런 일은 수술 전에도 한 번 있었습니다. 의사의 오진이지요. 악성종양의 독이 간에까지 퍼져 있었습니다. 그렇게 되면 이젠 살 수 없다고 합니다. 수술하기 전에 의사도 그렇게 말했습니다. 아마 괜찮을 것이다. 아직 독소는 퍼지지 않았을 것이다. 그래서 수술을 한 것입니다. 역시 독이 간에 퍼져 있었습니다. 미리 알았으면 어차피 늦은 거니까, 아버지에게 고통을 당하게 할 필요도 없었습니다. 실은 저는 ×박사님에게 수술을 부탁하고 싶었습니다. × 박사님도 진찰할 때는 같이 있었는데, 교의 선생님이 수술해 주겠다는 것을 거절하고 × 박사님께 받고 싶습니다, 라는 말도 못하고……

그것은 푸념이다, 박 선생님답지 않다, 라고 생각했다. 하지만 그토록 아버지를 끔찍이 생각하는 박 선생님으로서는 결국 이렇게 되고 보니, 그렇게 했으면 좋았을 것을, 이렇게 해 드렸으면 좋았을 것을 하고 여러 가지 미련이 남게 되었을 터이므로 오히려 마음이 아팠다.

조선의 관습대로 장례식은 돌아가신 지 꽤 시간이 지나 5일째에 치러졌다. 그날 교장 선생님 외에 박 선생님과 동창인 (현재 박 선생님을 좀 알고 있는 사람에게는 의외이겠지만, 박 선생님은 기독교계의 전문학교 출신) ×선생님과 ×선생님이 교원 대표로서 장례식에 참석했다. 우리들 일반 선생님들은 학교 수업 사정도 있었지만 조선의 예법에 따라 장례식은 오전이었기 때문에 참석하지 못 했다. 박 선생님이 담임인 ×학년 ×반만은 1, 2교시 수업을 안 하고 참석했다. 조위弔慰 규정에 따라 교우회와 직원 일동은 각각 얼마의 부의금을 보냈다.

박 선생님은 일주일 동안 결근했다. 그간 박 선생님과 관련된 여러 가지 일들이 떠올랐다. 유해는 역시 이곳 관습대로 화장을 하지 않고 고향으로 운반을 해서 선산 묘지에 묻었는데, 평양에서 두 번째 역까지는 기차로 거기에서 경편輕便*으로 갈아탄 뒤, 경편에서 내려 다시 자동차로 가야 하는 제법 힘든 길이라고 했다. 게다가 필요한 비용도 비용이지만 거기까지 일을 진행시키자면 마음 고생 또한 보통이 아닐 것이다. 수술한다고 했을 때 보다도 지금의 박 선생님이 더 불쌍했다. 아버님도 빨리 돌아가고 싶으셨겠죠. 미리 흙 속에 있던 당신 다리와 빨리 함께 있고 싶으셨겠죠. 이런 식으로 아버님에 대해서 아버님이 수술하셨을 때보다도 몸이 차가워지신 지금 더 가슴 아프게 생각했다.

- 폐가 많았습니다.

- 아닙니다. 힘드셨겠습니다.

8일째 박 선생님이 등교했을 때 나와 박 선생님은 그런 인사를 주고받았다. 나로서는 이것저것 말을 할 수 없는 기분이었다. 여러 가지 심려가 많으셨지요? 잠시 후 나는 그 말만 덧붙이고 한 번 더 머리를 숙였다.

- 오래도록 결근을 해서…… 부친이 사망했을 경우 휴가 기간이 7일이라 큰일도 없는데 일부러 7일을 전부 쉰 것 같아서 대단히 죄송합니다. 아버님 수술 이후 이번 학기에는 결석을 많이 했습니다. 여러 선생님들과 학생들에게 폐를 많이 끼쳤습니다. 국문법 등, (그 때 박 선생님의 책상에는 국문법 교과서가 펼쳐져 있었다.) 1주일에 1시간을 예정대로 해도 진도가 늦어지기 마련인데. 거의 회복할 수 없을 정도로 늦어져 버렸습니다.

- 경우가 다릅니다. 아버님이 돌아가신 거니까, 1주일이나 열흘 쉬어도…… '부모상'은 3년이라고 하니까. "3년상은 너무 깁니다", 3년상이란 너무 길지 않습니까?, 제자 재아宰我가 언젠가 공자님에게 물었지요, 그

* 1910년부터 실시하여 1919년에 폐지된 규모와 시설이 간단한 지방철도인 경편철도의 약칭

러자 공자님은 3년이 그렇게 길게 느껴진다면 무리하지 않아도 될 것이다, "여予*는 어질지 못하다", 재아가 나가자 공자님은 말씀하시길, 참으로 어질지 못한 녀석이다, "자식은 태어나서 3년이 된 후에야 부모의 품에서 벗어난다", 사람은 태어나서부터 3년 동안은 부모의 품에서 자라는 것이다. "3년상은 천하의 공통되는 상례喪禮이다." 그러니까 부모가 돌아가시면 은혜의 만분의 일이라도 보답하기 위해 3년상을 치르는 것이다. 이것이 사람 자식으로서의 도리이다. "천하의 공통된 상례다", 위로는 천자부터 아래는 백성에 이르기까지 한 사람도 빠짐없이 행해야 하는 것이다. "여는 이미 부모에게서 3년 동안 사랑을 받지 않았는가?" 재아도 사람의 자식이다, 태어나서 3년 동안은 부모의 품에 똥·오줌을 흘렸을 것이다. 그런데도 3년상은 조금 길지 않습니까?, 라 묻는다. 참으로 어질지 못한 녀석이다. "이미 그 부모에게 3년 동안 사랑을 받지 않았는가?"라고 내가 늘 하던 버릇처럼 웃으면서 말하자, 박 선생님도 쓸쓸히 웃으면서 사실 더 빨리 출근하려고 했었습니다. 장례식이 끝나고서도 이런저런 일이 있었습니다. 시골에서 친척들이 올라와서 그 분들을 놔둘 수도 없었습니다. 경우야 다르겠습니다만, 하루는 경성 구경을 시켜드리고, 저도 시골에 가서 아버지 다리를 가지고 오고…….

아 그랬습니까, 라며 나는, 유해는 고향으로 운구하실 것이라고만 생각했었습니다. 선산 묘소에 다리와 함께 매장하실 것이라고만, 그렇습니까? 다리를 경성으로 가지고 오셨습니까? 일단 묻은 것을 또 파내어서요? 나도 모르게 애도의 정보다도 오히려 호기심에 가득 찬 질문을 하고 있었다. 박 선생님은 국문법 교과서를 덮고 조용히 책상가로 몸을 기울이며 언제나처럼 느릿느릿한 말투로, 그렇습니다, 이번에도 친척이나 마을 사람들이 모였습니다. 파내서 바로 가지고 돌아올 수는 없습니

* 재아를 말함

다. 그 자리에서 제사를 지내고, 여러분을 집에 초대해서 술대접을 하느라 귀경이 예정보다 하루 늦어졌습니다. 처음엔 저도 고향에 가지고 가서 묻을 작정이었습니다만 권하는 사람도 있고 해서 이쪽에 묘소를 하나 샀습니다. 동소문 밖의 공동묘지가 그곳입니다. 우리 집은 아시는 대로 현재 십 수 명의 대가족이 삽니다만 아버지가 돌아가셨기 때문에 어머니와 할머니도 이대로 여기에서 함께 살게 될 겁니다. 이제 가족 중 누가 죽기라도 하면 일일이 고향으로 운구하여 매장할 수는 없습니다. 원래 얼마 되지 않아 부끄러울 정도의 전답입니다만 시골 선산의 묘지를 일부 팔아 묘지를 하나 샀습니다.

- 다리는 어떤 식으로 운반했습니까? 예를 들어 기차 안에서는……

아까부터 물어 보려고 했으나 마음의 가책을 느껴 물어보지 못한 것을 나는 큰맘 먹고 입에 담아 보았다. 실은 한 달쯤 전 수술 직후에 박 선생님이 다리를 가지고 시골에 갔을 때에도 묻고 싶어 참을 수 없었지만, 이번에는 결국 내 호기심을 누를 수가 없었다. 이처럼 예의 없이 무참하다고 할 수 밖에 없는 질문에 박 선생님은 조금도 개의치 않고 똑같은 어조로,

- 어떤 식이라고 할 것도 없이. 기름종이로 잘 싼 뒤 그 위에 신문지로 몇 겹을 쌌습니다. 그렇게 해서 담요로 싸면 딱 트렁크 정도의 크기가 됩니다. 수하물로 맡길 수도 없어 제가 가지고 탔습니다. 담요 윗부분을 끈으로 묶어서 트렁크처럼 들었습니다. 다만 저는 이상한 냄새가 나지 않을까 걱정했습니다. 기차에서는 위에 있는 그물망 선반에 얹어두었습니다. 승객들도 별로 신경 쓰지 않는 듯했습니다……

나에게는 심히 불만스러운 대답이었다. 내가 볼 때 효자인 박 선생님이 아버지의 한 쪽 다리를 들고 기차에 타고 경성에서 고향으로 갈 때, 이번에 다시 그것을 파내어 다시 경성으로 돌아올 때, 박 선생님의 비장

한 기분은 물론 기차 안이나 역 통로에 둔 짐(?)에 대한 취급, 배려, 그런 것들에 대해서 자세하게 이야기해 주길 바랐기 때문에…… 여하튼 역에 도착하면 박 선생님은 우선 표를 살 것이다. 이맘때는 늘 그렇듯이 매표소에는 여행자들이 긴 행렬을 이루고 있고, 박 선생님도 트렁크를 들고 그 행렬에 끼일 것이다. 트렁크 외에 하나 더 진짜 트렁크도 있었을 것이다. 박 선생님은 양손에 하나씩 들고 한 걸음씩 매표소 입구로 다가가, 마침내 개찰 때에는 사람들한테 밀리며 한 쪽 트렁크를, 아마 트렁크가 아닌 쪽의 트렁크를 높이 들고 좁은 개표소를 빠져나갈 것이다. 경편으로 갈아탈 역에 내리면, 아무튼 다음 발차까지는 다소 시간이 있어 박 선생님은 두 개의 트렁크를 들고 역을 나와 역 앞의 작은 음식점에서 간단한 점심식사를 할 것이다. 다시 역으로 돌아와서 휴게실 구석 의자에 단정하게 앉아 두 개의 트렁크를 자신의 오른쪽과 왼쪽에 조용히 놓을 것이다. 아니 그렇게 하지 않고 하나는, 트렁크가 아닌 트렁크는 무릎 위에 살짝 놓고 몸을 구부려 그것을 안듯이 하여, 발차할 때까지 다소간 그렇게 몸을 움직이지 않고 묵묵하게 있을 것이다…… 내가 머릿속에서 떠올리는 이런 문학청년 취향의 묘사, 그런 것을 내가 바라고 있다고는 물론 알 리도 없이 박 선생님은 간단하게 대충 대답만 하고는,

- 선생님 잠깐 이것을.

갑자기 생각난 듯이 교무실의 큰 시계를 쳐다보더니 한쪽으로 치워둔 일본문법책을 손에 쥐고 펼쳐, 평상시 나한테 뭔가를 물을 때 하는 것처럼 그것을 내밀고 자신도 몸을 앞으로 내밀면서,

- 이 부분인데요, 오후부터니까 잠깐만. 감탄사 부분입니다.

라고 역시 늘 하던 말투로, 감탄사 '이데야(いでや)'의 용례인데요, 어떤 의미인가요? 정말 짐작할 수 없습니다. 박 선생님이 손가락으로 가리키는, "정말로 네 눈에 뭔가를 보여주고야 말테야"의 의미를, 박 선생님과

똑같이 침착한 말투로 나는 설명하기 시작했다. 눈에 보여준다는 것은 놀라게 해서 혼내준다, 혼 구멍을 내다, 그리고 해주고 말 테야는 해주겠다가 변형된 형태로, 즉 심한 일을 겪게 해주겠다, 라고 하는 정도의 의미이지요. 그러나 늘 그렇듯이 박 선생님은 좀처럼 그 정도의 설명으로는 알아들은 것 같지 않다. 눈에 보여준다고 하면 도대체 누구의 눈입니까? 뭔가를 보여준다 라고 하면 그 물건은 무엇입니까? 그러한 질책 섞인 질문에 대해서 나는, 말이라는 것은 그렇게 이치적으로 따져서 분해하면 오히려 타당한 의미를 놓칠 수 있다고, 지금까지 종종 박 선생님에게 주의하던 것을 다시 한 번 더 반복해서 상대방의, 즉 이 말을 듣고 있는 측의 눈이지요, 뭔가 멋지거나 아니면 심한 일, 상대가 곤란해 할 일을 해서, 너의, 즉 상대방 말입니다, 너의 눈에 보여주겠다. 너의 눈을 놀라게 해 주겠다. 두고 봐라. 박 선생님은 그래도 납득이 되지 않는지 지금 말한 나의 설명을 마음속으로 한 번 더 반복하는 듯 잠시 가만히 있었다. 나는 늘 그렇듯이 그러한 박 선생님의 모습에서 나 자신을 질책하게 만드는 애절함을 보았다.

- 죄송합니다만, 이것을 한 번만 더.

박 선생님은 똑같은 페이지의 다른 부분을 손가락으로 짚으며, 여기입니다, 역시 감탄사의 용례인데요, 아무리 생각해도 의미를 모르겠습니다. 마츠시마(松島)가 어쨌다는 겁니까? 마츠시마라는 것은 일본 삼대 절경을 일컫는 것이라고 생각됩니다만. 그래서 나는, 마츠시마여 아아 마츠시마여 마츠시마여, 라고 하는 바쇼(芭蕉)의 유명한 시구의 의미를 박 선생님에게 이해시키기 위해 다시 똑같은 말을 장황하게 반복했다. 그리고 마지막까지 겸허한 기분으로 설명을 계속할 수 있었다. 이런 우리들 두 사람의 모습에 뭔가 절실하고도 따스한 것을 나는 느꼈다.

제7장

배 안에서(船の中)

조용만(趙容萬)

몸은 젖은 솜처럼 무겁고 사지의 관절이 바늘로 찌르는 것처럼 아픈데 김옥균金玉均은 도무지 잠을 들 수가 없었다. 잠은커녕 머리가 점점 맑아 왔다. 바로 옆에서는 엄청난 소리로 코를 골며 이건영李建英이 자고 있다. 그보다 조금 낮게 톱을 가는 듯한 코고는 소리는 유혁로柳赫魯것 같다. 모두 잘도 잔다. 4일 밤부터 7일인 오늘까지 나흘간을 꼬박 엄청난 긴장 속에서 보냈기 때문에, 지금 이렇게 곯아떨어진 것도 무리는 아니다. 그러나 지금 이렇게 일본 배에 일단 타긴 했지만, 경성에서부터 쫓아오고 있는 사대당事大黨 무리로부터 우리들 목숨은 과연 안전한 것일까? 외국배인 일본 기선에 탄 이상 그들도 이제 어찌 할 도리가 없을 테지만, 그러나 그들이 왕의 칙명을 방패로 삼아 역적을 인도하라고 압박해 오기라도 하면, 저 온화한 타케조에竹添 공사가 과연 그 말을 일축할 수 있을까? 타케조에 공사가 우리들을 그들에게 인도한다면 우리들 목숨은 끝이다. 우리들이 죽게 되는 것은 결코 분하지도 무섭지도 않으나 우리들의 이 큰 사명을 누가 이어간단 말인가? 민비 일족이 중심이 된 사대당 정부는 노쇠할 뿐만 아니라 아무 힘도 없는 청나라를 믿고 국정을 전담하면서 그 포학함이 극에 달하였다. 백성은 도탄에 빠져 고통에 허덕이고 들에는 굶주린 사람이 넘쳐나고 있다. 지금 국정을 개혁해서 진취적인 개화정책을 펴지 않는다면 국가는 자멸할 것이다. 그러므로 일본의 힘을 빌려 명치유신 후 청신발랄清新潑剌한 일본 조야의 원조를 받아, 완고한 사대당 정부를 넘어뜨리고 우리들이 정권을 틀어쥐지 않으면 안 된다. 우리들은 타케조에 공사의 원조에 힘입어 이번에 궐기를 했는데, 때를 잘못 만났는지 운명의 못된 장난인지 우리들의 혁신 운동은 삼일천하로 끝나고, 도리어 사대당에게 쫓겨서 이처럼 비참한 상태가 되었다. 우리들이 동지가 살해당하는 것을 외면한 채 경성을 탈출한 것도 결코 일신상의 안전만을 위한 것은 아니다. 일본에서 잠시 난을 피해 실력을 쌓은 후 다시 개혁 운동을 일으키려고 결심했기 때문이다. 어디까지나 우리들의 의지를 관철시켜서 나라를 구하고 싶었기 때문이다. 우리들은 어떤 일이 있어도 살아야 한다.

김옥균은 칠흑 같은 어둠 속에서 홀로 끝없는 생각에 빠져들었다. 누군가 뒤척였다. 신음 소리도 들려온다. 서광범徐光範일 것이다. 그 역시 잠이 오지 않는 모양이다. 이건영이나 유혁로 같은 젊은 축들은 아직 스물 살 전후의 청년들이고, 생각이 매우 단순하기 때문에 설령 죽음의 공포가 코앞에 다가와 있어도 그들은 눕기만 하면 바로 곯아떨어진다. 그러나 서광범이나 우리들은 다르다. 지금 여기에는 없고 식당 저장고 속에 있는 박영효朴泳孝도 아마 그럴 것이다.

"김 참판(김옥균의 관직명)! 어쨌든 날이 밝아야 그들에게 인도되든가 죽게 되거나 할 테니까, 자, 날이 밝을 때까지 푹 잡시다."

서광범은 김옥균과 근심스러운 이야기를 나누다 지쳐서 결국 한 시간쯤 전에 이렇게 말하고 잠을 자려 했지만, 역시 그도 잠이 오지 않는 모양이다. 이 석탄 창고 안은 너무 어둡다. 하다못해 희미한 등불 하나라도 있었으면 좋겠는데, 너무나 어둡고 너무나 적적하다. 동지와 서로 이야기를 하며 밤새도록 울고 싶은 밤이 아닌가!

김옥균은 서광범에게 몇 번이고 다시 말을 걸어 볼까 생각은 했지만 그만두었다. 그리고 머리 쪽이 왠지 서늘하기도 하고 공허하기도 하여 손으로 머리를 쓰다듬어 보았다. 어제까지 있었던 망건도 상투도 금관자도 없었다. 오부 정도 깎은 머리를 손으로 만지니 간지럽고 묘한 느낌이다. 그리고 옷을 더듬어 보았다. 창의氅衣*도 도포도 아니다. 입어 본 적도 없는 양복이었다. 윗도리도 바지도 몸을 꽉 묶은 것처럼 답답하다. 하지만 이런 변화가 그의 머리나 옷에서만 일어나고 있는 것이 아니

* 조선시대 양반층에서 주로 입던 포의 하나로 도포와 두루마기의 중간 형태임

다. 그는 지금 뜻밖에 인천에 정박 중인 일본기선 치토세마루(千歲丸)의 캄캄한 석탄 창고의 더러운 바닥 위에 거적을 깔고 더러운 담요를 두른 채 추위에 떨면서 누워 있는 것이다. 석탄 창고 안에는 김옥균 외에 그의 동지 서광범과 다섯명의 일본 유학생들이 같은 모습을 하고 서로 섞여 자고 있다. 박영효와 서재필徐載弼 외 세명은 기선 식당 저장고 안에서 자고 있다. 모습이나 체면 따위는 전혀 상관없다. 죽지 않고 살아 도망쳐 온 것이 정말 기적이다!

1884년 12월 4일 밤 지금의 경성 안국동에 있는 우정국郵政局에서 건물 낙성식을 축하하기 위한 연회가 열렸다. 이 연회에는 정부 고관을 비롯해 내외 사신들이 모두 모여 있었다. 이 축하연을 기회로 일본의 후원을 받고 있는 젊은 개혁당의 지도자 김옥균, 박영효, 홍영식, 서광범 등이 궐기해서, 중국의 후원을 받고 있는 사대당 정부의 거물들을 죽임으로써 개혁운동을 일으켰다. 그것이 소위 갑신정변이다. 그러나 개혁당이 정권을 잡은 지 사흘도 안 되어 중국 군대의 원조를 받아 창덕궁으로 쳐들어 온 사대당 때문에 패하여 김옥균, 박영효, 서광범은 몸만 일본 공사관으로 피신했다. 그것이 12월 6일 밤이었다. 그들은 지금의 경운慶雲동에 있는 당시 일본 공사관에서 하룻밤을 지낸 후, 어제 아침 공사관에서 가위로 상투를 자르고, 창의나 도포 같은 조선 예복을 벗어 버리고 공사의 직원들이 입는 양복으로 완전히 복장을 바꾸어 버렸다. 저고리 위에 양복 윗도리를 걸치고, 한복 바지 위에 서양 바지를 입고, 마치 버선에 조오리*를 신는 것처럼 기괴한 복장이었다. 영하 10도를 오르내리는 추위에 모자도 외투도 없이 덜덜 떨고 있다. 이렇게 해서 그들은 타케조에 신이치로竹添進一郎 공사나 시마무라島村 서기 이하 공사의 직원들과 함께 경성에서 인

* 전통적인 일본 신발

천으로 왔다. 그들의 신변을 일본 군대가 보호하면서 왔기 때문에 발 빠른 군대를 뒤따르는 것이 쉽지만은 않았다. 그러나 무사히 인천에 도착할 수 있었다. 7일 오후 3시에 경성을 출발하여 인천에 도착한 것이 밤 12시, 그들은 곧장 치토세마루에 올라탔는데, 타케조에 공사는 만일의 사태를 대비해 그들 12명의 망명자를 두 반으로 나누어, 배가 출항할 때까지 석탄 창고와 식당 저장고에 숨겨 두기로 했다. 금릉위錦陵尉에 봉해진 박영효는 철종哲宗의 사위이다. 김옥균은 자진해서 석탄 창고를 선택해 박영효를 다소 편안한 식당 창고에서 자도록 했다. 석탄 창고는 지옥과 같이 어둡고 사람이 잠을 잘 수 있는 곳이 아니었다. 그러나 그들은 여하튼 뒤를 추격해 오는 사대당 군대에게 잡히지 않은 것을 다행으로 여기며 여기에서 하룻밤을 지내기로 했던 것이다.

동경의 후쿠자와 유키치福澤諭吉의 저택 응접실인 것 같다. 산뜻하고 깨끗한 흰 색으로 칠한 방 안에는 호사스러운 융단이 깔려 있고, 천정에 드리워진 샹들리에는 황금색으로 빛나고 있다. 중앙에 있는 테이블을 둘러싸고 주인인 후쿠자와와 김옥균, 박영효, 서광범이 앉아 있다. 김옥균과 박영효는 새로 맞춘 모닝코트를 입고 있으며, 서광범은 새 신사복을 입고 있다. 세 명 모두 머리를 가지런하게 가르마를 탄 멋있는 서양 신사가 되어 있었다.

"이번에 정말 고생 많이 하셨지요? 어쨌든 무사히 동경에 올 수 있어서 무엇보다 다행입니다."

후쿠자와는 침착한 목소리로 우선 정중하게 위로의 인사를 했다. 후쿠자와와 김옥균, 박영효와는 오래 전부터 아는 사이이다. 2년 전인 1882년 7월 임오군란을 사과하기 위해 조선 정부에서는 수신사로 금릉위 박영효를 일본에 파견했었다. 그 때 수행원이 김옥균과 서광범이었다. 수신사 일행은 7월에 동경으로 가서 그 해 11월 말에 경성으로 돌아왔다. 5개월 동안 체류하면서 외무대신 이노우에井上의 소개로 일행은 후쿠자와 유키치와 시부자와 에이치澁澤榮一를 만날 수 있었다. 후쿠자와는 그들에게 서양 문물에 관한 이야기를 들려주면서 부국강병에 대해 설명했다. 시부자와 에이치로부터는 주로 화폐나 은행에 관한 것 등 재정 경제문제에 대해 많은 이야기를 들었다. 이노우에 외무대신도 그들 일행을 빈번이 초대해 세계의 대세를 들려주면서 동양의 영원한 평화와 행복은 일본과 조선이 긴밀히 제휴해 밀고나갈 때 비로소 가능하다는 것을 역설했다. 그러나 뭐니뭐니 해도 정말 그들에게 특히 김옥균에게 조선의 국정 개혁에 스스로 앞장서 몸 바쳐 일할 결심을 하게 한 것은 후쿠자와이다. 후쿠자와는 그들 일행을 정부의 각 기관이나 여러 시설로 안내하여 개화 진취의 기운을 듬뿍 북돋았다. 당신들처럼 신분도 높고 젊은 혈기 넘치는 사람들이야말로 국정을 개혁할 수 있다. 만약 당신들이 귀국해서 국정 개혁에 분연이 몸을 바친다면, 나는 미흡하나마 적극적으로 당신들 운동을 원조할 것이다. 나뿐만 아니라 이노우에 외무대신도 당신들에게 상당한 호의를 가지고 있기 때문에 내가 권하여 당신들 운동을 원조하도록 힘쓰겠다고 후쿠자와는 열의를 담아 그들에게 설교했다. 김옥균은 일행 중 연장자이기도 하고, 두뇌가 명철하고, 재기가 넘쳤기 때문에 이야기는 언제나 김옥균과 후쿠자와를 중심으로 전개되었다. 후쿠자와도 김옥균을 신임하여 토야마 미츠루* 등에게 소개하기도 하고 여러 가지를 알선해 주는 수고도 아끼지 않았다.

그리하여 그들 일행은 국정 개혁 의지에 불타 용감하게 귀국하여 수신사 때의 동지를 중심으로 개혁당을 조직했다. 개혁당의 중심인물은 말

* 頭山滿 : 우익단체의 실질적인 원조인 겐요사(玄洋社)를 1881년에 세운 인물. 겐요사는 '일본은 아세아 민족 홍륭(興隆)의 지도자임을 자처한다'는 문구를 강령의 처음으로 삼고 있다.

할 것도 없이 김옥균이다. 개혁당은 동지를 규합하기도 하고 여러 가지 준비에 착수하여 그로부터 만 2년째가 되어, 앞서 말한 우정국 연회를 기회로 행동을 개시했던 것이다.

"정말 면목 없습니다. 여러 가지 배려와 원조를 받았음에도 불구하고 이런 모습을 보여 정말 부끄러울 따름입니다."

일행을 대표해서 김옥균이 대답했다. 하녀가 차를 가지고 와서 정중히 테이블 위에 놓았다.

"부끄러울 것 하나도 없습니다. 이번 일로 당신들도 좋은 경험을 쌓은 셈이지요. 그런데……"

라며 후쿠자와는 이번에는 박영효 쪽을 향해,

"금릉위께서는 안색이 조금 안 좋은 것 같습니다. 마마 같은 귀공자께서는 생전 처음 경험하신 일이시겠지요?"

박영효는 초췌한 얼굴에 미소를 띠우며 가만히 있었다.

"금릉위만이 아닙니다. 저희 야인들에게도 생전 처음 겪은 고통스러운 경험이었습니다. 아하하……"

김옥균은 일부러 큰 소리를 내어 웃었다. 무겁게 가라앉아 있던 좌중의 분위기가 다소 부드러워졌다. 후쿠자와는 아무도 마시지 않자 본인부터 먼저 차를 마셨다.

"대감들의 이번 일은 타케조에 씨에게서 자세히 들어 알고 있습니다. 실패도 성공도 다 때가 있는 운이지요. 좀처럼 마음먹은 대로 되지 않는 것이지요. 자아 낙심하지 마십시오."

"우리들은 끝까지 해볼 작정입니다. 권토중래捲土重來를 기약하기 위해 우리들은 동경으로 피신한 것입니다."

열을 띠기 시작했는지 박영효가 약간 떨리는 목소리로 재빠르게 대답했다.

"지당한 말씀입니다. 여러분 외에 귀국貴國의 국정을 개혁할 사람은 없습니다. 그리 되길 간절히 기원 드립니다."

"아, 감사합니다. 저희들은 귀하를 의지해서 왔으니 만사를 잘 부탁드립니다."

김옥균이 후쿠자와에게 정중하게 머리를 숙였다. 일행도 모두 똑같이 진심으로 머리를 숙였다. 정말로 그들은 후쿠자와에게 의지하고자 동경에 온 것이다.

"기꺼이 그리 하겠습니다. 미흡하지만 도와드리겠습니다. 인천에서 동경까지 며칠이나 걸렸습니까?"

"보름이나 걸렸습니다. 보름이 아니라 정말로 반년은 배를 타고 있었던 것 같아 죽다 살아난 것 같습니다."

김옥균이 유창한 일본어로 대답했다. 일행 중에 김옥균이 말을 제일 잘 했다. 수신사 수행원으로 동경에 5개월 머무는 동안 일본어를 완전히 익힌 것이다.

"그렇습니까? 그것 참 힘 드셨겠군요. 나중 일은 천천히 의논드리기로 하고 내일이라도 좋으니 온천에라도 가셔서 잠시 휴양을 하시는 것이 어떻겠습니까?"

"말씀은 감사하지만 국사가 다망한데 편하게 온천 여행이나 할 수는 없습니다."

박영효는 진지한 얼굴로 성급하게 대답했다. 일행 중 박영효가 제일 젊어 24세였다. 이 약관의 귀공자가 내뱉은 한결같은 항변에 후쿠자와는 미소를 머금었다.

"그렇게 서두르시면 안 됩니다. 천천히 느긋하게 행동하셔야지-느긋하게 10년이라도 20년이라도 노력하는 겁니다."

"그렇습니다. 금릉위는 아직 젊어서 성미가 급합니다. 후쿠자와 씨가 말씀하신 대로 천천히 온천에라도 가서 기력을 보충한 뒤 시작합시다."

김옥균도 박영효를 향해 진지한 젊은 동생을 달래는 듯한 어조로 말했다. 잠시 침묵이 흘렀다. 아까 들어왔던 하녀가 다시 들어와 후쿠자와에게 뭐라고 소곤거렸다.

"자, 여러분! 식당의 준비가 다 되었다고 하니 거기로 안내하겠습니다."

주인이 먼저 일어나 일행을 다음 방으로 안내했다. 응접실과 같은 넓이의 식당에는 둥근 식탁이 놓여 있었다. 식탁의 한 가운데에는 본 적도 없는 붉은 꽃이 호사스러운 화병에 꽂혀 있었다.

"자, 앉으세요."

후쿠자와는 식당 입구에 서서 허리를 굽혀 안내했다. 박영효가 선두에 서고 김옥균이 뒤를 따랐다. 경성에서 미국 공사 후트의 집에 초대되어 가서 먹은 지 3개월만에 먹는 양식이다.

"우리들을 위해서 이렇게 성찬을 준비해 주셔서 황송합니다."

김옥균이 일어서서 일동을 대표해 인사를 할 때 마침 보이가 스프를 가지고 들어 왔다. 인사를 끝내고 앉으려고 하는데 어찌된 일인지 보이의 손에서 스프 접시가 식탁 위로 떨어져 큰 소리를 내며 깨졌다. 김옥균은 얼굴과 몸 전체에 스프가 튀자 깜짝 놀라 펄쩍 뛰어올랐다.

김옥균은 문득 눈을 떴다. 꿈이었다. 누군가 자신을 부르는 소리가 들린다.

"김 참판! 김 참판!"

손바닥으로 석탄 창고의 문을 탕탕 두드리고 있다. 다름 아닌 박영효의 목소리이다. 참판은 김옥균의 관직 이름이다. 얼굴을 들자 어느 틈엔가 날이 샌 듯 창고 입구 틈으로 밝은 광선이 새어 들어오고 있었다. 창고 안은 기분 나쁠 정도로 조용하다. 다만 이건영과 유혁로의 코고는 소리만 여전히 시끄럽다. 서광범도 깊은 잠에 곯아떨어진 모양이다. 깨어 있었다면 뭐라고 말을 걸었을 것인데 아무 소리도 없다.

"김 참판, 김 참판, 일어나시지요."

박영효의 다급한 목소리다. 복도를 오가는 혼잡한 구두 소리와 헛기침 소리를 들으니 아무래도 박영효 혼자만은 아닌 것 같다.

무슨 일이라도 생긴 건가?

김옥균은 일순 왠지 불길한 예감이 들어 의혹에 사로잡혔다. 접시가 깨어지는 바람에 깬 꿈도 불길하다. 하지만 일어나지 않으면 안 된다.

"금릉위, 곧 나갈 테니 기다려 주십시오."

김옥균은 침착한 목소리로 이렇게 말하고 조용히 담요를 치웠다. 담요를 치우자 몸이 떨릴 정도로 춥다. 늘 아침에 일어나면 하던 버릇대로 손이 머리로 간다. 흐트러진 망건을 바로하기 위해서다. 그러나 지금은 망건도 없거니와 상투도 없다. 문득 쓸쓸한 기분이 들어 손은 다시 상의 쪽으로 간다. 양복 윗도리 옷깃 사이로 삐져나온 솜저고리를 바로 여미고 말려 올라간 바지를 내렸다. 아무리 바빠도 이렇게 의관을 바로 하는 것이 당시 사람들의 습관이다. 그리고 나서 어두운 곳을 손으로 더듬으며 문 쪽으로 기어나갔다. 자고 있는 사람 머리에 부딪히거나 발을 밟기도 했다. 문을 활짝 열자 박영효가 갑판에 긴장한 얼굴로 서 있었다. 그 옆에 타케조에 공사, 그 뒤에 시마무라 서기, 박영효 옆에 카와카미川上 통역관이 서 있다. 모두 긴장한 얼굴이다.

"무슨 일입니까? 아침 일찍."

김옥균은 박영효를 향해서 힐문하듯 물었다. 타케조에 공사와 시마무라, 카와카미 등에 대한 시위이기도 했다. 그러자 박영효가 대답하기도 전에 타케조에 공사가 긴장했을 때의 버릇처럼 입술을 떨면서 이야기하기 시작했다.

"아무래도 곤란한 일이 생긴 것 같습니다. 멜렌돌프 녀석이 군대를 이끌고 경성에서 뒤쫓아 왔습니다. 오늘 아침 여명에 그놈이 저를 찾아 와서, 칙명을 받아 역적들을 잡으러 왔으니 당신들을 배에서 내리게 해달라는 겁니다. 임금님의 역적 체포령을 보여주며 태도가 여간 강경한 것이 아닙니다."

"그래서, 당신은 뭐라고 했습니까?"

김옥균은 이런 일이 있을 것이라고 예상은 하고 있었지만 역시 흥분해서 목소리가 커졌다. 흥분한 나머지 새파래진 김옥균의 얼굴은 살기마저 띄며 조금 무서웠다. 타케조에 공사는 김옥균의 얼굴을 외면하면서 갑자기 목소리를 낮추었다.

"당신들도 곤란하시겠지만 일본 공사로서의 제 입장도 양해해 주시지 않으면 곤란합니다. 만약 당신들 때문에 시끄러운 국제문제라도 발생하면 어찌 합니까?"

"당신들의 힘든 입장도 물론 잘 알고 있습니다. 그러나 당신은 창덕궁에서도 또 어제 공사관에서도 책임지고 우리들을 동경까지 보내 준다고 하지 않았습니까?"

"그 때와 지금은 정세가 달라서, 아무래도……"

김옥균이 논리정연하게 나오자 타케조에 공사는 말을 흐렸다. 그러자 시마무라 서기가 공사를 대신해 박과 김 두 사람을 번갈아 보면서

"여러분들도 정말로 딱하시지만 공사의 입장도 생각해 주십시오."

김옥균은 시마무라를 노려보았다.

"저어, 그렇게 흥분하지 마시고……"

카와카미 통역도 한 마디 거들었다. 박영효와 김옥균은 어찌할 바를 몰라 서로 얼굴을 쳐다보았다.

멜렌돌프라는 남자는 조선 이름이 목인덕穆驎德인데, 중국에서 초청되

어 온 정부의 재정고문이다. 독일인인 그는 청국의 이홍장李鴻章과 아는 사이로, 조선에서 해관海關 사무가 개시되자마자 이李의 추천으로 텐진天津 주재 독일 영사 자리를 버리고 조선으로 왔던 것이다. 처음에는 세관 사무만 보고 있었는데 점차 세력을 늘려서 정부 재정이나 외교에까지 관여하게 되었다. 특히 사대당의 우두머리인 민영익閔泳翊과 친교를 맺어 스스로를 "목 참판"이라고 칭하였고, 궁정 안이나 사대당 정부에서 그의 세력은 무시할 수 없게 되었다. 그 때문에 개혁당의 김옥균이나 박영효와는 사이가 나빴으며 특히 김옥균과는 외교문제로 논쟁을 벌인 이래 견원지간이 되었다. 4일 밤 우정국 사변으로 민영익이 개혁당 일원에 의해 중상을 입자, 빈사 상태인 그를 감싼 뒤 면전에서 김옥균에게 폭언을 했던 사람이 멜렌돌프였다. 김옥균과 박영효가 일본 공사관으로 피난해 있는 사이에 사대당에서는 다시 신내각을 조직하고 곧장 칙명을 받아내 김옥균 일파에 대한 체포령이 떨어지자마자 멜렌돌프는 자진해서 이백 명의 조선, 중국 혼합병을 이끌고 경성에서 인천으로 쫓아 왔다. 그리고 부두에서 하룻밤을 보내고 아침 일찍 앞바다에 정박 중인 치토세마루에 와서 타케조에 공사와 담판을 한 것이다.

"어쨌든 오전 10시까지 회답하겠다는 약속을 하고 그놈을 부두로 돌려보냈으니까, 여러분께서 그 때까지 우리들에게 폐가 되지 않도록 태도를 결정해 주십시오."

타케조에 공사는 이렇게 말을 던지고 시마무라와 카와카미를 재촉하여 냉큼 돌아갔다.

어느 사이에 서광범과 유혁로, 이건영 등의 무리가 일어나 나와 있었다. 모두 타케조에 공사의 이야기를 듣고 있었던 듯 침울한 얼굴을 하고 있다.

"어떡하지요?"

김옥균이 천천히 입을 열고 박영효에게 말을 걸었다.

"절대 반대입니다. 이 배 안에서 죽는 한이 있어도 결코 상륙하지 않겠습니다."

박영효는 흥분이 아직 가시지 않은 채 입술을 꽉 깨물면서 결연하게 말했다.

"차라리 모두 바다에 뛰어들어 죽읍시다."

유혁로가 남의 일처럼 무뚝뚝하게 중얼거렸다.

"맞아, 목인덕의 손에 죽임을 당하느니 그 편이 나아."

이건영이 굵은 목소리로 맞장구를 쳤다.

"어쨌든 모두 모여서 의견을 듣고 싶으니까, 이건영 군, 저장고에 가서 그곳에 있는 사람들을 데려 오지 않겠나?"

저장고 쪽에는 박영효와 서재필, 정난교鄭蘭教 등 3, 4명이 있을 것이다. 죽을 것인가 살 것인가 기로에 서 있는 지금, 동지가 모두 모여서 신중하게 검토한 후에 태도를 결정하지 않으면 안 된다.

"여러분들은 어땠는지 모르겠지만 저는 아침까지 도무지 잠을 잘 수가 없었습니다. 일어나는 것도 귀찮아 그대로 꾸벅꾸벅 졸고 있자니 밖에서 시마무라 군이 나를 부르는 것이었습니다. 나갔더니 공사가 나를 만나고 싶어 하니까 바로 와 주지 않겠냐고 했습니다. 무슨 일이냐고 시마무라에게 물으니, 시마무라 군은 단지 공사가 마음이 약해서 말이죠, 라고 말할 뿐입니다. 그래서 어쩐 일인가 하고 가 보았더니 그딴 소리를 하는 것이었습니다. 제가 분개하여 그런 바보 같은 일이 어디 있냐고 고함을 쳤습니다. 그러자 당신은 고귀한 신분의 사람이니까 그쪽에서도 설마 죽이지는 않을 테니까 안심하라는 겁니다. 사람을 바보 취급하는 데도 정도가 있습니다. 내가 그런 어린애 속임수 같은 말에 속을 줄 알고. 제가 잠자코 그냥 돌아오려고 하자, 공사가 나를 뒤따라 와서 함께 김 참판이 있는 곳에 가자고 하는 겁니다. 그래서 여기 온 것입니다."

박영효는 무척 분개한 듯 단숨에 내뱉었다. 서광범, 유혁로, 이건영 등은 거기에 맞춰 "발칙한"이라든가 "바보 취급에도 정도가 있지"라면서 울분을 터트리고 있었다. 김옥균은 다만 묵묵히 듣고 있다. 침착함을 잃지 않으려고 노력하는 듯했다. 일당 중 연장자이고 또 어떤 의미에서 보면 이 사건의 주동자로서의 자신의 책임을 느꼈기 때문일 것이다.

드디어 서재필을 선두로 하여 가장행렬과 같은 이상한 복장을 한 무리가 우르르 석탄 창고 복도에 나타났다. 총 12명이다. 모두 비장한 얼굴을 하고 복도에 그대로 털썩 주저앉았다. 김옥균은 모두가 조용해지기를 기다렸다. 조용히 이야기를 시작했다.

"여러분, 지금 우리들은 생사의 기로에 서 있습니다. 헛되게 흥분하거나 혈기를 앞세워서는 안 됩니다. 어디까지나 냉정하게 침착하게 판단하시길 바랍니다. 알고 계시는 바와 같이 우리 개혁당의 후원자인 타케조에 공사가 목인덕에게 협박을 받아 우리를 배에서 내리게 하려고 하고 있습니다. 부두에서는 이백명의 군인이 우리를 기다리고 있습니다. 배에서 내리자마자 우리들의 목숨은 없습니다. 우리들은 이 한 몸 이 한 목숨을 아까워하는 것이 아닙니다. 그러나 우리의 목적을 관철하지 못 하고 이대로 죽는다면 나중의 일은 어찌 되겠습니까? 누란의 위기에 처한 국가는 어찌 되겠습니까? 도탄에 빠져 괴로워하는 민중은 어찌 되겠습니까? 우리들은 끝까지 살아남아야 합니다."

김옥균의 목소리는 점점 커졌다. 좌중은 가만히 듣고 있다.

"물론 우리들이 타케조에 공사를 원망하는 것은 아닙니다. 공사는 철두철미하게 우리들 편입니다. 다만 지금 우리들은 배에서 내릴 것인가, 그렇지 않으면 달리 취할 수 있는 방법이 있는지 어떤지를 생각해 보고

자 합니다."

이야기를 끝내고 김옥균은 좌중을 돌아보았다. 침울하고 비장한 얼굴로 모두 생각에 잠겨 있는 듯하다.

"무슨 좋은 생각이 없습니까?"

김옥균은 서광범, 이건영 쪽을 보았다.

"저어, 특별히 이렇다 할 명안이 없군요."

서광범은 잠긴 목소리로 천천히 대답했다.

"김 참판, 당신이야말로 무슨 좋은 생각이 없습니까?"

이건영이 성난 듯한 목소리로 김옥균에게 말했다. 김옥균은 잠시 주저하는 듯하더니,

"저, 아까부터 생각하고 있던 것인데, 다급해 지면 제가 모든 책임을 지고 혼자 배에서 하선하려고 합니다. 그리하면 여러분들은 무사히 동경까지 가실 수 있고, 만사가 해결될 것이라고 생각합니다."

김옥균의 미간에는 정말로 그와 같은 각오와 결의가 번득이고 있었다. 일동은 갑자기 긴장하였다.

"김 참판! 그런 바보 같은 일이 가능하다고 생각하십니까? 당신이 모든 책임을 지고 하선하다니요, 그런 당치도 않는 일이 있습니까?"

박영효는 꾸짖기라도 하듯이 이렇게 소리치고 다시 사람들 쪽을 향해 고함을 쳤다.

"여러분, 우리들은 생사를 같이 하려 하지 않았습니까? 어떤 경우에라도 함께 죽읍시다. 우리들은 결단코 김 참판 한 사람만 하선시켜서는 안 됩니다."

"그렇고말고요."

"그럼요. 우리들도 모두 함께 배에서 내립시다."

일동은 제각기 비장하게 부르짖었다. 김옥균은 고개를 숙인 채 얼굴

을 들지 않는다. 잠시 동안 무거운 침묵이 흘렀다. 그러자 박영효가 김옥균을 향해서 목소리를 누그러뜨렸다.

"그것보다 시마무라 군과 카와카미 군에게 한 번 더 부탁해 보면 어떨까요? 무라카미村上 대위라면 기골이 있는 남자니까 의외로 편의를 봐줄지도 모릅니다."

무라카미 대위라는 사람은 일본 공사관부의 무관으로 김옥균, 박영효와 친교가 있었다. 박영효의 이야기에 힘을 얻은 서광범이,

"그럼 여러분, 시마무라 서기, 카와카미 통역, 그리고 무라카미 대위에게 한 번 더 부탁해 볼까요?"

라고 사람들의 동의를 구했다. 그러나 아무도 응대를 하지 않자 구석에 풀이 죽어 가만히 있던 서재필이 벌떡 일어섰다. 서광범의 조카로 미국에서 돌아온 지 얼마 안 된 젊은 청년이다.

"여러분, 이 치토세마루의 지배자는 선장입니다. 이 배 안에서의 행정권은 선장이 쥐고 있습니다. 배는 그 나라의 영토와 같기 때문에 이 치토세마루는 일본 국토의 연장입니다. 이 배에 사람을 태우고 안 태우고는 선장의 권한입니다. 그러니까 선장에게 부탁해서 목인덕이 다시 이 치토세마루에 타지 못하게 하는 것입니다. 그리고 할 이야기가 있으면 선장과 함께 부두에서 담판 짓도록 하는 것입니다. 만약 목인덕이 우리들의 인도를 요구한다면, 선장의 권한으로 그것을 거부해 달라고 선장에게 부탁하는 편이 가장 좋은 방법이라고 저는 생각합니다."

서재필은 득의에 차서 연설조로 떠들어댔다.

"그래, 명안이야."

"직접 선장과 담판을 짓는 거야."

박영효도 잠시 생각을 하더니만,

"과연 서 군의 생각은 명안입니다. 그럼 바로 선장을 만나기로 합시

다. 이 담판에 우리들의 생사가 달려 있으니까 김 참판을 대표로 하여 부탁했으면 하는데, 어떻습니까?"

김옥균은 가만히 있었다.

"그것은 당연합니다. 금릉위와 김 참판 두 사람입니다."

일동은 두 사람을 대표로 추천했다. 모든 면에서 그들 두 사람은 개혁당의 중심이었다.

"발안자인 서 군도 참가하는 것이 어떻습니까?"

누군가가 감격한 듯 서재필을 추천했다.

"아닙니다. 전 정말 사퇴하겠습니다."

서재필은 딱 잘라 거절했다. 박영효는 김옥균을 재촉해서 선장을 면회하기로 했다. 박영효는 우선 카와카미 통역에게 부탁해 자신들 두 사람을 선장에게 소개해 달라고 했다. 카와카미 통역이 기꺼이 승낙해 주었기 때문에 세 사람은 상갑판에 있는 선장실로 올라갔다.

선장은 30세 전후의 키가 크고 쾌활한 남자였다. 커다란 테이블 위에 지구본을 놓고 뭔가 조사를 하고 있었는지, 세 사람이 들어오는 것을 보고 지구본을 구석으로 치운 뒤, 의자를 세개 가지고 와서 테이블 앞에 놓았다. 카와카미는 선장에게 정중히 인사를 하고 두 사람을 소개했다. 두 사람의 관직과 집안 그리고 이번 정변에 대해서 요령 있게 간추려 이야기했다.

"아, 당신들이 국정개혁에 실패해 일본에 망명하려던 참입니까? 그것 참 안 되었군요. 실은 저의 돌아가신 아버지도 명치유신에 참가해서 크게 활약한 숨은 지사였습니다. 지사란 정말 불우한 사람이지요."

이 젊은 선장은 입을 열자마자 우선 기괴한 복장을 한 두 망명객에게 동정을 보냈다. 의외로 정치나 망명 지사에게 흥미를 가지고 있는 듯했다. 박영효에게 끌려 마지못해 선장실까지 오긴 했지만 어찌 될 지 자신이 없었던 김옥균은 갑자기 활기를 띠기 시작했다. 이처럼 말기가 통하는 선장이라면 쉽사리 설복시킬 수 있겠다! 김옥균은 내심 뛸 듯이 기뻤다. 말투가 자연스럽게 웅변조로 바뀌었다.

"이런 몸으로 갑자기 찾아와 폐를 끼쳐 정말 황송합니다. 우리들은 귀국의 조정과 재야의 원조에 힘입어, 부패하기 짝이 없는 조선의 내정을 개혁하려고 정변을 일으켰습니다. 그러나 그것이 실패하여 어제 낮에 타케조에 공사와 함께 경성을 출발하여 밤에 인천에 도착하자마자 이 배에 탔습니다. 동지의 절반을 잃어 이 배에 타고 있는 사람은 겨우 12명에 지나지 않습니다. 우리들은 동경에 가서 권토중래하고자 합니다. 목적을 관철할 때까지 끝까지 싸워 볼 결심입니다. 아무쪼록 잘 헤아려 주시길 부탁드립니다."

김옥균은 우선 이야기를 끊고 가만히 선장의 모습을 살폈다.

"아, 저도 치토세마루의 선장이 되고 나서 인천이나 부산 등에 자주 출입하면서 귀국의 문물을 살피고 있습니다만, 정말 대개혁을 하지 않으면 안 되겠더군요. 조선도 빨리 꿈에서 깨어나지 않으면 안 됩니다. 당신들의 개혁운동은 지당하십니다. 더욱 분발하십시오."

선장은 쾌활하게 이렇게 말하면서 둥근 담뱃갑에서 담배를 한개비 꺼내 물고서, 담배와 성냥을 두 사람에게 내밀었다.

"자, 담배를 피우면서 천천히 말씀하십시오. 그래, 저에게 부탁하고 싶은 것이 무엇입니까?"

선장은 담배를 맛있게 한 모금 빨았다. 김옥균은 옆에 있는 박영효를 쳐다보았지만, 김옥균의 교섭이 난항에 부딪쳤다고 지레짐작했는지 모른 척 하였다. 김옥균은 처음의 긴장이 점점 누그러져 이야기가 술술 나왔다.

"우리들의 반대편인 사대당이 멜렌돌프라는 독일인에게 임금님의 칙명을 건네주어 우리들을 뒤쫓게 했습니다. 그 멜렌돌프라는 녀석이 오늘 아침 일찍 이 배에 와서는 타케조에 공사에게 우리들을 인도하라고 교섭을 벌였던 모양입니다."

"그래서 타케조에 공사는 뭐라고 했습니까?"

"10시까지 회답을 주겠다 하고, 우선 멜렌돌프를 돌려보낸 뒤 우리들에게 문제가 생기지 않도록 선처해 달라고 했습니다."

"선처라 함은 어떤 의미입니까? 배에서 내리라는 것입니까?"

선장의 목소리는 침착한 가운데 위엄을 띠고 있었으며, 눈은 번쩍번쩍 빛이 났다.

"뭐 그런 의미이겠지요. 칙명을 가지고 왔으니까 공사의 입장도 난처할 것이라고 생각합니다만……"

김옥균은 선장의 태도를 주시하면서 일부러 여유 있어 보이려고 천천히 대답했다.

"그런 바보 같은 일은 할 수 없습니다. 절대로 그런 바보 같은 짓은 할 수 없습니다."

선장은 큰 얼굴을 벌겋게 물들이며 세게 머리를 흔들었다. 테이블을 치기라도 할 듯 주먹을 불끈 쥐고 있다.

"저는 치토세마루 선장의 명예를 걸고 그런 일은 절대 허락하지 않겠습니다. 그러니까 당신들 말씀은, 제가 당신들을 이 배에서 내리지 못하게 해달라는 것이지요? 좋습니다. 알겠습니다. 일본 남아의 명예를 걸고 제가 처리하겠습니다."

선장의 목소리는 감격으로 가득 찼다. 일순 김옥균과 박영효는 격정에 북받쳐 울고 싶을 정도로 기뻤다. 체면도 필요 없다. 선장에게 달려들어 함께 울고 싶었다. 두 사람은 어느 사이에 눈시울이 뜨거워져 오는 것을 느꼈다.

"선장님, 정말 감사합니다. 이 은혜는 평생 잊지 않겠습니다."

두 사람은 뜻밖에 떨리는 목소리로 선장에게 머리를 숙였다. 선장은 담배를 재떨이 위에 놓고,

"아니, 은혜는 무슨. 약한 사람을 돕고, 불의나 부정을 자르는 것이 우리들 일본 남아의 숙원입니다. 하물며 여러분들과 같이 훌륭한 분을 돕는 것은 저에겐 명예로운 일입니다."

카와카미 통역도 감격스러운 눈으로 이 아름다운 정경을 바라보고 있었다. 선장은 잠시 생각하다가 김옥균을 향해,

"지금, 여러분은 어느 방에 계십니까?"

라고 물었다. 김옥균은 타케조에 공사의 주의에 따라 일행이 2반으로 나뉘어 석탄 창고와 식당 저장고 안에 들어가 하룻밤을 보낸 사연을 이야기했다. 선장이 또 화를 낼지도 모른다 싶어 눈치를 살피니 이번에는 화를 내지 않았다.

"그렇습니까? 아마 무조건 해낼 것이라 믿습니다만, 만약의 사태를 대비해 여러분들은 잠시만 식당 저장고 안에 숨어 계십시오. 지금 보이에게 저장물을 꺼내놓도록 시키겠습니다. 아마 여러분이 충분히 앉아 있을 수 있을 겁니다."

그렇게 말하고 선장은 흘낏 손목시계를 보았다. 벌써 9시가 다 되었다. 선장은 테이블 모퉁이에 있는 호출 버튼을 눌렀다. 보이를 부르는 것 같았다.

"이 배는 내일 아침 떠날 예정입니다만 여러분들을 위해서 오늘 오후 3시에 출발하겠습니다. 죄송하지만 그 때까지 저장고 안에서 기다리십시오. 배가 출발하면 곧 꺼내 드리겠습니다. 여하튼 이제부터 담판은 일체 제가 맡을 테니 안심하십시오."

김옥균과 박영효는 감개무량하여 서로 얼굴을 마주 보았다. 카와카

미 통역에게 눈짓을 해서 세 명이 일어났다.

"선장님 덕분에 우리 개혁당이 살게 되었을 뿐만 아니라 결국은 조선도 살아나게 될 것입니다. 선장님은 조선의 은인입니다. 은혜를 결코 잊지 않겠습니다."

박영효는 자기도 모르게 손을 뻗어 선장의 손을 굳게 쥐었다. 눈물이 흘러내릴 듯 했다.

"자아, 몸 조심하셔서 동경에 가서 큰일을 해 주십시오. 조선은 일본과 손을 꽉 잡고 가지 않으면 안 됩니다."

세 사람은 올 때와는 반대로 활기를 띠며 선장실을 나왔다.

"선장 이름이 뭡니까?"

김옥균은 카와카미 통역에게 물었다.

"츠지 카츠쥬로辻勝十郎라고 합니다. 꽤 호인이지요?"

"츠지 카츠쥬로, 츠지 카츠쥬로."

박영효는 몇 번이나 반복해서 불렀다.

"정말 쾌남이군요. 눈물이 날 정도로 감격했습니다."

김옥균은 자신들의 앞길에 무한한 광명이 빛나는 것을 보았다. 일본으로 가자, 일본에 가서 확실히 실력을 쌓아 권토중래하자.

두 사람이 밝은 얼굴로 돌아오는 것을 보고, 창고 복도에서 비장한 얼굴로 가만히 있던 사람들이 일제히 두 사람 쪽을 봤다.

"어떻게 되었습니까?"

성급한 유혁로가 일어나 첫 번째 질문의 화살을 쏘았다. 열명의 눈은 두 사람에게로 쏠렸다.

"여러분, 안심하십시오. 선장님이 대단히 쾌남이어서 목인덕과의 교섭 일체를 맡아주기로 했습니다. 하늘은 우리를 버리지 않을 것입니다."

"그것 참 잘 됐습니다."

"그렇고말고요. 우리가 목인덕 손에 죽을 수야 없지요."

사람들은 안도의 환성을 질렀다. 박영효도 명랑한 얼굴이 되어 서재필을 보았다.

"서 군, 우리는 군에게 감사하오."

언제나 구석 쪽에 앉아 있는 서재필은 부끄러운 듯 얼굴을 붉혔다. 김옥균은 곧바로 이어서,

"그러나 여러분, 우리는 배가 출발할 때까지 식당 창고 안에 들어가 있어야 합니다. 배는 오늘 3시에 출발한답니다."

"목인덕 손에 죽지 않으면 어디에 들어가 있거나 상관없습니다."

이건영도 힘 있게 일어서면서 외쳤다.

"서 군, 젊은이치고는 매우 잘 해냈어."

유혁로는 탁 하고 서재필의 어깨를 두드렸다.

이윽고 보이가 와서 일동을 저장고로 데리고 갔다. 선장의 명령이 있어서인지 여러 가지 저장 상자와 나무통이 깨끗하게 치워져 있었다.

"이건 완전히 1등실이군."

과묵한 서광범이 이렇게 말해 모두를 웃겼다.

"조금만 참아 주십시오. 잘하면 오늘 3시에는 나갈 수 있으니까요."

보이는 밖에서 저장고의 자물쇠를 채우며 씩 웃었다. 모든 것을 알고 있는 것 같았다. 일동은 어둠 속에서 주먹밥을 씹으면서 목인덕 욕을 하기도 하면서 시끌벅적하게 떠들었다.

일각이 여삼추라는 말은 바로 이런 것이리라. 기다리고 기다려 3시가 지났지만 전혀 아무런 소식도 없다. 자물쇠를 밖에서 채워 두었기 때문에 어떻게 할 수도 없다. 교섭이 잘되지 않은 것일까? 김옥균은 멜렌돌프와 츠지 선장과의 회견 상황을 상상해 보았다. 츠지 선장은 굵고 탁한 목소리로 고함을 치고, 멜렌돌프는 그에 지지 않고 간사한 목소리로

다그칠 것임에 틀림없다. 하지만 아무리 멜렌돌프가 강경하게 버티더라도 선장의 그 의기라면 걱정할 것이 없다.

그러자 돌연 징소리가 울려 퍼졌다. 출항 신호다. 저장고의 사람들은 일제히 환성을 질렀다. 이제 완전히 산 것이다. 목인덕의 손에 잡혀 무참히 죽지 않아도 되었다.

"김 참판, 고생하셨습니다."

밖에서 찰깍 하고 자물쇠 여는 소리가 났다. 다름 아닌 선장의 목소리였다. 김옥균은 저도 모르게 벌떡 일어나 문 쪽으로 갔다.

"야아!"

"야아!"

문이 열리자 선장과 타케조에 공사가 만면에 웃음을 띠고 서 있었다. 김옥균은 쓰러질 듯 문 밖으로 나가 두 사람의 손을 잡았다. 뜨거운 눈물이 야윈 김옥균의 양 볼에서 흐르고 있었다.

제8장

민며느리(ミインメヌリ)

아오키 히로시(青木洪)

1

청진淸津 누나 집에 계시는 늙으신 어머니가 위독하다고 해서 나는 깜짝 놀라 동경에서 급히 돌아왔다. 아마 이것이 마지막일 것이라 생각한 어머니는 만족스러운 치료도 받지 못했음에도 불구하고, 이상하게도 어찌된 일인지 회복 기미를 보였기 때문에 우선 나는 안심했다. 그리고 거의 5년 만에 친척들과 구정舊正을 맞이했다. 설이라고 해도 누나 집은 떡 하나 만들지 못 했다. 지금부터 10년 전쯤 간도間島에서 이민 생활의 쓴 경험을 한 뒤, 결국은 옷 하나만 달랑 걸친 채 여기에 들어와 맨손으로 생계를 이어가고 있는데 여전히 가난했다. 한 때 이곳은 북조선 개발로 노동 경기를 부채질해,

회녕會寧·청진 살기 좋다고
돈 벌로 간 아버지
기다려도 기다려도
소식도 없네

라는 민요가 나올 정도였지만 우리처럼 여기저기에서 흘러들어온 사람들의 생활 상태는 어떠했던가? 예전에 나도 누나네 일가와 간도에서 이곳으로 이주해와 살면서 항구 건축 공사장에서 5년 정도 노동을 하면서 살았다. 내 남동생도 여기에서 비참한 죽음을 맞이했다. 그 이후 나는 하나 뿐인 어머니를 누나 집에 맡기고 훌쩍 일본 내지로 건너가 이리저리 흘러 다녔다. 하지만 청진을 떠난 지 5년 만에 다시 돌아와 보니 발전된 모습에 나는 은근히 기뻤다. 예전에 보이지 않던 여러 가지 다양한 공장이 생기고, 큰 무역상도 생기고, 인가나 학교가 늘어나고, 시가지는 완전히 탈바꿈하여 공업화되고 상업화되어 있었다. 이 장족의 발전으로 주민들의 생활이 얼마나 윤택해졌을까란 생각에 나는 미소를 머금

고 쳐다보았다. 게다가 이에 걸맞게 청진은 이미 북조선 제일의 해항 도시이기도 했었다.

고생스럽긴 하지만 누나 일가의 생활도 예전처럼 궁핍하진 않았다. 올해 스물셋이 된 장남은 벌써 장가를 가서 철도 일을 하고 있다. 우리 어머니는 분가한 손자 부부와 함께 살며, 불효한 나에게 헛된 기대를 하면서 재미없는 여생을 보내고 있는 것이다. 누나도 벌써 나이가 쉰이나 되었는데, 술고래 남편 때문에 힘들긴 하지만 적어도 아이들만은 잘 성장해 줄 것이란 기대로 살고 있다. 그렇지만 쓸데없는 걱정이 많은 누나는 아직 젖먹이 아이를 데리고 늘그막에 고생하여서 그 작은 몸이 매우 수척해 있었다. 딸 세 명에 아들 세 명을 둔 누나에게는 자식들 중에서도 12살 나이에 집안을 위해서 희생된, 민며느리로 간 장녀가 제일 불쌍했다. 누나네 집이 가장 힘들 때 단지 몸값 100원에 시집을 간 것을 나도 잘 알고 있었다. 그런데 정식 며느리가 된 지금도 매우 심하게 구박을 당하고 있다는 이야기를 들었다. 나는 그 아이가 민며느리가 된 지 얼마 되지 않아 방랑길을 떠났기 때문에 8년 동안이나 만나지 못 했다. 그래서 그녀의 얼굴이 보고 싶어 참을 수가 없었다. 그녀의 시댁은 4km쯤 떨어진 곳인데, 내가 보고 싶으니까 오라고 해도 시댁에서 보내주지 않는지 좀처럼 모습을 볼 수가 없었다. 그래서 나는 기다릴 수가 없어서 설날에 장남을 데리고 그 아이가 있는 곳으로 갔다. 청진에서 차를 타고 유성鍮城역에서 내려, 산길을 열 구획 정도 걸어가자 그 아이의 마을이 나타났다. 마을이라고 해야 산과 산 사이에 있는 겨우 여덟 가구 정도의 작은 부락이었다. 회녕으로 가는 도로가 마을 한 가운데를 가로 지르고 있고, 산자락을 따라 길회선吉會線*이 뻗어 있었다. 이곳 부락민은 농민 중 반이 산에서 벌채를 하여 청진 방면으로 장작을 내다팔고 있었다.

* 함경북도 회령과 중국 동북부의 지린(吉林) 사이를 잇는 철도

뒤가 거의 쓰러져 가는 길가 집이었다. 예전에 한 번 데리러 왔었던 장남 병묵炳黙이 앞장을 서서 굳게 닫힌 문 앞에서 사람을 불렀다. 안에서 두런두런 이야기하는 소리가 갑자기 그치고 "어머, 오라버니잖아!"라며 곧장 문을 열었다. 얼굴을 내민 아이는 오라비와 함께 간 나를 언뜻 알아보고, "어머, 외삼촌도 함께 오셨어요?"라며 놀란 목소리로 외쳤다. 그리고 바로 얼굴이 사라지는가 싶더니, 부엌 쪽문에서 허둥지둥 뛰어나오면서 반은 우는 듯 흥분된 목소리로 "외삼촌" 하고 내 품에 안겼다. 나는 어쩔 줄 모르며 당황하여 쉽사리 말이 나오지 않았다. 시어머니나 남편에게 호된 시집살이를 하고 있다는 이야기는 진작 듣고 있었지만, 그와는 반대로 그녀의 모습은 도리어 발랄해 보였다. 어머니를 닮아 오똑한 코에 갸름한 얼굴은 뽀얗고 아름다웠다. 흰 저고리에 감색 치마를 입은 모습은 조금도 초라해 보이지 않았으며 날씬하고 건강해 보이는 몸매였다. 나를 만나면 울 것이라고 생각했었는데 그녀는 웃으며 내 손을 끌었다. "네가 그 때 예쁜이라니, 거리에서 만나면 누군지 모르겠구나. 많이 변했구나." 라면서 부엌 쪽문으로 들어갔다. 부엌 쪽문 안 부뚜막에는 큰 가마솥이 2개나 있었고, 그 옆으로 한 단을 올라가면 방이었다. 방 한쪽 벽면에 식기 선반을 달아 사발과 놋그릇, 밥상을 올려 두었다. 잠자는 방과 가마솥이 같이 붙어있는 집 구조만 봐도 북조선 사람이 얼마나 만사태평으로 느긋하게 생겨 먹었는지를 알 수 있다. 가마솥 옆에서 먹고 가마솥 옆에서 자는 이 이상한 생활—또 말이 투박하고 세련되지 않았으며, 성질이 거칠고 난폭한 것은 이 지방의 황량한 풍토와 나쁜 기후 때문이라 판단된다.

"저는 금방 알아봤어요. 외삼촌은 하나도 안 바뀌셨네요…… 하지만 전에 보다는 무척 여위셨어요." 그녀는 완전히 음색이 변하여 흥분한 목소리로, 나를 먼저 들어가게 했다. 방에는 곰보 시어머니 외에 이 집에서 기식寄食하고 있는 할아버지와 양녀인 소녀 그리고 근처에 사는 할머니가 앉아 있었는데, 우리의 방문에 모두 앉은 자리에서 일어나 우물쭈물하고 있었다. 시어머니는 8년 전에 두어 번 만난 적이 있어서 나는 말없이 큰절을 했다. 시어머니는 어딘지 모르게 매우 낭패스러운 모습으로 절을 받으면서 "설마 당신이 오실 줄은 몰랐습니다. 하지만 잘 오셨습니다." 라고 말했다. 이 노인네는 말 주변이 좋고 일도 잘하는 수완가라는 소문은 진작 듣고 있었지만, 과연 우리네 말과 억양만 다를 뿐 마치 미끄러지듯이 유창하였다. 이 노인네가 예쁜이를 알아보고 결혼까지 이끌어낸 것도, 너무 귀여우니까 자신의 집에서 키워 주고 싶다면서 민며느리로 데려 온 것도, 그 교묘한 말솜씨와 추진력 강한 집요함에서였다. 우리 황해도 사람이 모두 그렇듯이 고집도 없고 너무 정직한 예쁜이 부모들은 허풍스런 말에 넘어간 나머지 그 노인네를 과신하여 노인네가 바라는 대로 따라주었던 것이다. 특히 우리 어머니는 매우 기뻐하면서 예쁜이의 등을 떠밀듯 해서 데려다 주고 와서는 본인도 이 마을에서 산다고 놋그릇을 옮겨다 두기도 했다. 그리고 그 놋그릇은 이 노인네가 잘도 속여서 빼앗아갔다. 그 당시 이 노인네에게는 시집간 딸들이 있었는데, 그 중 한 딸이 청진 시내에서 곡물상을 하고 있었다.(지금은 웅기로 이사를 갔다.) 그 집이 누나의 단골이었다. 예쁜이와의 혼담은 모두 이 곡물상 딸을 통해서 이루어졌다. 그런데 그 당시 누나네는 빌린 빚이 많이 밀려 예쁜이 몸값으로 받은 100원으로 우선 빌린 빚을 갚고 남은 빚은 한 되, 두 되씩 수확한 조粟로 갚아 장부를 지워나갔다. 나는 그 때 이 참담하고 비참한 사람살이가 지긋지긋하던 차에 남동생이 너무 불쌍하게 죽고 난 뒤, 한 곳에 정착하여 살지 못하는 방랑벽 어머니와는 마음이 맞지 않고 모든 것이 재미가 없어서 정처 없는 유랑길을 떠났던 것이었다.

시어머니가 여기는 누구누구라고 소개하자 나란히 앉아 있던 할머니들 앞에 나는 손을 짚고 "새해 복 많이 받으십시오." 하고 공손히 절했다. 마찬가지로 답례 인사를 한 할머니들은 잠시 멍하게 있었는데 그 중의 한 사람이 "하섭夏燮이를 불러 와야지." 하며 돌아가 버려서, 다른 사람들도 그를 따라서 돌아갔다. 그래서 비로소 나는 조카사위 하섭이가 집에 없다는 것을 알아챘다. 거기서 예쁜이가 다시 공손히 "외삼촌, 새해 복 많이 받으세요."라며 역시 조선식으로 구부려 앉는 식의 절을 내 앞에서 했다. 나는 오랫동안 이러한 우리나라의 의례를 접하지 못했기 때문에, 마치 개구리 모습 같은 그런 예법이 이상해서 견딜 수가 없었다.

"8년이나 못 본 사이에 매우 컸구나. 이만큼 키우시느라고 사돈께서 고생이 많으셨지요?" 나는 방 가운데에 앉자 시어머니에게 말했다.

"옛날부터 '며느리는 노인의 위안'이라고 했는데 그것은 성가신 만큼 즐거움도 크기 때문입니다. 하지만 꽤 손을 가게 만들었지요. 여하튼 이 아이가 12살 때부터 제 손에 컸으니까요."라고, 반은 기특한 듯 반은 자신의 양육을 자랑하듯 시어머니는 말하였다. 그러자 며느리 예쁜이가 참견을 하여 "나이 드신 분은 다들 그렇게 말씀하시지만 며느리 쪽에서는 '시집 생활 3년, 시집 올 때 입은 치마가 눈물을 닦아 구멍이 났다' 라는 말도 있잖아요." 라고 억지웃음을 지으며 빈정거렸다. 그러자 시어머니는 갑자기 얼굴을 찡그리며 며느리를 노려본 뒤 바로 나를 향해서 "손이 갈만 하죠. 앞뒤 분간도 못하고 저런답니다."라고 비난했다. "봐라. 손님이 오셨으면 부엌에서 일하는 여자가 무엇을 해야 하는지 정도는 그 만큼 말했으면 대충 알 듯도 하지 않느냐? 쓸데없는 소리할 겨를이 있으면 내놓을 거라도 가져오는 게 어떻겠니?" 라고 소리쳤다.

그 말을 듣고 며느리는 들뜬 모습으로 식기 선반에서 뭔가를 꺼내기 시작했다. 그러나 설날임에도 전혀 신경을 쓰지 않은 지저분한 모습의 시어머니는 이가 아파서 죽겠다며 앞니가 빠진 그 곰보딱지 얼굴을 더욱 음험하게 일그러뜨렸다. 왠지 모르게 흠칫흠칫하기도 하고 곤혹스러워하며 끊임없이 뭔가를 생각하고 있는 듯 걱정스러운 빛이 얼굴에 왔다갔다 하였다. 나는 그런 모습을 어떻게 대해야 좋을지 지혜가 떠오르지 않았다. 예쁜이가 이 집에서 열여섯 살 되던 해 남편과의 동거를 알리기 위해 결혼식을 올린 지 얼마 되지 않아 돌아가셨다는 시아버지의 인품은 "사람 좋다"란 말을 들을 정도였다고 하는데, 현재 내 앞에서 부끄러운 듯 시선을 돌리고 있는, 기식하고 있는 할아버지와 식기 선반 밑 구석에 주뼛주뼛 앉아 있는 고아 양녀—캐보면 뭔가 나올 것 같은 이 집안 내막은 상당히 복잡하였다. 늙은 남편이 살아있을 때부터 식객노릇을 하던 이 영감은 할머니와 뭔가 나쁜 쪽으로 밀접한 관계가 있어서 동냥질 해온 것을 모두 이 처참한 집에 바친다고들 한다. 또 고아는 키워서 어딘가 창녀로라도 팔려는 계산일 것이라는 소문도 있었다. 게다가 원래 어디선가 갈보짓을 하고 있던 둘째 딸은 이 집에 여러 남자를 끌어 들이기도 했는데 성병으로 탈이 나 결국 작년에 죽어 버렸다. 집안이 이 지경인데다가 밭 한 떼기 있는 것도 아니고 산자락 하나 있는 것도 아니었다. 이 집에서 하늘이 내려준 가장 소중한 아들인 하섭은 게으름뱅이였다. 그래서 며느리인 예쁜이가 자갈 채집을 하러 가거나 선로에 풀을 뽑아 돈을 벌어야만 했다.

금방 설 떡이랑 뭔가를 올린 상을 예쁜이가 우리에게 내밀었다. 나는 누나 집에서도 먹을 수 없었던 상에 오른 떡을 보고 놀랐다. 시어머니는 보라는 듯이, "설이라고 해도 제대로 대접도 못해 드리네요."라면서 권하는 것이었다. 하지만 우리들이 그것에 손을 댈 겨를도 없이 부엌 쪽문에서 조카사위가 들어왔다. 나는 그를 보고 또 놀랐다. 키가 너무 커 껑충하고 어딘지 백치 같아 보이는 남자였다. 속담에 비유하는 것은 좀 그렇지만 마치 도둑놈처럼 정강이가 긴 다리와 긴 손이 어그러져 움직이고, 주걱턱의 긴 얼굴이 지저분하게 일그러져 있는데, 거기다가 듬성듬성 빠진 고르지 못한 이를 히죽거리며 느릿느릿 들어오는 모습은 아무리 봐도 8년 전 학생 모자를 쓴 순종적이던 소년이라고 생각할 수가 없었다. 이 바보 같은 놈이 도끼를 휘두르며 아내를 위협하거나 야수 같은 본능으로 공포를 준다고는 생각할 수가 없었다. 나는 가마솥 옆에서 부끄러운 듯 웅크리고 있는 며느리 예쁜이를 흘낏 본 순간, 늑대와 어린 양이 연상되어 온몸을 떨었다. 하지만 22살이나 되는 이 기다란 괴물은 느릿느릿 들어와서는 낮은 천장에 부딪칠 것 같은 몸을 유연하게 굽혀서 정중히 인사를 했다. 옆에서 그의 어머니가 외삼촌 잘 오셨습니다 라고 말씀드려야 한다고 나무랐지만, 우리에게는 보기 싫게 히쭉이면서 "아, 요전에 보내주신 외삼촌 편지를 보고 놀랐습니다." 고 중얼거리는가 싶었는데, 틈 많은 이 사이로 입에서 침이 흘렀다. 보다 못한 예쁜이가 살짝 부엌 뒷문으로 모습을 감춰 버렸다. 나는 너무 진절머리가 나서 말도 나오지 않았다.

"엄청나게 컸군! 자네가 학교를 다녔다고는 상상도 되지 않는군." 잠시 후 나는 그렇게 말했다. 그러자 그 어머니가 말을 맞받아, "어차피 무지렁이로 살 바엔 비싼 돈을 들여서 학교를 보내는 게 아니었어요." 라고 하더니만, 주정꾼처럼 횡설수설하는 아들에게 "너, 저 선길善吉 할아버지 집에 가서 소주 좀 사 오너라. 외삼촌께 한 잔 드려야지." 하며 시켰다. 아들이 곧 바로 나가자 어머니가 식기 선반에서 주전자를 들고 그 뒤를 따라 나갔다. 뒷문에서 예쁜이가 웃음을 머금고 몰래 들어왔다. 우리들도 씩 웃고 말았다.

"이런 인적 드문 산중에서 자랐으니." 라고 식객 할아버지가 말했다.

얼마 되지 않아 소주를 내왔다. 나는 할아버지를 상대로 소주를 모두 마셔 버렸는데도 좀 모자랄 정도였다. 시어머니는 "일본에도 소주가 있습니까? 이제 사돈도 결혼해서 여기서 모두 함께 사는 것이 어떻겠습니까?" 라며 치통으로 부은 볼을 누르며 말하였다. 조금 취기가 오른 나는 그에 대한 대답은 하지 않고, "사돈, 이가 아파서 무척 괴로우시지요? 이는 신경이 제일 예민한 곳입니다. 제가 빨리 약을 갖다 드리지요." 라고 얼버무렸다.

"외삼촌, 정말로 여기서 사시면 좋을 텐데요." 라고 벙어리라고 생각했던 조카사위 하섭이 끼어들었다. "그러면 저희에게도 도움이 될 텐데요. 우리 집도 다른 집처럼 짐수레와 소만 있으면 장작도 팔 수 있고 이리저리 빌린 것도 갚을 수 있고, 그러면 생활이 훨씬 좋아질 텐데 말이죠……" 마치 처음 배운 대사를 복습이라도 하듯 중얼거렸다.

"사정에 따라 나도 여기서 결혼하게 될지도 몰라. 그러면 너희들에게 짐수레나 소도 사주지." 라며 나는 일부러 자신 있는 듯 말했다. 원래 이 집에 시아버지가 살아있었을 때에는 소달구지가 있었다는 것을 알고 있다. 그것을 없앤 지금 소달구지 운운하는 것이 우습다. 누나는 딸 예쁜이가 귀여운 나머지 가끔 식량을 보태주기도 하고, 일자리를 마련해 사위를 돌보기도 하지만, 근성이 게으름뱅이인 이 사위는 뭐든 사흘을 넘기지 못했다. 거기다 다른 사람의 물건까지 도둑질하여 곤혹스럽게 할 뿐이었다.

"하지만 뭐니뭐니 해도 사람은 부지런해야 해." 나는 계속해서 말했다. "생각해 보게. 자네는 한 집안의 장남인 의젓한 호주가 아닌가? 어머니나 아내를 부양할 의무가 있으니 일하지 않으면 안 돼. 아내는 그렇다 치더라도 어머니는 벌써 나이 드셨지 않은가? 어머니를 안심시켜 드리는 것이 아들로서의 본분이야."

"아저씨 말씀이 다 옳다. 너 잘 들어 두어라. '귀여운 아이는 여행을 시켜라' 라고 하듯이, 외삼촌은 세상 여기저기 다니셔서 뭐든지 잘 알고 계신다." 시어머니는 나를 계속 치켜세우는가 싶더니, 이번에는 다시 조금 전의 소달구지 이야기를 꺼내면서 원조를 구하듯이 불쌍한 말투로 말을 이어갔다.

나는 적당히 이야기를 자르고 그들 부부에게 우리들과 함께 친정 나들이를 가자고 제안했다. 내 권유에 시어머니는 놀란 듯했다. 그렇지 않아도 무슨 일이 생길까봐 며느리를 아무데도 보내지 않았었다. 그러나 내 앞에서 쌀쌀맞게 거절도 못하고 그저 싫은 표정으로, "너 갈 테냐?" 고 며느리에게 물었는데 나에게는 "보내지는 않을 테야." 라는 것처럼 들렸다. 시어머니의 무서운 눈매에 예쁜이는 "저는 가고 싶지 않아요……" 라고 작은 목소리로 대답했다. 나는 그것을 듣고 참을 수가 없었다. "뭐? 가고 싶지 않다고. 너는 그렇게도 친정이 싫으냐! 부모님을 원망하느냐? 그래서 내가 보고 싶다고 해도 오지 않았느냐?" 라고 도리어 시어머니가 들으란 듯 고함을 쳤다. 그러자 시어머니가 "가지 않는다는 말이 당키나 합니까? 그러나 친정에 가는데 아무것도 가져갈 것이 없지 않습니까?" 라며 말을 부드럽게 바꿔 나에게 변명을 했다. 그러자 예쁜이는 주저주저하면서도 준비를 시작했다. 그런데 사위는 가고 싶지 않다고 버텼다. 그는 가면 바보라고 놀림을 받거나 물건을 훔친 적이 있어서 가고 싶지 않은 것이었다. 하지만 나는 꼭 부부가 함께 가야한다고 강조했다. 그래도 그는 듣지 않았다.

결국 나는 예쁜이를 데리고 문밖으로 나왔다. 그런데 우리가 출발할 때까지 시어머니는 무척 허둥대더니 인근에 의견을 물어보겠다며 마을 사람들을 이리저리 불러 모았다. 어슬렁어슬렁 모여든 사람들은 매우 이상하다는 듯이 "오래간만에 만난 외삼촌이잖아요. 무슨 여러 가지 이야기를 하고 싶겠지요. 보내요." 라며 허둥대는 시어머니에게 말했다. 그래도 시어머니는 조마조마 안심이 되지 않은지, "그럼, 내일 바로 보내 주세요. 나는 이가 아파서 밥 짓는 것도 어려워요." 라고 나에게 거듭 다짐을 했다. 나는 그리 망설이는 시어머니의 이상한 태도가 납득 가지 않았다. 며느리를 친정에 데려가는 데에는 뭔가 우리들의 음모가 있지는 않을까 잘못 생각한 것은 아닌가?

황량한 산에 둘러싸인 주위는 벌써 땅거미가 지고 있었다. 우리 셋은 불안한 듯 환송하는 마을 사람들을 뒤로 하고 역을 향해 걷기 시작했다. 병묵은 기차 시간에 도착하기 어려울 것 같다며 앞서 발걸음을 재촉하였고, 작은 보따리를 머리에 인 예쁜이와 나는 어깨를 나란히 하며 뒤를 좇았다.

"그 할머니 정신이 조금 이상한 것 아니냐? 방금 그 미친 듯한 태도는 뭐냐? 너는 그 바보 같은 놈의 아내라기보다 오히려 그 미친 할멈의 아내인 것 같다."

"저는 시어머니가 가지고 있는 감옥 열쇠 같은 존재예요. 변소에 갈 때에도 '너 어디 가니?' 라고 눈을 부라리며 놔주지 않아요." 예쁜이는 씩씩거리며 말했다. "요전에 외삼촌이 편지 보내셨을 때도 오라버니가 부르러 왔을 때도 나는 얼마나 가고 싶었는지 몰라요……. 그것을 그 마귀할멈이 '아무리 먹기 힘들어도 그렇지 나이도 어린 딸을 돈 때문에 파는 부모가 부모냐? 그런 야비한 마음보를 가진 에비 에미가 있는 데는 안 보낸다. 너는 이제 이 집 귀신이다.' 라면서 '보내지 않겠어' 라고 말했다는 것까지 전하더니 내게 얼굴을 안보이려고 고개를 돌리며 서럽게 울기 시작했다. 그리고 앞을 성큼성큼 뛰어가는 오라비를 노려보면서, '오라버니는 언제나 그래요. 일 때문에 나한테 올 때나 되돌아 갈 때 배웅을 해도 나에게 고개도 돌리지 않아요. 나는 그런 가족들의 모습을 멍하니 바라보면서, 아, 무정한 사람들이라고 생각하며 남몰래 눈물을 얼마나 흘렸는지 몰라요. 그것을 생각하면 친정은 더 안 가고 싶어요. 지금은 철도 일을 하기도 하면서 모두 편하게 지내고 있지만 옛날에는 나를 팔아서 목숨을 보존해 왔잖아요. 그런데도 지금 나의 이 고통을 조금도 생각해 주지 않아요."

그녀에게서 그런 넋두리를 듣자 나는 더욱 마음이 아팠다. 나는 해 줄 말도 딱히 없어서 그저 고개를 숙이고 걸었다. 밭을 따라 이어진 제방을 가로질러 내려가자 물이 완전히 말라 버린 강가 모래밭이었다.

"이 강에서 내가 파서 모은 자갈만 해도 쌓아놓으면 산 하나는 될 거에요. 여름에는 손톱이 벗겨질 정도로 선로 공사하는 인부들에게 놀림을 받아가면서 풀을 뜯기도 하고, 가을에는 이 강에서 자갈을 파서 모았어요. 그렇게 일해도 난 제대로 먹지도 못하고 그 도깨비 같은 사람들에게 곤봉이나 도끼로 학대만 받고……" 울먹이는 소리로 그녀는 이렇게 호소했다. 그 때 뒤에서 갑자기 "어-이!" 라는 소리가 들려왔다. 우리는 놀라서 뒤를 돌아보았다. 조카사위 하섭이 검은 방한모를 쓰고 따라오고 있었다. 예쁜이는 그를 보자마자 공포에 질려 부르르 몸을 떨면서, "외삼촌……" 이라 소리를 지르며 내 가슴에 안겼다.

"저 바보, 마침내 따라왔어…… 나는…… 차라리 죽고 싶어…… 죽고 싶어……"

"정말 바보 같은 녀석이군. 아내를 그렇게 못 믿을 거면 아까는 왜 함께 오지 않은 거야?. 정말로 꼴도 보기 싫다." 나는 내 품에서 훌쩍이며 우는 예쁜이의 어깨를 일으키면서 중얼거렸다. 그리고 그가 가까이 오기를 기다렸다.

"저는 어머니 치통약을 사야 해서 함께 가기로 했습니다." 숨을 헐떡이며 따라붙은 하섭은 보기 흉한 표정으로 그렇게 말했다. 주위는 분간이 안 갈 정도로 벌써 어두워져 역 쪽에 있는 전등이 붉게 타고 있었다. 이 때 마침 청진행 혼합열차가 유성역을 향해 우리 앞을 휙 지나갔다. 앞서 간 병묵은 벌써 역 근처에서 손을 흔들고 있었다. 나는 달려가 본들 이미 제 시간에 닿지 못한다고 생각하면서도 하섭을 재촉하며 서둘렀다. 그리고 겨우 달려서 도착했나 싶었는데 표를 살 틈도 없이 발차해 버렸다. 철도원인 병묵은 구내 쪽에서 들어가 열차에 올라타서는 달리기 시작한 객차의 승강기 발판에 선 채, "그럼 저는 한 발 먼저 갈게요."라고 했다.

"오라버니는 늘 저렇다니까. 우리는 상관없이 자기만 잽싸게 타고." 예쁜이는 불만스러운 듯 중얼거리며 그를 배웅했다.

2

다음 기차로 늦게 집에 와 보니 벌써 식사 준비가 되어 있었다. 아마 어머니의 마음일 것이다. 만두를 만들어 국을 끓이고 평상시 먹을 수 없었던 흰 쌀밥으로 자못 조선의 구정 기분을 넉넉히 풍기고 있었다. 추운 역내에서 2시간 가까이나 배가 고팠던 나는 조카딸 부부와 둘러앉자 맛있게 배를 채웠다. 병을 앓고 난 어머니는 그들 부부에게 "고기도 안 들어간 만둣국이지만 듬뿍 먹어라. 너희들 생활이 어려워 이런 것조차 제대로 못 먹었지? 불쌍하게도."라며 안 됐다는 목소리로 말을 했다. 특히 예쁜이를 바라보는 눈에는 눈물이 글썽였다.

여러 가지 이야기로 밤이 깊어갔다. 신랑 하섭은 병묵의 집에서 묵고 새댁 예쁜이는 5구획 정도 떨어진 어머니 집에 묵었다. 오빠 부부가 사는 집에서 어머니와 여동생이 있는 집으로 온 예쁜이는, 좀 전의 슬픔과 괴로움을 잊은 듯 여동생과 장난을 치거나 하면서 이미 완전히 친정에 돌아온 기분으로 바뀌어 있었다. 그녀보다 3살 아래인 여동생은 어느 내지인 집에서 하녀 일을 하고 있었는데, 여동생이 바느질한 윗도리 등을 입어보기도 하고 바느질이 미숙하다고 타박하면서 고쳐 입을 테니까 옷이 없는 자기에게 달라 하기도 했다. 나는 그들 자매를 바라보며 천진하다는 생각에 미소 지었다.

"그렇게 입을 것이 없으면 내가 하나 사 주마." 내가 그렇게 말했더니 그녀는 기쁜 듯이 방긋 웃더니 이내 고개를 숙이고 잠자코 있었다. 이불 위에 누워 아이를 재우고 있던 누나가 "그래. 오랜만에 만난 김에 외삼촌에게 아래 위 한 벌 지어달라고 하면 되겠다. 불쌍하게 갈아입을 옷 하나 가지고 있지 않으니……" 라고 한숨을 쉬듯이 말했다. "이 추운데 바지도 없다 해서 요전에 내가 입던 것을 가져다 줬는데, 그것을 바보 같은 사위 놈의 속옷에 기워 엉덩이를 가려 줬다는구나. 게다가 누덕누덕 기운 저 치마도 어떤 사내한테 빠져서 죽은 창녀가 입던 옷이란다. 일 년 내내 달랑 옷 하나로 지내다보니, 사람 없는 강에서 벌거벗고 빨아서 그것을 말려 입지 않으면 갈아입을 옷이 없다고 자꾸 나한테만 불평하더구나."

"어머니…… 나를 이렇게 만들어 놓으니 어떠세요? 내 몸과 맞바꾼 조밥이 편안하게 목구멍을 넘어가든가요……"

이렇게 말하고 예쁜이는 화가 난 듯 또 울기 시작했다.

"이제 와서 너한테 무슨 소리를 듣더라도 뭐라 할 말이 없는 것이 부모 심정이다. 어떤 부모든 좋아서 자기 자식을 지옥에 밀어 넣을 부모는 없을 거다. 나도 12살 때 너희 아버지에게 시집을 와서 계속 혹독한 시어머니와 네 아버지가 미워서 친정으로 도망을 치기도 하고 친정에서 억지로 되돌려 보내지기도 했고, 괴롭고 싫어서 그 때 죽으려고 생각한 적도 있었다…… 그래도 그것을 참고 견뎌서 너희들을 낳고 길렀다…… 사람은 잘 되든 못 되든 모두 신으로부터 부여받은 운명이야…… 너의 불운도 자신의 운명이라고 생각해다오."

"모두 그렇게 말하지만 난 그 바보와 평생 살아야 할 것을 생각하면 가슴이 답답해요. 밝은 해가 지고 밤이 되는 것이 나에게는 얼마나 두려운 일인지…… 그것이 무서워서 한 번은 잠자리를 뛰쳐나와 마을을 떠들썩하게 한 적도 있었어요…… 하지만…… 그 괴물은 도끼를 휘두르며 내 머리카락을 움켜쥐고…… 위협하잖아요…… 난 그 때 부모님이 원망스럽고 원망스러워 원망을 하면서 죽으려고 했어요……"

그녀는 미친 듯 몸부림치면서 어머니의 발밑으로 울며 무너져 내렸다.

"어머니…… 어머니도 호된 괴로움을 맛보았으면서도 딸인 나를 또 똑같이 만들었어요. 내 마음의 고통을 어머니는 잘 아실 거예요…… 너무 괴롭고…… 두려워……"

새벽 방안에 깊은 비련의 침묵이 엄습했다. 예쁜이가 훌쩍이며 우는 소리 외에는 아무것도 들리지 않았다. 다른 집에서는 설 기분으로 새해 첫날밤을 즐겁게 지내고 있을 것이다. 어딘가 저 멀리에서 술 취한 사람의 둔탁한 목소리가 간간이 들리고 태평스러운 노래 소리까지 희미하게 새어들어 왔다.

괴롭고 덧없는 세상에 미련을 갖는 어리석음이여
젊은 청춘일 때가 이 세상 꽃이지

그 노랫소리는 점점 가까워지더니 어지간히 취한 말투로 뭐라고 떠든다 싶었는데, "너 어째서 들르지 않는 거냐? 그럼 아침에 마시러 오면 돼, 설이니까 말이야. 괴롭고 덧없는 세상에 쓸데없이 고민하는 것은 바보나 하는 짓이야."라고 큰소리로 외치면서, 허느적거리며 매형이 소란스럽게 들어왔다. 바로 근처의 철도기관구鐵道機關區에 석탄광부로 일을 하고 있는 그는 낮부터 동료들 집에 새해 인사를 하러 갔었기 때문에 예쁜이가 온 것도 모르고 있었다. 평상시에는 얌전하기 그지없는 그도 술만 마시면 시끄러워지는데, 그것을 걱정한 누나는 매형이 들어오기 전부터 예쁜이의 이성을 잃은 모습을 수습하려고 애를 썼지만, 쌓이고 쌓인 울분을 억누를 길 없는 예쁜이는 "팔자 좋네. 딸을 팔아 술만 마시고 배짱 좋네." 라면서 가만히 있지 않았다. 당황한 어머니는, "이런 바보야, 조용하라니까"라며 딸의 어깨를 탁 하고 때렸다. 그러자 딸은 더욱 화가 나 "나는 어차피 바보에요! 모두 달려들어 괴롭혀 죽이세요."라고 함부로 말을 하며 몸을 구부려 다가갔다. 휘청거리는 몸을 기우뚱하며 들어오면서 그 광경을 멍하게 바라보던 아버지는, "아-, 이 집은 뭔가 고민하고 있군." 신음하듯 말하고 멍하니 서있다. 어디서 굴렀는지 깨끗했던 흰 옷은 흙탕물로 더러워져 있었고, 끈적끈적 기름기가 도는 얼굴은 눈이 풀려 흐리멍덩하고, 일그러진 듯 움직이는 입에서 침이 흐르고 있었다. 바로 문 입구에서 자고 있던 나는 "매형은 좋은 설을 보내고 왔나봐요? 나는 오늘 사돈집에 가서 예쁜이를 데리고 왔습니다." 라 하고 안으로 끌고 들어가려고 했다.

"예쁜이……" 앵무새처럼 되풀이하더니 그는 곧장 안색을 바꾸어 고함치기 시작했다. "배은망덕한 놈들 또 내 얼굴에 먹칠을 하려고 왔나? 그 무능한 키다리 놈, 열심히 일하게 하려고 내가 철도기관구에 또 정어리 공장에 취직을 시켰더니 사흘도 못 돼 일을 그만 둔 놈이야. 거기다가 그 바보가 친구들 호주머니를 노리고 전표를 훔쳐서 내가 얼마나 창피를 당했는지 몰라. 도둑놈 근성을 가진 빌어먹을 놈…… 무슨 낯짝으로 내 집엘 기어들어 온 거야. 재수 없게…… 금방 물이 든다더니 하물며 예쁜이까지 부모를 원망한다고? 응"

"당연하지요! 원망 받지 않으려면 처음부터 나를 그런 귀신 지옥 같은 곳에 주지 않았으면 됐잖아요."

"이 년이 무슨 독설이야! 그것이 부모에게 할 소리냐! 이 년이 그 마귀 할멈에게 홀렸네."

"나를 그렇게 만든 것이 도대체 누군데요? 아버지잖아요?"

"아, 언니는 참." 옆에서 조마조마하던 여동생 무동이가 언니 손을 잡으며 말렸다. 하지만 격앙된 예쁜이는 무동이의 손을 뿌리치며, "너는 나 같은 꼴을 당하지 않아 얼마나 좋아? 우리 식구들은 나를 먹고 살아 왔어." 라며 악에 받친 듯 화풀이하며 격분했다. 예쁜이의 예상치 못한 무서운 태도에 너무 놀란 나머지 나는 어떻게 해야 할 지 망연자실했다. 주위도 아랑곳없이 내뱉는 딸에게 점점 기분이 상한 아버지는 "부모도 모르는 것! 죽어버려." 라며 빰을 갈겼다. 얻어맞은 딸은 벌떡 몸을 일으키며 "네, 죽을게요! 아버지를 원망하며 죽어 드릴게요." 라 하며 맞서는가 싶더니 모두를 흘낏 노려본 후 밖으로 뛰쳐나가 버렸다. 자고 있던 아이들은 깨서 안절부절하며 울기 시작했다. 누나 부부를 진정시키는 동안 여동생 무동이는 바로 언니 예쁜이를 쫓아 뛰어나갔다. 그리고 바로 두려움에 떠는 목소리로 "외삼촌! 외삼촌" 하고 불러냈다. 당황하여 어찌할 바를 모른 채 나는 밖으로 뛰어나갔다.

사방은 어두웠지만 바로 오른편의 철도기관구 구내 전등은 희미하게 빛났다. 교체하는 기관차의 움직임, 개 짖는 소리, 먼 곳에서 들리는 사람 목소리. 그런 소음들이 한밤중의 정적을 위협하고 있었다. 이곳은 바다를 앞에 둔 마을의 가장자리 변두리였는데, 점점이 있는 논밭 사이로 인가가 드문드문 있었다. 드문드문 있는 인가를 연결하는 논밭이나 성난 파도 때문에 밀려들어온 해수 구덩이, 그 움푹 팬 땅이 얼어 얼음 표면이 어슴푸레 뿌옇게 투시되었지만, 예쁜이 모습은 찾을 수가 없었다. 여기저기서 개들이 민감하게 짖었다. 어둠에서 헤매던 무동이가 혼미한 목소리로 "외삼촌! 외삼촌! 빨리 빨리" 라며 울면서 소리쳤다. 나는 정신없이 앞으로 앞으로 달려갔다. 달릴수록 전방의 파도소리는 점점 격해지고 밀어닥치는 물마루가 망막을 파고들었다. 뒤에서 무동이가 계속 부르는 "언니! 언니!" 소리, 그 소리와 섞인 어린 동생들의 우는 소리, 어머니의 "예쁜아, 예쁜아" 라는 절박한 목소리가 앞서 달려가고 있는 나에게 들려왔다.

불꽃 같이 파도가 확 하고 튕겨 올라오는 바닷가 모래사장. 강하게 내리쬐는 별 빛. 그 모래사장 위에서 이리저리 움직이는 사람 그림자가 언뜻 시선 안에 멈추나 싶더니, 푹 하고 엎어지고 엎어지고 하더니 불쑥 일어나서 돌진하였다. "야! 예쁜아, 예쁜아" 라고 계속 외치면서 나는 온 힘을 다해 뒤 좇아 달려갔다. 숨이 턱에 차 간신히 붙잡았나 싶었을 때, 거품을 일으키며 되돌아오는 흰 파도 속으로 예쁜이는 텀벙 하고 쑥 뛰어들었다. 갑자기 별 빛이 번쩍한다. 부딪치는 파도에 밀려가는 예쁜이를 나는 가슴까지 물에 잠긴 상태에서 잡아끌어서 안아 올렸다. 파도에 휩쓸려 축 쳐져 있는 그녀를 무의식의 힘으로 가슴에 끌어안아 올리면서 "이 바보, 무슨 짓을 한 거야! 바다의 파도조차도 너를 죽일 수는 없는 거야." 10년 전 그녀를 데리고 서수라西水羅산에 나무하러 갔을 때, 절벽에서 계곡 밑으로 떨어졌던 예쁜이를 나는 지금과 같이 끌어안아 올렸었다. 힘이 쑥 빠져서 축 쳐져 있던 그녀는 광폭한 힘으로 내 몸에 매달리려고 몸부림쳤다.

"3년 전 나처럼 불쌍한 두 명의 시골 아가씨가 서로 끌어안고 이 바다 가운데 꽃처럼 떨어진 것을 나는 잊지 못해요…… 그 순진한 두 명의 아가씨는……, 무서운 포주 마녀에게 속아 이 청진 마굴에서…… 아아 불쌍한 그 시골 아가씨들. 나도 이런 세상을 원망하며 그 두 사람처럼 죽고 싶었는데……" 그녀는 이렇게 비몽사몽 중에 중얼거렸다. 이 일은 나도 아버지에게서 들은 적이 있었다. 예쁜이 시집 쪽 이야기로 작년에 죽은 작부의 죄업을 말하는 것 같았다. 생전에 시누는 자신이 살아온 그런 유의 일을 생업으로 살다가 세태에 어두운 벽촌 아가씨들을 유혹해 데려왔다. 그리고 그 아가씨들이 몸을 던져 죽자 그 다음에는 어느 어선 선주와 함께 살았는데, 그 병이 몸을 좀먹게 하여 전신이 썩어서 저 세상으로 떠났다는 것이다. 예전에 예쁜이가 반년이나 간병을 하기도 했다. 시누도 처음에는 결혼생활을 잘하고 있었는데, 예쁜이의 시어머니 되는 그녀의 모친이 생트집을 잡아 집으로 데리고 와서는 어디 유녀로 만들었다는 이야기였다.

쏴쏴 하며 넘실거리는 파도 소리를 피해 잿빛 검은 사구로 기어 올라와 가슴에 안고 있던 예쁜이를 내려놓자마자, 겁에 질린 듯한 목소리로 엉엉 울면서 달려온 무동이가 그녀를 확 껴안았다. "언니는 바보…… 바보…… 아버지가 어린 우리들을 때린 것이 오늘 처음도 아니잖아…… 사내들이 여자를 때리기도 하고 혼내기도 하는 것이 흔한 일인데 언니는 스스로 죽으려 하다니…… 바보야, 바보야……" 라고 울며불며 축 쳐져있는 언니를 힘주어 꼭 끌어안았다. 그리고 언니의 상의를 벗기고 자신이 입고 있던 윗도리와 아랫도리로 갈아입혔다.

"무동아…… 적어도 너만이라도 나 같은 결혼을 시키고 싶지 않아…… 나는 이제 아무래도 좋아…… 좋아" 끊어질 듯한 목소리로 예쁜이는 흐느껴 울었다. 단조로운 파도 소리가 "울지 마! 울지 마." 라고 하는 듯 울려 퍼졌다. 빙빙 해변을 따라 늘어선 시가지의 등불—항구에 정박해 있는 기선의 돛대 등불—그것이 우리들에게 뭔가를 속삭이는 듯 반짝반짝 빛나고 있었다. 우리들은 그런 빛을 의지하여 새벽의 추운 어둠 속에서 집으로 돌아갔다.

다음 날 술이 완전히 깬 매형은 아무 일도 없었다는 듯한 얼굴로 일하러 나갔다. 따로 살고 있는 장남도 어젯밤의 일을 모른 채 철도에 일하러 갔다. 하지만 당사자인 예쁜이는 어젯밤 자신의 일을 되돌아보고 반성이라도 하는 듯 풀이 죽어 생각에 잠겨 있었다. 나는 그런 그녀를 여러 가지로 위로했다. 그리고 바로 옷감을 사 와서 옷을 만들게 했다. 그런 다음 나는 조카사위 하섭을 미리 보내기로 결심했다. 그래서 치통약을 사서 손에 쥐어주고는 더불어 술도 조금 먹였다.

"어젯밤 여기에서 집으로 돌아가는 중에 자네 아내가 퐁덩 하고 빠져서 물에 빠진 생쥐 꼴이 되었네. 애가 왜 그리 덤벙대는지. 갈아입을 옷이 하나도 없다고 해서 지금 옷을 만들고 있네. 그러니까 자네가 먼저 돌아가 있게. 예쁜이는 내일 내가 데리고 가겠네." 나는 그와 함께 마시면서 취기가 돌자 이렇게 말했다. 그는 사양하지 않고 마셔댔고 결국 얼굴이 불그레해져 그저 빙긋 웃고 있을 뿐이었다.

"그런데 자네" 나는 또 이렇게 말했다. 잔이 더해져 이야기하기에 딱 좋은 기분이 되었다. "나는 오랫동안 일본 내지를 여기저기 돌아다녀서 이제 조선에 대해서는 잊어 버렸지만, 도끼 같은 것은 어떤 경우에 쓰는 것인가?"

"예? 외삼촌 벌써 그걸 잊어 버리셨어요?" 그는 히죽히죽 웃으면서 말하기 시작했다. "도끼는 나무를 베어 쓰러뜨릴 때나 장작을 팰 때 쓰는 겁니다."

"하하, 그렇군! 그 외에는 쓸데가 없는가? 예를 들어 아내를 위협할 때라든가."

그러자 그도 역시 새빨개져 "헤헤" 하고 당혹해 했다. 나는 그것이 좀 불쌍하게 보여 그것으로 입을 다물어 버렸다.

"외삼촌" 돌연 그는 이렇게 정색을 했다. "아내를 호적에 넣으려고 하는데 어떻게 하면 됩니까?"

"호적?" 나는 어이가 없어 되물었다.

"호적이라니, 무슨 말인가? 결혼한 지 8년이나 되었는데 자네는 아직도 호적을 옮기지 않았단 말인가?"

"네, 우리 어머니는 빨리 넣는 편이 무난하다고 하는데."

"그거야 빨리 넣어야지. 만약 도망이라도 가면 큰일 아닌가?" 나는 이렇게 말을 주고받으면서도 기가 막혀 어이가 없었다. "근데 하섭이, 자네는 학교를 졸업했을 정도니까, 결혼하면 호적을 어떻게 하는지는 알만하지 않은가? 호적도 없는 아내가 만약 아이라도 생기면 그걸 어떻게 하겠나? 호적이 없는 사람은 법률상 통용되지 않네. 도대체 자네는 6년 동안이나 학교에서 무엇을 배웠나?"

"학교에서야 그저 교과서밖에 안 가르쳐 줬어요. 가정에서 어떻게 해야 하는지도 가르쳐 주지 않았어요."

"음. 그건 안 되지. 자네는 바른 말을 했네. 학교에서는 그저 교과서만 가르쳐 주면 그것으로 선생님님들의 의무는 끝나니까. 그래서 자네는 가정 일은 스스로 배웠는가?"

"아니요, 모두 어머니 지혜에요. 남자는 가정의 주인이니까 큰 목소리로 위협하며 딱 버티고 있어야 한다는 것도, 가끔은 아내에게 따끔한 맛을 보여줘야 한다는 것도 모두 어머니가 가르쳐 준 겁니다. 그래야 남자의 가치가 있다는 것도 모두."

"좋네, 좋아, 이제야 알겠네. 자네, 그리 흥분해서 말하지 않아도 돼. 정말로 자네는 정직하군." 이야기를 듣고 기가 막힌 나는, 수치도 체면도 모르고 위세 좋게 지껄여대는 그를 손으로 눌러 멈추게 했다. 그리고 먼저 말을 꺼내지 않으면 일어서려고도 하지 않는 그를 재촉해서 역으로 데리고 가서 표를 사 돌려보냈다. 그를 돌려보내고 와서 나는 어머니가 주무시는 옆방에 엎드려 머리카락을 쥐어뜯으며 통곡했다. 옆방에서 "울어도 아무 소용없잖니." 라며 어머니가 가는 목소리로 속삭였다.

그날 밤이었다. 저녁 식사 후 예쁜이는 옷을 짓기 위해 온힘을 쏟고 있었기 때문에, 올케도 내지인의 집에서 하루 일을 마치고 돌아온 무동이도 모두 무릎을 맞대고 돕고 있었다. 그러자 본가에서 누나가 황급히 오자마자 "옷 다 되었으면 빨리 준비해라. 너희 어머니께서 큰 병이라며 부르러 왔다." 라고 당황한 목소리로 말했다. 방에 있던 사람들은 갑자기 기가 막혔다. 그러고 보니 먼저 되돌아간 지 얼마 되지도 않는 사위가 누나 뒤에서 느릿느릿 들어왔다. 아까 차림과는 달리 검은 방한모를 깊게 쓰고, 바지 위에 각반脚絆을 두르고, 한쪽 손에 채찍을 들고 무섭고 사나운 산사나이의 모습이었다. 부엌에서 갑자기 불쑥 들어온 그를 본 순간, 나뿐 아니라 방안 사람들 모두 진저리가 나서 얼굴을 돌릴 정도였다. 나는 떡 벌어진 입이 닫히지 않았다.

"거짓인지 정말인지 모르겠지만 이가 아픈 것이 머리까지 올라와서 졸도를 했다는구나. 그래서 어젯밤 너희들이 없는 동안 자동차로 달려가 의사를 부르고, 웅기 누나 집에도 전보를 치고, 모든 마을 사람들도 야단법석을 떨었다는구나." 깜짝 놀란 얼굴로 누나는 침을 튀겨가며 이렇게 설명했다. 하지만 그것은 연극이라는 것을 나는 직감했다. 그것을 간파한 나는, "거짓말 하지 마!" 벌떡 일어서며 고함을 쳤다. 그리고 갑자기 그 녀석의 손을 잡고, "이 얼빠진 놈! 이리 좀 올라와! 자네가 말한 것이 거짓인지 정말인지 나랑 같이 가 보자! 그 산속에서 자동차는 어디서 부르고 의사는 어디서 부른단 말이냐? 그리고 전보는 어디서 쳐!?" 라고 고함을 쳤다. 너무 격분한 나머지 아래위 치아가 덜덜 부딪히고 목소리가 부르르 과격하게 떨렸다. 정상을 벗어난 이 모습에 모두는 숨을 죽이고 움츠러들고 그 녀석도 과연 맥없이 고개를 숙이고 있었다. 예쁜이는 남편에게 진저리가 난 모습으로 그 자리에 있지 못하고 모습을 감추어 버렸다. 일순 심한 공포감에 휩싸여 모두 숨을 죽이고 있었다. 화가 머리끝까지 나서 세게 치려고 부르르 떨며 으르렁거리는 나의 팔을 "외삼촌" 하며 깜짝 놀란 얼굴로 무동이와 조카며느리가 붙잡아 멈추게 했다. 하지만 나는 그 마귀할멈이 바보 아들에게 과장된 거짓 연극으로 며느리를 데려 오게 한 것을 생각하니 도저히 화가 나서 참을 수가 없었다. 우리 쪽에서는 사람의 정당한 도리로 약까지 사서 보냈건만 갈아입을 옷도 없이 혹독하게 일만 하는 조카를, 옷만 만들면 내일 돌려보낸다고 하지 않았는가? 그럼에도 불구하고 이 인간들은 어쩜 이렇게 야만적인 행동을 한단 말인가? 이런 부류의 사람에게 심성 바른 조카를 보내도 괜찮단 말인가? "네놈들은 사람이 아니고 완전히 짐승이야" 잠시 생각하던 나는 또 이렇게 고함을 쳤다. "너 같은 인간에게 더 이상 예쁜이는 안 줘. 12 살 때부터 아침부터 밤까지 부려먹고, 거기다가 도끼로 죽이니 마니 하는 그런 악다귀들한테 어떤 며느리를 보낼 것 같으냐! 당연히 안 줘! 네놈이 사람을 무시하는 그런 나쁜 근성을 가지고 있다면 우리도 다 생각이 있어." 이렇게 어지러이 말을 하고 있는 동안에도 분해서 눈물이 났다. "이봐! 이 짐승! 여기는 자네 같은 짐승이 앉을 곳이 아니야. 보기 싫으니까 빨리 꺼져! 이제 우리 예쁜이는 자네 집 사람이 아니야!" 나는 이렇게 소리친 뒤 결국 그 놈의 얼굴을 철썩 때렸다. 그래도 꾸물거리며 꼼짝도 하지 않아서 나는 발로 걷어찼다. "이 놈! 가라니까, 안 들려! 우리 예쁜이는 자네 때문에 바다에 빠져 죽으려고 했어. 그렇게 아내를 원하면 경찰에든 어디든 고소해! 이 도둑놈아!"

이렇게 목이 쉬도록 소리치면서 결국 그를 문 밖으로 쫓아냈다. 그리고 나는 맥이 빠져 방으로 비실비실 들어와서는 양손으로 머리를 감싸고 괴로움에 울며 쓰러졌다. 나의 광적인 이 고뇌에 모두는 멍하니 그저 눈물만 닦고 있을 뿐이었다.

3

다음날 아침 나는 누나로부터 또 이런 말을 듣고 기가 막혔다. 어제 본가에서 쫓겨난 바보 사위는 한밤중에 아내가 묵고 있는 본가 주위를 유령처럼 배회하면서, 소리도 없이 살짝 문을 열고 불쑥 머리를 밀어 넣기도 하고, 그것을 눈치 채지 못하고 자고 있는 아내의 머리를 당겨 보기도 하는 바람에 잠에서 깬 매형이 "도둑이야" 라고 고함을 치자 어슬렁어슬렁 모습을 감추어 버렸다고 한다. 그로부터 사나흘 동안은 아무런 소식도 없었다. 그렇지만 당사자인 예쁜이는 점점 두려워하고 사람을 피하게 되어 그 사이 예쁜이는 마치 병자처럼 홀쭉하게 말라 있었다. 그러던 중 나흘째 되던 낮에 태도를 바꾼 시어머니와, 원래 곡물상을 하다가 망해 현재 웅기항에서 뱃짐 부리는 인부를 하고 있는 제일 큰 시누가 찾아와서 엄청난 악담을 퍼부었다. 그리고 터무니없는 말을 늘어놓으면서 예쁜이를 데려 가려고 했다. 예쁜이도 이미 결단을 하여 "당신들이 사는 귀신 지옥에 갈 거면 차라리 죽는 편이 나아요."라고 맞섰다. 그러자 다시 "이 년이! 뭐라고? 네 년이 빈민굴 거지에서 훌륭하게 큰 것이 도대체 누구 덕이냐?" 라며 고함을 치고, 결국 서로 머리를 쥐어뜯고 옷을 찢으며 우당탕탕 격렬하게 큰 싸움을 벌였다. 그리고 이 싸움은 거의 매일 같이 일어났다. 싸움을 할 때마다 양쪽은 팽팽하게 의견을 내세우고 또 똑같이 고집을 부려 일은 점점 성가시게 되었다. 그 때문에 당사자인 예쁜이는 슬프고 괴로웠다. 그래서 죽으려고 하거나 몰래 집을 나가기도 했다. 나도 이제 거의 지쳤다. 그 때문에 여동생 무동이는 침울해져 걱정만 하고 있을 뿐이었다. '하녀 일' 도 손에 잡히지 않는지 구석에 주저앉아 훌쩍훌쩍 울고 있는 모습을 나는 가끔 보았다. 아버지를 닮아 둥근 얼굴의 땅딸막한 그녀는 열심히 일을 하여 집안을 돕고 있었는데, 어느 날 그녀는 일을 하러 가지도 않고 쓰레기장 같은 눈 덮인 뜰에 웅크리고 앉아 생각에 빠져 있는 모습을 나는 발견했다. 가는 막대기를 들고 눈 위에-남자는 바보-여자는 약하다—언니가 불쌍해—라는 글을 쓰고는 지우고 지우고는 쓰고 있었다. 그러고 있던 그녀는 나를 보자 "외삼촌" 하고 작은 목소리로 불렀다. 하지만 웅크리고 앉은 채 얼굴을 눈 위를 보고 무의식적으로 쓴 글자를 모두 지우고 있었다. 내가 가까이 다가가면서 "무동아, 무슨 일이야? 오늘은 일하러 가지 않아도 돼?" 라고 말을 걸어도 그녀는 한동안 잠자코 있었다.

"저기, 외삼촌" 그녀는 마침내 이렇게 말했다. "언니에 대해 주인집 사모님께 말했어요. 그랬더니 사모님은 놀라시며 '저런, 야만스럽게' 라 하시며 언니를 무척 동정해 주셨어요. '호적에도 올라가지 않았으니 돈을 돌려주고 끝내면 되지 않을까?' 라고 하시는 거예요. 돈으로 해결할 수 있다면 제가 사모님께 말씀드려서 일 년 분의 급료를 미리 돌려달라고 할까 생각 중인데, 외삼촌, 돈으로 어떻게 안 되겠어요? 저는 언니가 괴로워하는 것을 차마 못 보겠어요……" 이렇게 말하더니 서 있던 내 무릎에 얼굴을 묻고 울기 시작했다. "사모님이 말씀하시기를, 만약 돈이 싫다고 하면 사모님의 사촌 오빠가 경찰 보안 주임을 하고 있으니까 잘 부탁해 주겠다고 하셨어요…… 저는 언니를 생각하면 그 놈들의 못된 짓을 모두 밝혀서 징역을 살게 하고 싶어요…… 불쌍하고 약한 여자를 때리고 걷어차도 세상에 그럴 수 있는지…… 우리 언니가 바람피운 것도 아니고 도둑질한 것도 아니고 입을 것도 못 입고 먹을 것도 제대로 못 먹고 일만 했는데, 왜 도끼 따위로 학대하는지…… 저는 분해요…… 분해……"

나는 눈시울이 뜨거워지고 목이 메어 말이 나오지 않았다. 아직 열일곱살밖에 안 된 소녀에게서 이런 말을 들으리라고는 상상도 못 했다.

무동의 말은 나로 하여금 다시 깊이 생각하게 만들었다.

하지만 그 날 저녁 마을 외곽 길에서 나는 또 한 번 전율에 떨 수밖에 없는 광경을 보고야 말았다. 누나 집에서 시내로 가려고 철로 건널목을 건너려 하는데 앞에서 소달구지 한 대가 지나가고 있었다. 그런데 그 소달구지 안에는 얼굴이 무섭게 부풀어 오른 소녀가 더러운 이불에 말려 신음하고 있었다. 소달구지 뒤에는 호기심에 찬 구경꾼들이 잔뜩 모여 있었다. 그런데 그 중 한 사람이 "아까 막 지나간 것은 남편을 죽인 아내가 경찰한테서 풀려난 거야." 라 했다. "왜 남편을 죽였지?" 라고 누군가가 물었다. "왜냐하면 부모들 멋대로 정한 남편이 알고 보니 말더듬이에다 바보였다지 뭐야. 그래서 그게 싫어서 결혼한 지 닷새 만에 독을 넣었다는데, 그 달구지를 끌고 가던 부모가 말이야, 에비 에미를 창피하게 만들었다고 딸을 일어서지도 못하게 팬 뒤, '내 딸년이 이렇게 도리에 어긋난 짓을 해서 부모인 내가 이 꼴로 만들어서 데려 왔소. 공명하게 재판해 주시오.' 라고 하며 경찰에게 넘겼다는구만." "그랬더니 경찰에서 뭐라고 했다는가?" " '여기는 다친 사람을 치료하는 병원이 아니오. 부모가 돼서 경찰에게 오기 전에 어찌 이토록 심한 짓을 하나. 이 바보야! 데려가.' 라고 했다는군." 그러자 구경꾼들은 달구지 뒤에서 모두 웃기 시작했다. "하지만 저 딸은 큰일이군. 보기에 아직 열대여섯밖에 안 된 어린애가 아닌가?" 또 누군가가 이렇게 말하자, "뭐, 그런 일은 그다지 이상한 일도 아니네. 이 근처에서야 그런 일은 비일비재하니."라고 되받았다.

예쁜이의 일도 결국 경찰이 관여하게 되었다. 여동생 무동이의 배려로 경찰에서는 아주 유리하게 처리해 주었다. 그럼에도 불구하고 원만한 해결은 보지 못했다. 담당 경관은 그들 부부를 앞에 두고 남편 하섭에게 폭력적 행위를 질책한 뒤, 아내 쪽에서 몸값을 원래대로 돌려준다고 하니 아내를 돌려주라고 했다. 그랬더니 남편은 몸값 100원 외에 양육비며 혼례비용으로 이 여자에게 많은 돈이 들어갔으니까 100원으로는 어림도 없다고 했다. 듣고 있던 경관은 기가 막혀 웃어 버렸다. "그럼 당신이 요구하는 대로 돈을 전부 줄 테니까 이 여자를 '처녀'로 돌려놓을 텐가?" 라고 웃으면서 묻자, "그건 억집니다!"라고 대답했다고 한다. 그래서 이 부부도 경찰에게 욕을 먹었다.

일이 이렇게 되자 긁어 부스럼을 만들었다고 나에게 비난이 쏟아졌다. 그렇다고 해서 이제 와서 원래 부부로 합쳐 살 수 없는 것이 예쁜이의 괴로운 심정이었다. 그래서 무동이가 희생하겠다며 "언니 대신에 내가 가줄게." 라고 나섰다. 이 비통한 외침에 모두 미안해서 고개를 숙여 버렸다. 무동이의 말에 예쁜이는 눈물을 닦으며 가만히 쳐다보고 있다가 감정이 격해 "무동아!" 하고 끌어안았다. 볼을 부비며 힘껏 끌어안더니 하염없이 울었다. "……너는 또 왜 그런 소리를 해……바보…… 바보구나"

"아니야, 우린 모두 언니를 이처럼 괴롭게 만들며 살아왔어…… 우리들이 오늘까지 잘 살았던 건…… 언니 덕분 아니야? ……나는 그 때 굶어 죽은 셈치고 언니 대신 언니처럼 돼 보겠어……. 난 언니가 이런 무서운 일을 당하고 있는 것을 보고 있을 수가 없어…… 나를 보내 줘…… 나를 보내 줘……" 이렇게 말하면서 무동이는 언니의 가슴에 얼굴을 묻었다.

"…… 네 기분은 알아…… 알아…… 만약 그렇게 하도록 허락된다 하더라도 내가 가만있을 것 같애? 순결한 몸인 너까지 그 짐승들에게 더럽혀지게 만들 성 싶어? 어차피 나는 더럽혀진 몸이니 적어도 너만은 어디 좋은 곳으로 시집보내고 싶어……."

이런 일이 있고 난 뒤 예쁜이는 눈물을 삼키며 다시 살러 돌아가려고 모든 것을 다 포기했다. 그러는 동안에 하섭은 마을 사람들을 끌어 모아 소달구지를 끌고 폭력으로 데려가려고 찾아왔다. 한 무리의 사람들이 와서는 가타부타 말도 없이 방안으로 뛰어들어 예쁜이의 머리채를 잡고 소달구지에 질질 끌어올렸다. 그리고 밧줄로 칭칭 묶어 맸다. 나는 이 무모한 패거리들에게 달려들었다. 그런데 수많은 손에 의해 내동댕이쳐져 푹 쓰러지고 말았다. 동시에 무수한 발길질이 시작되었다. "이 부랑배 같은 놈! 조카를 유괴해서 마누라로 삼을 심산이었지? 여기서는 그따위 풍습은 통하지 않아." 그들은 질펀하게 팬 후, 이렇게 나를 매도하고 소달구지를 달렸다. 묶여서 끌려가는 예쁜이의 소달구지를 부모는 그저 멍하게 보내고 난 뒤 집안으로 들어가 버렸다. 그러나 무동이가 그 뒤를 쫓아 뛰어가며 "언니" 하고 소리쳤다. 땅바닥에 쓰러진 나를 장남 병묵이가 안아 일으켰다.

"외삼촌은 왜 그런 헛된 희생을 하십니까? 외삼촌 앞날에는 원대한 이상理想이 있는 것 아닙니까? 그 이상을 희생시킬 만큼 어린 여자아이한테 구애받을 바보가 아니지 않습니까?" 병묵이는 이렇게 말하며 나를 비난했다. "그래? 너한테는 자기 동생을 희생시킬 만큼 큰 이상이 있다는 거냐? 네 머리는 도무지 네 부모 세대의 낡은 생각과 조금도 다를 바가 없구나……" 나는 울먹였다. 그들의 공통된 '남존여비'의 이 낡은 관념은 역시 오랫동안 이어온 뿌리 깊은 인습 때문일까? 나는 이런 생각을 하면서 조선 통치에 종사하고 있는 사람들이 얼마나 힘이 들고 희생적인지 그것을 겨우 이제야 알 것 같았다.

혹독한 구타를 당한 몸이 어느 정도 차도가 있자 나는 다시 홀연히 방랑길을 나섰다. 청진 거리는 마침 개항 20년을 맞아 축하를 한답시고 시끌벅적했다. 거리거리마다 '북선개전사北鮮開展史의 회고回顧'라는 강연 제목 간판이 나붙었다. 그 강연 제목을 나는 '혼인제도의 시정론是正論'이라고 변경하고 싶은 기분으로 보면서 지나갔다.

제9장

동쪽으로의 여행

(東への旅)

마키 히로시(牧洋, 이석훈)

이즈모 대사出雲大社* 참배가 끝나자 성지 순례 프로그램은 무탈하게 종료된 셈인지라, 철哲이는 무거운 짐을 내려놓은 듯 마음이 놓였다. 이제는 곧장 서둘러 경성으로 돌아가는 일만 남아 있다. 귀경 도중 카와다나川棚 온천에서 지내게 될 내지에서의 마지막 밤인 오늘 밤이 지금부터 기대된다. 온천으로 인해 연상되는 향락에 대해 동경하는 마음 때문이 아니라, 짧은 시일 동안 많은 프로그램을 수행하기 위해 분주히 여행한 탓에 철이는 완전히 파김치가 되었기 때문이다. 이 신사 참배를 위해 어젯밤 교토京都를 출발하여 오늘 아침 일찍 도착했는데 도착하자마자 바로 점심 기차로 다시 여기를 떠나야 할 정도로 바빴다.

경내 뒤편에서 신사를 막 나오려는데 안내인이 기차 시간 될 때까지 이나사노하마稲佐濱에 가보지 않겠느냐고 권해서, 철이는 일행 중 오륙명과 함께 안내인을 따라갔다. 신사에서 서쪽으로 대여섯 구획쯤 떨어진 곳이다. 그 곳은 부두도 없는 거친 모래벌판이 펼쳐져 있고 찻집이 두세채 있을 뿐 파도소리만 쓸쓸한 해변이었다. 하늘은 어두침침하게 흐려서, 바로 저편에 조선과 연결되어 있을 회색빛 끝없는 바다벌판은 수평선이 하늘과 분간도 되지 않을 만큼 음울했다. 2, 3구획 정도 떨어진 바다 위에 후타미가우라二見浦**의 부부바위를 축소해 놓은 것 같은 거무스름한 기암이 음울한 바다벌판에 그저 한 점으로 박혀있었는데, 바위 위의 작고 붉은 사당 지붕에 앉아 있는 한 마리 큰 새도 단지 수심에 잠긴 듯 계속 침묵하고 있었다.

* 일본 남서부 시마네현에 위치한 신사이다. 이 신사에 모셔져 있는 신은 오호쿠니누시노카미(大國主神)인데 농업과 어업 기술 등 체계적인 문명을 가지고 이주해 간 신라인이다. 이즈모신사에서는 매년 11월에 오호쿠니누시노카미에게 바치는 헌곡제(獻穀祭り)를 드린다. 그리고 음력 10월 10일이 되면 일본 전역의 수만여 곳 신사에는 참배객의 발길이 1주일간 끊긴다. 이 날은 신사의 신들이 이즈모 신사에 모이기 때문에 여타 신사를 비우기 때문이다. 그래서 이즈모신사를 신사 중의 신사로 부를 만큼 일본인들에게는 신령스러운 신사로 각인되어 있다.

** 미에(三重)현의 해안으로, 그 근처 신사에서 신성시하는 부부바위로도 유명하다.

계절은 벌써 11월 하순으로 먼지 덮인 창가에 계란이 산더미같이 쌓인 찻집도 텅 비어 있고, 회색빛 모래벌판에 묶여 있는 한 마리 소가 우두커니 멈춰 서서 바다를 바라보면서 천천히 되새김질을 하고 있는 모습이 왠지 모르게 철이에게는 눈물겨웠다. 옛날에는 조선과의 밀접한 교통이 주로 이 해변에서 빈번이 이루어졌다고 하니, 그것만으로도 이 해변의 나무 한 그루, 풀 한 포기마저 철이에게는 정겹게 느껴졌다. 그리고 소가 한가롭게 되새김질하고 있는 모습을 보고 있자니 자못 유구悠久하다는 느낌이 들어 뭐라 형언할 수 없는 감동이 가슴 속에서 뭉클하게 솟아올랐다.

이런 감동을 그는 이번 여행 중 여러 번 경험하였다. 시간이 지나 철이는 곰곰 생각해 보았지만 왜 그렇게 울먹거리는지 그 이유를 알 수 없었다. 이런 것도 감상적이라고 하나? 만약 그렇다고 하더라도 본인이 감상적이 된 것을 철이는 후회하지 않았다. 오히려 본인은 아직도 솔직한 정서가 풍부해서 그런 것이라고 스스로를 자랑스럽게 여기기까지 했다.

철이는 결국 기차 안에서 주르르 눈물을 흘릴 만큼 감상이 극에 달했다. 이마이치今市에서 시모노세키下關행으로 갈아타고 유노츠溫泉津를 지났을 때였을까? 기차는 끈질기게 일본해에 바짝 붙어 떨어지지 않은 채 달리고, 그저 가끔 송림이나 잎이 말라 버린 야트막한 언덕이 조금씩 시야를 방해할 뿐이었다. 그런데 점심 식사를 끝낸 다음부터 바람이 불기 시작했다. 여전히 구름 낀 하늘의 바다벌판은 흰 물마루가 무수하게 일어나 거칠게 차창에 찰싹 달라붙었다. 타케우치 테루요竹內てるよ의 시집을 읽기도 하고 일본해를 바라보기도 하다가 철이는 울어버렸다. '가을 여자' 라는 한 대목 때문이었다. 황량한 북국의 가을 해변에서 절망에 찬 가련한 한 여자가 차가운 바다 속으로 자신의 일생을 묻으려고 할 때, 이름도 모르는 어린 아이가 "왜 죽으려고 해?" 라는 질문에 갑자

기 살아야겠다고 생각하며 어린 아이를 눈물로 끌어안는다는 이야기였다. 지금 차창에 줄기차게 비치는 거친 일본해의 풍경을 눈앞에 두니, 여실히 가슴을 치는 감격적인 이야기였기 때문이다.

철이는 당황하여 고개를 돌렸는데 옆자리에 앉아 있던 최崔에게 들키고 말았다.

"이봐 철이, 무슨 일인가?"

최는 다소 놀란 듯한 말투였다. 그는 철이와 같은 고향 사람으로, 독학으로 의사까지 된 것을 내세워 출세했음을 과시하고 싶어 하면서도 쾌활한 성격인 시골 의사이다. 철이는 울상을 지으면서 잠시 우물우물하고 있다가,

"이 시집 속 인생이 슬퍼서요."

라고 대답했다. 그러나 단순히 그러한 이유 때문만은 아니었다. 철이의 마음 깊은 곳에서 시집 속 인생이 너무나도 아름답군, 이라 속삭이고 있었던 것이다. 시집 속에서만이 아니라 그 아름다운 이야기를 쓰게 만든 일본이라는 나라가 너무나도 아름답군, 이라 속삭이는 또 하나의 목소리가 그의 마음 한 구석에 자리 잡고 있는 것 같았다.

나라奈良의 카스가春日 신사에서의 일이었다. 신사 오른쪽 앞에 있는 숲 사이로 시라후지白藤라는 작은 폭포가 졸졸 흘러 떨어지고 있었다. 엷고 낮게 드리운 아침 아지랑이 사이로 피 같은 색깔의 마른 단풍나무가 삼나무 종류의 상록수와 얽혀서 짜내는 한 폭의 니시키에錦繪*를 배경으로 시라후지의 작은 폭포는 여행에 다소 지친 철이에게 이상한 마력으로 자장가를 연주하고 있었다. 찻집의 툇마루에 걸터앉아 망연히 그 폭포 주위를 바라보고 있던 철이는 문득,

(여기서 죽고 싶다.)

* 일본의 풍속화에 사용되는 독특한 다색 목판화 기법으로 만들어진 그림

라고 입 속으로 중얼거렸다. 그 감격은 정말 극히 한순간이었다. 마치 불꽃처럼 그의 머리에서 번쩍 하고 스쳐지나갔다.

왜 그렇지? 생각해 보면 그 때까지 철이는 아직 망설이고 있었던 것이다. 그것보다 먼저 시모노세키에서 기차를 타고 산요선山陽線을 달릴 때, 철이는 흰 벽집인 풍성한 농촌에 완전히 매료되어 최를 향해

"저 귤 밭 언덕 밑에서 평생 살고 싶다."

라고 술회述懷했지만, 그런 생에 대한 동경도 죽음에 대한 매혹도 결국은 망설임으로 인한 도피 심리일 뿐이었다. 그도 그럴 것이 철이는 경성에서 어떤 새로운 사상운동에 관여하고는 있지만 아직 확실한 신념이 생기지 않은 상태에서 다시 한 번 아름다운 국토를 접하자 속내가 드러났던 것이다.

그런데 이세伊勢의 코우다이 신궁皇大神宮*에 참배한 후 후타미가우라二見浦 해변 근처 여관에서 밤새 조용히 사색하는 동안에, 철이는 망설임의 구름에서 빠져나와 밝은 신념으로 한 발 도약하는 자신을 느꼈다. 그것은 요컨대 순수한 직감에서 비롯된 일본에 대한 신념으로 뭐라 설명하기는 어려웠다. 말하자면 나이쿠內宮**의 비유할 수도 없는 신성함은 일본 국체의 존엄함을 뒷받침하는 것이고, 모든 성역이나 산하山河가 그렇듯이 한 점의 어두움도 없는 밝은 처녀의 속살과 같은 맑고 아름다운 국토가, 유구한 3천년 동안 한번도 외적에 짓밟히지 않은 고귀한 역사를 상징하는 것이란 생각이 들었다.

그렇게 생각하자 철이는 안심하고 자기 자신을 이 나라에 완전히 맡길 수 있다고 생각했다. 아니 이 아름다운 나라가 자신을 진짜 동포로서 포용해 준다면 얼마나 행복할까? 란 생각이 들었다. 자신을 완전히

* 일본 황실의 조상을 모시는 신사

** 코우다이(皇大) 신궁의 통칭

맡긴다는 것은 자기 스스로를 신뢰한다는 것임을 깨닫게 되자 그는 갑자기 용기가 났다. 그는 점점 내일부터 시작되는 여행이 기대되어 마음이 들떴다.

그로부터 나고야名古屋를 거쳐 이틀 후에 동경東京에 도착했다. 가을비가 부슬부슬 내리는 만세교萬世橋 주위를 휘파람을 불면서 어슬렁어슬렁 걷고 있자니 10년 전 여기에서 보낸 학생 시절 때 일이 추억으로 되살아나 마치 고향에 돌아온 듯 편안함을 느꼈다. 이렇게 거리를 걷거나 음식점에 점심을 먹으러 들어가도 이상한 시선도 받지 않고 매우 자연스럽게 조화되는 자신을 철이는 여러 곳에서 발견했다. 일부러 나는 일본인이라고 허세를 부리지 않아도 당연히 일본인으로 통하였고, 이제 와서 나는 반도인半島人이라고 움츠러들 이유도 찾을 수 없었다.

동경에서의 첫날은 하루 종일 비였다. 우산을 쓰고 황궁을 요배遙拜하고 메이지明治 신궁이나 야스쿠니靖國 신사에도 참배했다. 어디든 마찬가지지만 태평양의 파란을 앞두고 조국의 운명을 걱정하는 사람들은 차례차례 끊임없이 신전에서 기도를 올렸다. 이 사람 저 사람 할 것 없이 모두가 매우 진지하였고 기원은 엄숙하게 계속 이어졌다. 철이는 한 번 더 옷깃을 여몄다.

다음 날은 자유시간이 주어졌다. 그래서 철이는 학생 시절에 신세를 진 코미야마小宮山라는 미망인을 찾아 오오모리(大森)에 갔다. 사카시타쵸坂下町의 철로 근처에 코미야마 미망인의 집이 있었는데, 10년이 지난 지금도 그곳에 있을지 약간 의문이었다. 그러나 동경에 온 이상 그대로 지나칠 수는 없었다. 오히려 솔직하게 말하자면 동경에서 기대하는 가장 큰 즐거움은 코미야마 미망인의 딸 루미るみ를 만날 수 있을 것이란 희망이었다.

코미야마 루미. 그녀는 벌써 오래전에 철이를 망각의 바다 저편에 빠뜨려 버렸을지도 모른다. 그러나 철이에게는 평생 잊을 수 없는 마음 속 여성이었다. 아니 그녀도 아마 마음 속 깊은 곳에 영원한 환영으로 철이를 각인하고 있을 것이라고 철이는 믿고 있었다.

철이가 동경으로 처음 유학 왔을 때는 18살 되던 해 봄이었다. 루미는 분명히 열대여섯 살이었을 것이다. 그는 당시 동경에서 개업을 하고 있던 이李라는 중학교 선배에게 소개를 받아 코미야마 미망인 댁의 단 한 명뿐인 손님이 되어 임시로 거처하고 있었다. 내무성 퇴직 관리의 미망인으로 유산이 그리 많지는 않았지만 두 사람 생계를 꾸려가기에 부족함이 없을 정도는 되었다. 그래서 여느 하숙집과는 달랐다. 남편이 살아 있을 때부터 각별하게 지내던 의사인 이 선배에 대한 호의로, 두 명뿐인 가족에게는 조금 큰 집에 이를테면 가족의 일원처럼 철이를 맞아들였던 것이었다. 철이로서는 아득히 먼 고향을 떠나 아직 익숙하지도 않은 도시에서 전혀 바라지도 않은 행운이었기 때문에, 여주인의 기대를 저버리는 일이 없도록 항상 조심했다.

반년도 지나기 전에 코미야마 미망인은 철이의 사람 됨됨이를 완전히 신뢰하게 되었다. 철이는 결코 유약하지 않았고 역시 반도의 유서 깊은 가문 출신답게 과묵하고 점잖고 기품이 있는 청년이었다. 그것을 높이 산 그녀는 안심하고 루미와 교제도 허락했다.

교제라지만 루미는 아직 여학교 3학년으로 겨우 여자다운 마음을 가지기 시작한 때였다. 일면 쾌활한 성격이면서도 한편 가을 호수처럼 예민하게 표정이 흐려져 가끔 남몰래 눈물을 흘리기도 했다. 철이는 그러한 루미의 심리 밑바닥까지는 도저히 이해할 수 없었다. 하지만 자신의 불구에 대해 암울한 운명을 느껴서일 것이라고 철이는 어렴풋이 짐작할 따름이다. 루미는 어렸을 때에 관절을 다쳤다든가 어쨌다든가 해서 왼발을 주의해서 보지 않으면 모를 정도로 살짝 전다. 거기에서 오는 어두운 그림자가 그녀의 수려한 용모와 총명해 보이는 눈동자를 한층 슬퍼 보이게 했다.

철이는 루미와 나란히 산노우山王 숲을 자주 걷곤 했는데 예쁜 여학생이 스쳐 지나가기라도 하면 루미는 몰래 한숨을 가볍게 쉬며

"철이씨, 부끄럽죠?"

라고 속삭이듯 말했다. 철이는 전혀 뜻밖의 질문에 다소 당황한 기색으로

"네? 뭐가 부끄럽습니까?"

라고 반문했다. 그러자 웃는 건지 우는 건지 모를 미묘한 표정을 지으며 까만 눈동자로 슬쩍 쳐다보면서

"불구인 나 같은 여자와 함께 걸어서……"

"그, 그럴 리가 있겠습니까?"

철이는 말도 안 되는 소리라는 투로 강하게 부정했다. 하지만 루미를 더 안심시키기 위해서는 그 말만으로는 부족하다고 생각하면서도 철이는 달리 멋진 말로 표현하지도 못하고 초조한 듯 고개를 숙이고 신발 끝으로 돌멩이를 찼다.

"정말요?"

라고 루미는 조금은 어리광부리듯 말을 한 뒤 양 눈을 글썽이는 것이었다.

(정말이고말고요.)

라는 말이 바로 목구멍까지 나왔지만 철이는 왠지 너무 노골적인 연극 장면 같아서 얼굴이 화끈 달아올라 머뭇머뭇할 뿐이었다.

여름 방학을 맞아 철이는 북조선 고향에 다니러갔는데 루미로부터 일주일마다 편지를 받았다. 철이는 고향 해변으로 놀러가서 그곳의 밝은 달에 대해 시 비슷한 문장으로 루미에게 써 보낸 적이 있었다. 그런데 루

미는 철이의 다른 면을 발견한 놀라움을 소녀다운 글로, '철이 씨는 시인이네요.' 라는 내용의 긴 편지를 보냈다. 그로부터 두달의 방학이 아직 반도 지나지 않았는데 루미는 이틀에 한 번 꼴로 빨리 동경으로 돌아오라는 거의 똑같은 내용의 편지를 몇 통이나 보내왔다. 그래서 결국 철이는 자신도 모르는 어떤 힘에 이끌려 줄줄 끌려가듯 전보로 동경 도착 날짜와 시간을 루미에게 알린 뒤 바삐 고리짝에 짐을 꾸려 고향을 떠났던 것이다.

그 이후 루미가 여학교를 나오고 훌륭한 여인으로 성장하는 동안에 그들의 우정은 아름다운 연애로까지 발전했다. 그러나 두 사람 다 다른 의미로 스스로에게 비굴감을 느끼고 있었다. 루미는 자신을 불완전한 여자라고, 철이는 또 철이 나름대로 자신은 부족하다고 느꼈다. 루미와 자신 사이에는 너무나도 높은 장벽이 있다. 그것은 넘을 수 없는 숙명으로 생각했던 것이다.

그리고 철이는 즐거우면서도 한편으론 너무나 슬픈 추억을 영원히 가슴속에 간직한 채 동경을 떠난 것이다.

철이는 십년이 지난 지금, 철저하지 못하고 거리를 둔 사고방식에 사로잡혀 있는 한 자신들 민족에게는 영원히 밝은 행복은 찾아오지 않을 것이라고 믿기에 이르렀다. 깨달음이라는 것은 언제라도 결코 늦은 것은 아니지만 왜 좀 더 일찍 십년 전 그 때에 그런 밝은 신념에 도달하지 못했을까? 하고 후회하면서 오모리大森의 흙 제방 아래를 걷고 있었다.

십년이면 강산도 변한다는데, 바로 이 골목에서 흘러간 십년의 세월은 정말로 그다지 큰 변화를 가져오지는 않았다. 다만 당시에는 비라도 내리면 짐마차 바퀴자국으로 가득한 길이 흠뻑 젖어 질퍽거리는 진창이 되기 일쑤여서 걷기도 힘들었지만, 지금은 완전히 깨끗하게 포장이 되어 있고, 집들은 회색빛으로 낡았어도 전통의 여운이 청결하게 남아있었다.

역에서 흙 제방을 따라 십분 정도 가서 해안 쪽으로 도는 모퉁이에 옛날 그대로 코미야마 미망인 집은 옛날 그대로 있었다. 생 울타리 위로 동백나무가 훨씬 크고 무성해진 것 이외에는 세월의 때가 묻었을 뿐 그 어떤 변화도 없었다.

루미는 여전히 어머니와 둘이서 살고 있었다. 회화에 일생을 바칠 각오로 독신을 고수하고 있었다. 벌써 서른 가까운 중년이었지만 조금 살이 오른 듯한 풍만한 몸매로, 젊어 보이는 볼에는 옛날의 어두운 그림자는 사라지고 검은 눈동자가 촉촉이 빛나고 있었다.

(후타미 시즈코二見しづ子. 이 이름은 동경 여류화단에서는 상당히 지명도가 높은 이름인데 그녀가 바로 코미야마 루미였던 것이다.)

철이와 루미는 소춘小春 날씨 좋은 11월 오후, 햇빛을 받으면서 옛날처럼 산노우 숲을 걸었다. 숲도 비탈길도 옛날과 그다지 변하지 않았다. 그들은 걷고 있는 동안 자신들이 완전히 옛날 그대로 소년 소녀로 돌아간 듯한 그리움으로 가슴이 벅찼다.

"루미 씨는 이 비탈에서 나에게 부끄럽지 않느냐고 물었죠?"

"네, 잊지 않았지요. 철이씨는 왠지 초조한 듯 신발 끝으로 돌멩이를 찼었죠."

"네, 저는 부끄러움을 잘 탔죠. 지금은 닳고 닳았습니다."

"그러나 정말 안 바뀌셨네요. 그런데 부인은 어떤 분이세요?"

"당신처럼 아름다운 사람이었습니다만 재작년에 이혼했습니다. 결국 연애 없는 결혼은 불행했습니다."

"저런…… 자제분은?"

"1명도 없습니다. 정말 당신과 나는 희한한 인연이라고, 난 아까부터 생각하고 있었습니다."

"무슨 말씀이신지……"

루미는 이렇게 말했을 뿐 고개를 숙여 버렸다. 둘은 아무 말 없이 바다가 보이는 언덕 위에 올라갔다.

동경에서의 닷새가 철이에게는 멋졌다. 평생 잊지 못할 루미가 옛날 그대로 건재해 있었을 뿐만 아니라 다시 만나다니, 이 무슨 행운이란 말인가? 그는 경성으로 돌아가는 길에 쿄토에 내려 모모야마 고료桃山御陵* 참배를 시작으로 하여 주로 명소를 돌아보았는데, 점점 이 아름다운 국토가 완전히 마음에 들었다. 더구나 아름다울 뿐 아니라 이토록 푸른 하늘 아래에 살고 있다는 것을 생각하니 눈물이 나올 정도로 행복하여 혈관이 요동쳤다.

(아! 나는 일본이 좋아. 나는 일본인이 되어야지. 이 아름다운 국토, 아름다운 사람, 풍요로운 생활, 누가 뭐래도 나는 일본인이 되는 거야!)

가슴속에서 이렇게 외치고 있는 사이에 철이는 결국 눈물을 흘리고 말았다. 당황한 나머지 시집을 펼쳐 얼굴을 가렸지만 최가 빙그레 웃으면서

"뭐야, 자네 또 우는 것 아니야"

라고 큰 소리로 말해서 부근 사람들의 시선이 전부 철이에게로 모아졌다. 철은 이로 혀끝을 열심히 깨물어 울음이 나오는 것을 겨우 참았다.

기차는 여전히 일본해를 벗어나지 않았다. 하늘은 점점 흐려지고, 흰 파도가 이는 드넓은 바다는 한층 험악한 형상을 만들며, 거친 주변의 흙빛은 다소 붉은 빛을 띠어 조선을 닮았다고 생각되었는데, 돌멩이 하나 없는 가지런한 밭에는 청청하게 보리가 자라 이른 봄으로 착각하게 만들었다. 농가는 역시 산요선에서 본 것과 마찬가지로 눈에 띄는 흰 벽이었지만 지붕의 각도는 각이 더 예리했다. 그리고 집집마다 북쪽에는 키가 매우 큰 소나무 생 울타리로 청청하게 하나의 선을 그리고 있는데,

* 쿄토의 후세이(伏見)성에 있는 메이지천황의 묘

일본해로부터 불어오는 바람과 눈을 막는 역할을 하는 것 같았다.

차내를 돌아보니 거의 시골 사람들로 가득 차 있었는데 모두 명령이라도 받은 듯 정숙했다. 아들이나 조카나 형제를 전쟁터에 보냈을 사람들치고는 너무나도 평화로운 표정이었으며 소박한 인간미를 느끼게 했다. 오히려 철이와 같이 온 여행단 사람들이 마치 통째로 전세 낸 차인 양 주위에 아랑곳없이 행동을 해 때론 무례하게까지 보이는 것이 철이에게는 이상한 현상이었다.

하시波子라든가 콧토이牡牛라는 재미있는 역 이름을 차창 뒤로 흘러 보내며 하기萩에 도착했을 때에는 날도 저물고 비까지 내렸다. 이윽고 카와다나川棚라는 한적한 시골 역에 도착했을 때에는 짙은 어둠 속에 비와 바람은 한층 심했다. 내리는 승객도 별로 없었지만 대형 버스는 가득 찼다. 버스는 털털거리며 드문드문 전등이 켜진 외길을 비를 맞으며 달렸다. 5, 6분 쯤 달렸나 싶더니 버스는 빵빵 경적을 울리며 온천 마을로 미끄러져 들어갔다. 버스가 멈춘 것은 교쿠슌玉春이라는 여관 앞이었는데, 그곳이 여행사가 지정한 곳이었다. 많은 여종업원들이 환한 현관에 도열하여 성대하게 그들을 맞이했다.

일단 목욕을 해 기분 좋은 상태에서, 상아로 된 작은 배가 유리 선반에 들어 있는 널찍한 방에서 조로 나뉘어 밥상을 받았다. 오늘이 마지막 밤이었기 때문에 한 사람 앞에 한 병씩 준비된 술을 대작하며 모두 시시덕거리고 있었다. 그런데 철이만은 어디서나 그랬다는 듯이 의연하게 그저 한 방울의 술도 입에 가까이 하지 않았다. 철이가* 집요하게 권하는 것을 거부하는 것이 힘들었다.

최는** 원래 술을 마시지 않을 뿐더러 성지 참배가 끝날 때까지는 깨

* 내용상 최(崔)인 것 같지만, 원문 그대로 철(哲)로 번역

** 내용상 철(哲)인 것 같지만, 원문 그대로 최(崔)로 번역

끗해진 마음을 소중하게 간직하고 싶었다. 그래서 어디를 가더라도 그는 혼자였다. 여기에서도 철이는 먼저 자리를 일어나서 자기 방으로 갔다. 그리고 베란다에 있는 안락의자에 기대어 비바람 소리에 가만히 귀를 기울이고 있었다. 그는 루미에 대한 생각에 빠져있었다. 가능하면 루미와 결혼하고 싶다는 생각을 했다. 그러나 십년 세월이 이미 모든 것을 완전히 변화시켰을 것이란 생각도 들었다.

그는 트렁크에서 종이와 만년필을 꺼내 루미에게 편지를 쓰기 시작했다.

당신이 예전 젊은 날의 애정을 그대로 갖고 있다면 저와 결혼해 주지 않겠습니까? 당시 저는 반도인이라는 숙명을 뛰어넘을 수 없다고 생각했었습니다만, 이번 여행으로 완전히 일본인이 되어야 행복할 수 있다는 신념을 굳게 가지게 되었습니다. 우리는 강요받지 않고 극히 자연스럽게 서로 사랑한 사이였지 않습니까? 그것을 순수하게 최후의 완성 단계까지 끌어올리지 못했던 우리들은 그 후 결코 행복하게 되지 못했습니다. 경성으로 답장을 주시지 않겠습니까? 좀 피곤하여 간단히 적었습니다.

밖에서는 비바람 소리가 한층 강해져 가끔 유리창을 덜컹덜컹 흔들었다. 철이는 왠지 모를 가슴 설레는 행복감에 젖어 다다미 위에 벌렁 드러누웠다.

약력

가야마 미츠로 (香山光郎, 이광수)
1892년, 평안북도 정주에서 태어났다. 도쿄 메이지(明治)학원 중학부를 거쳐, 와세다(早稲田)대학 철학과 졸업. 일찍부터 문학운동에 뛰어들어 오늘에 이르기까지 「무정」「유정」「개척자」「흙」「그의 자서전」「사랑」「세조대왕」「단종애사」 등 20여권에 달하는 장편, 약간의 단편, 시가, 평론 등 다수를 발표하였다. 그 외에 동아일보 편집국장, 조선일보 부사장, 조선문인협회장 등을 역임하였다.

이무영 (李無影)
1908년 1월, 때마침 일어났던 동학란을 피하여 모친 홀로 충청북도압동(鴨洞)의 산 속에서 출산하였다. 서울의 휘문중학을 4학년에 중퇴한 후 그 외의 학력은 없다. 18세 때에 가토 다케오(加藤武雄) 선생님의 제자로 들어가 여러 해를 지내는 동안 선생님에게서 농민문학의 영향을 받았다. 귀국 후 초등학교 대용(代用)교원, 동아일보 기자, 경성보육학교 강사 등을 지냈으며, 1927년 「두 개의 훈시」를 발표한 이래 장편 「먼동이 틀 때」 외 1, 단편집 「취향」 등이 있다. 그러나 아직 일본어로 발표한 작품은 없다. 현재 경성부외(府外)에 거주하면서 창작에 정진하고 있다.

정인택 (鄭人澤)
1909년 경성 안강정(安岡町)에서 이조의 시종(侍從) 정운복의 2남으로 태어났다. 경기중학 졸업, 경성제대 예과 중퇴 후 3년 정도 동경에서 지냈다. 1930년 중앙일보의 신년현상소설에 「준비」로 2등에 당선되었으며, 이후 20여편이 넘는 단편을 썼다. 문학잡지 기자 등을 거쳐, 현재 매일신보 기자, 동사에서 발간하는 「화문(和文)주간」「국민신보」를 편집하면서 창작에 정진하고 있다.

다나카 히데미츠 (田中英光)
1913년 1월 10일 도쿄시 아카사카(赤坂)구에서 태어났다. 아버지는 이와사키 이데시게(岩崎英重)로 호는 쿄센(鏡川)이며 사료편찬자였다. 쇼난(湘南)중학을 거쳐 1935년 와세다대학 경제학부 졸업, 같은 해 5월 조선으로 건너와 경성에서 살고 있다. 중일전쟁 때에는 2번이나 응소(應召)한다. 1940년 9월 「문학계」에 「올림푸스의 과일(オリムポスの果實)」을 발표하며, 1941년 1월 이케타니 신사부로(池谷信三郎)상을 수상한다. 그 외에 장편 「우리는 바다의 아들」이 있다. 현재 조선문인협회 및 일본문학보국회원.

유진오 (俞鎭午)
1906년 경성 태생. 경기중학교를 거쳐 1929년 경성제국대학 문학부 법학과 졸업 후 동학과의 조교 및 예과 강사를 역임하였다. 1932년 보성전문대학 교수 및 법학과 학과장 역임하였다. 대학 졸업 전후로 창작 논평 등을 발표하였으며. 장편 「화상보(華想譜)」, 단편집 「봄(春)」「유진오 단편집」 등이 있다. 최근 「남곡(南谷)선생님」등 약간의 일본어 창작물 발표하였으며, 현재 조선문인협회 문학부 상임간사이다.

미야자키 세이타로 (宮崎清太郎, 본명 : 코다마 킨고(兒玉金吾)
1904년 히로시마(広島)현 토요타(豊田)군 미나미가타(南方)촌에서 태어났다. 동경제국대학 문학과를 졸업한 후, 수년 전부터 조선에 와서 현재는 경성 시내의 모 사립중학교에서 교편을 잡고 있는 한편 창작에도 정진하고 있다. 소설「아버지의 발을 들고(父の足を下げて)」「아이와 함께(子と共に)」등을 비롯하여 시나 단가 등도 다수 있다.

조용만 (趙容萬)
1909년 경성 태생, 1927년 경기중학교 졸업하였다. 경성제국대학 문학예과 입학하여, 1932년 경성제국대학 영문학과 졸업 후 매일신문사 학예부에 입사하였다. 1936년 학예부장으로 승진 후 1940년 3월 매일신문사를 퇴사하였다. 1940년 6월 편집국 위탁으로 재입사 후 사진순보(寫眞旬報) 편집 위촉을 받았다. 1932년 이후 경성욱의전(京城旭醫專) 영어강사로 재직하고 있으며. 현주소는 경성 원서(苑西)동 86-10호.

아오키 히로시 (青木洪)
1908년 황해도 태생으로 어려서 부친을 잃고 가난하여 학교는 2년밖에 못 다녔다. 애보기, 상점 종업원 등 유소년기부터 남의 집살이를 했다. 이민 집단을 따라 만주로 들어와 일본영사관의 보이, 학교 소사, 시계방 견습생, 마침내는 청진(清津)에서 막노동까지 하면서 미장일을 배웠다. 미장이 일만은 지금도 수준급이다. 십 수 년 전에 일본으로 건너와 규슈(九州), 오사카(大阪), 동경에서 미장이로 일하면서 문학을 공부했다. 작년 제일서방(第一書房)에서 낸 「밭을 가는 사람들(耕す人々の群)」 등이 있다.

마키 히로시 (牧洋, 이석훈)
1907년 평안북도 정주(定州) 태생으로, 평양2중학교를 거쳐 와세다대학 러시아문학과를 중퇴하였다. 1926~7년 무렵부터 경성일보, 부산일보 등에 일본어 소설을 발표하였다. 1929년 동아일보 신춘 현상 문예부분에 희곡이 당선된 것을 계기로 조선어 창작에 정진하였다. 조선어와 일본어로 된 약 5, 60편의 단편소설과 약간의 희곡을 완성하였다. 그 사이 오사카(大阪)매일신문 통신원, 조선방송협회 아나운서 등을 거쳐, 현재 조선문인협회 상임간사, 녹기(綠旗)일본문화연구소 소속으로 저서로는 창작집 「황혼의 노래(黄昏のうた)」등이 있다.

昭和十八年 四月　十日 印刷
昭和十八年 四月 十五日 發行

朝鮮國民文學集
定價二圓二十錢

編輯者　朝鮮文人協會
代表者 芳村香道

東京市小石川區春日町一ノ一
發行者 末次保

東京市京橋區木挽町四ノ四
印刷者 櫻井久雄

東京市小石川區春日町一ノ一
發行所 東都書籍株式會社